REGULAÇÃO DO TERCEIRO SETOR NO BRASIL

UM ESTUDO A PARTIR DA EXPERIÊNCIA INGLESA

NATÁLIA DE AQUINO CESÁRIO

Prefácio
Rodrigo Pagani de Souza

Apresentação
Gustavo Justino de Oliveira

REGULAÇÃO DO TERCEIRO SETOR NO BRASIL

UM ESTUDO A PARTIR DA EXPERIÊNCIA INGLESA

Belo Horizonte

2024

© 2024 Editora Fórum Ltda.

É proibida a reprodução total ou parcial desta obra, por qualquer meio eletrônico, inclusive por processos xerográficos, sem autorização expressa do Editor.

Conselho Editorial

Adilson Abreu Dallari
Alécia Paolucci Nogueira Bicalho
Alexandre Coutinho Pagliarini
André Ramos Tavares
Carlos Ayres Britto
Carlos Mário da Silva Velloso
Cármen Lúcia Antunes Rocha
Cesar Augusto Guimarães Pereira
Clovis Beznos
Cristiana Fortini
Dinorá Adelaide Musetti Grotti
Diogo de Figueiredo Moreira Neto (*in memoriam*)
Egon Bockmann Moreira
Emerson Gabardo
Fabrício Motta
Fernando Rossi
Flávio Henrique Unes Pereira

Floriano de Azevedo Marques Neto
Gustavo Justino de Oliveira
Inês Virgínia Prado Soares
Jorge Ulisses Jacoby Fernandes
Juarez Freitas
Luciano Ferraz
Lúcio Delfino
Marcia Carla Pereira Ribeiro
Márcio Cammarosano
Marcos Ehrhardt Jr.
Maria Sylvia Zanella Di Pietro
Ney José de Freitas
Oswaldo Othon de Pontes Saraiva Filho
Paulo Modesto
Romeu Felipe Bacellar Filho
Sérgio Guerra
Walber de Moura Agra

FÓRUM
CONHECIMENTO JURÍDICO

Luís Cláudio Rodrigues Ferreira
Presidente e Editor

Coordenação editorial: Leonardo Eustáquio Siqueira Araújo
Aline Sobreira de Oliveira

Rua Paulo Ribeiro Bastos, 211 – Jardim Atlântico – CEP 31710-430
Belo Horizonte – Minas Gerais – Tel.: (31) 99412.0131
www.editoraforum.com.br – editoraforum@editoraforum.com.br

Técnica. Empenho. Zelo. Esses foram alguns dos cuidados aplicados na edição desta obra. No entanto, podem ocorrer erros de impressão, digitação ou mesmo restar alguma dúvida conceitual. Caso se constate algo assim, solicitamos a gentileza de nos comunicar através do *e-mail* editorial@editoraforum.com.br para que possamos esclarecer, no que couber. A sua contribuição é muito importante para mantermos a excelência editorial. A Editora Fórum agradece a sua contribuição.

Dados Internacionais de Catalogação na Publicação (CIP) de acordo com ISBD

C421r

Cesário, Natália de Aquino

Regulação do Terceiro Setor no Brasil: um estudo a partir da experiência inglesa / Natália de Aquino Cesário. Belo Horizonte: Fórum: Del Rey, 2024.

216 p. 14,5x21,5 cm

ISBN 978-65-5518-633-8

1. Regulação. 2. Terceiro Setor. 3. Problemas regulatórios. 4. Inglaterra. I. Título.

CDD: 342
CDU 342

Ficha catalográfica elaborada por Lissandra Ruas Lima – CRB/6 – 2851

Informação bibliográfica deste livro, conforme a NBR 6023:2018 da Associação Brasileira de Normas Técnicas (ABNT):

CESÁRIO, Natália de Aquino. *Regulação do Terceiro Setor no Brasil*: um estudo a partir da experiência inglesa. Belo Horizonte: Fórum: Del Rey, 2024. 216 p. ISBN 978-65-5518-633-8.

Dedico meu livro ao meu marido, minha mãe e todos da minha família, em especial minha madrinha Hella Degenhard (in memoriam), que foi uma das milhares de vítimas da pandemia da COVID-19.

AGRADECIMENTOS

Foram anos difíceis. A pandemia foi algo inesperado que influenciou todas as pessoas e não deixou de fora os pesquisadores. O apoio de muitas pessoas foi importante para que eu conseguisse continuar a desenvolver minha tese de doutorado que originou o presente livro.

Agradeço ao meu orientador e amigo professor Rodrigo Pagani de Souza, pelo incentivo e dedicação em sua orientação e pelas diversas reuniões e conversas que me guiaram para o melhor caminho a seguir.

Agradeço aos membros da banca de qualificação, professor Gustavo Justino de Oliveira, professor Thiago Marrara, professora Natasha Schmitt Caccia Salinas, professora Patrícia Maria Emerenciano de Mendonça e professora Patrícia Rodrigues Pessoa Valente, que se mostraram dispostos a ajudar, ouvir e contribuir, bem como deram valiosas contribuições. Os diversos trabalhos de suas respectivas autorias engrandeceram minha pesquisa e a pesquisa de diversos estudiosos no Terceiro Setor.

Agradeço aos pesquisadores Patrícia Pessoa Valente e Guilherme Jardim Jurksaitis, que se disponibilizaram a compartilharem seus conhecimentos acerca da experiência de pesquisa na Inglaterra e sobre o estudo da regulação naquele país.

Agradeço aos meus amigos da pós-graduação, cujo apoio foi essencial para que eu tivesse forças para minha jornada acadêmica. O compartilhamento de angústias e dúvidas e a percepção de que não estamos sozinhos é fundamental para escrever. Nomeadamente, agradeço à Letícia Lins Alencar, Mário Saadi, Anna Savioli, Raphael Cardoso, Natália Souza, Danilo Moraes, Thiago Valiati e Rodrigo Ferro.

Agradeço aos servidores da Faculdade de Direito da Universidade de São Paulo, sempre atenciosos e dedicados, em especial Maria dos Remédios da Silva, que deu preciosas orientações para a formatação da tese.

Agradeço aos amigos do Foro Regional de São Miguel Paulista, que sempre prestigiaram, acompanharam e incentivaram meus estudos acadêmicos, em especial Lilian Sayed, Fabio Henrique Falcone Garcia, Tânia Marsura e Adriana Lombardi Medeiros.

Agradeço especialmente aos meus familiares. Foram eles que deram palavras de carinho e incentivo, admiraram meus passos e me auxiliaram nas minhas angústias. Foram, são e sempre serão minha melhor torcida. Em especial, agradeço minha mãe Isabel Cristina Vieira de Aquino. Seu exemplo de força feminina me incentivou nos meus caminhos, assim como suas palavras e gestos de amor nos momentos mais tristes. Lembro-me de quando trabalhava em duas escolas como professora e fazia faculdade à noite, além de doar um amor incondicional aos seus filhos. Seus sacrifícios nunca passaram despercebidos por mim.

Ao meu amor e marido Michel Rodrigo Calabraro. As noites mal dormidas, as palavras de carinho nos momentos de ansiedade, as comidas que me levava quando estava escrevendo, os abraços enquanto as lágrimas caíam. Cada gesto de amor está na minha memória. Sua dedicação e torcida fez com que eu continuasse! Obrigada por me mostrar a leveza, paciência e beleza do amor.

Agradeço aos meus avós Maria Apparecida de Andrade Aquino e Luiz Vieira de Aquino, por sempre estarem ao meu lado e por torcerem incondicionalmente por mim. Tenho muita sorte de ter por perto meus avós e conviver com eles em meus dias. Seus ensinamentos e incentivo à minha educação foram essenciais para minha jornada acadêmica.

Agradeço à madrinha Hella, que precisou partir da sua jornada terrena. A madrinha sempre esteve presente na minha vida, com seu abraço apertado e seu cheiro de amor e proteção. Precisou ser internada um dia antes de tomar sua vacina contra a COVID-19 e sua partida trouxe-me profunda tristeza, mas sei que ainda iremos nos encontrar.

Agradeço à vida! Foram 18 familiares que pegaram COVID-19 nos anos de 2020 e 2021. Alguns precisaram partir, mas muitos conseguiram vencer essa batalha, inclusive eu, apesar do medo e angústia que ainda permanecem. A vida é uma dádiva e deve ser vivida com alegria, por isso agradeço diariamente pela oportunidade de continuar minha jornada. Viva a vida! Viva a ciência! Viva a vacina!

Como sou pouco e sei pouco, faço o pouco que me cabe me dando por inteiro.

Ariano Suassuna

LISTA DE ABREVIATURAS

ABONG	Associação Brasileira de Organizações Não Governamentais
AIR	Análise de Impacto Regulatório
Art.	Artigo
CEBAS	Certificado de Entidade Beneficente de Assistência Social
CF	Constituição Federal
CONFOCO	Conselho de Fomento e Colaboração
DOU	Diário Oficial da União
ENCCLA	Estratégia Nacional de Combate à Corrupção e à Lavagem de Dinheiro
ETS	Estatuto do Terceiro Setor (Anteprojeto de Lei)
FASFIL	Fundações Privadas e Associações sem Fins Lucrativos
GIFE	Grupo de Institutos Fundações e Empresa
IACC	*International Anti-Corruption Conference*
IBGC	Instituto Brasileiro de Governança Corporativa
IBGE	Instituto Brasileiro de Geografia e Estatística
IDIS	Instituto para o Desenvolvimento do Investimento Social
Inc.	Inciso
IPEA	Instituto de Pesquisa Econômica Aplicada
IRPF	Imposto de Renda da Pessoa Física
IRPJ	Imposto de Renda da Pessoa Jurídica
ITCMD	Imposto de Transmissão Causa Mortis e Doação
MROSC	Marco Regulatório das Organizações da Sociedade Civil
NAO	*National Audit Office*
ONG	Organização Não Governamental
OS	Organização Social
OSC	Organização da Sociedade Civil
OSCIP	Organização da Sociedade Civil de Interesse Público
STF	Supremo Tribunal Federal
STJ	Superior Tribunal de Justiça
TUP	Título de Utilidade Pública
TCU	Tribunal de Contas da União
§	Símbolo que significa "parágrafo"

SUMÁRIO

PREFÁCIO
Rodrigo Pagani de Souza 15

APRESENTAÇÃO
Gustavo Justino de Oliveira 29

INTRODUÇÃO 31

CAPÍTULO 1
REGULAÇÃO DO TERCEIRO SETOR 37
1.1   Conceito de regulação no Terceiro Setor 37
1.2   Regulação, Autorregulação e Corregulação: as ondas regulatórias 42
1.3   As funções regulatórias no contexto do Terceiro Setor 49
1.4   O Terceiro Setor a ser regulado 51
1.5   Por que regular o Terceiro Setor? 52

CAPÍTULO 2
OS PROBLEMAS REGULATÓRIOS DO TERCEIRO SETOR BRASILEIRO 61
2.1   Breves considerações sobre o Terceiro Setor brasileiro 61
2.2   Arcabouço regulatório brasileiro 69
2.3   Análise geral acerca dos problemas regulatórios brasileiros 77
2.4   Os problemas regulatórios brasileiros selecionados 91

CAPÍTULO 3
O TERCEIRO SETOR INGLÊS 95
3.1   Breves considerações acerca do direito inglês 99
3.2   O Terceiro Setor na Inglaterra 105
3.3   Formação das entidades de caridade 112
3.4   Funções regulatórias do Terceiro Setor inglês 116

3.4.1	Regulamentação	118
3.4.2	Fiscalização	119
3.4.3	Fomento	123
3.4.4	Função judicante	125
3.4.5	Função sancionadora	127
3.5	Arcabouço regulatório inglês	128
3.6	Economia Social inglesa	138
3.7	Problemas regulatórios ingleses	141

CAPÍTULO 4
PROPOSTAS DE APERFEIÇOAMENTO DA REGULAÇÃO DO TERCEIRO SETOR A PARTIR DA EXPERIÊNCIA INGLESA 147

4.1	Tendências regulatórias	147
4.2	Boas práticas da experiência inglesa	151
4.3	Meios e procedimentos para atingir o objetivo da regulação do Terceiro Setor no Brasil	161
4.4	Processo administrativo como mecanismo de ação regulatória	164
4.5	Qualidade da regulação	170
4.6	*Compliance* no Terceiro Setor	174

CONCLUSÕES 195

APÊNDICES

APÊNDICE A – *Checklist* para a tomada de decisão regulatória 203

APÊNDICE B – *Checklist* para verificação da conformidade das entidades do Terceiro Setor 205

REFERÊNCIAS 207

PREFÁCIO

"Regulação do Terceiro Setor no Brasil: um estudo a partir da experiência inglesa" é fruto da tese elaborada e defendida por Natália de Aquino Cesário no programa de pós-graduação da Faculdade de Direito da Universidade de São Paulo, pela qual, afinal, tornou-se doutora em ciências pela Universidade. A tese foi etapa importante de longa caminhada. Quando se apresentou ao processo seletivo do programa com esse intuito de investigar a experiência inglesa, a autora já havia produzido um interessante livro sobre o direito das organizações sem fins lucrativos no Brasil (*O regime jurídico das parcerias na Lei nº 13.019/2014*. Belo Horizonte: Fórum, 2021. 158p.), fruto de sua dissertação de mestrado. Acreditei no projeto de tese e tornei-me seu orientador, agora já no doutorado.

Por que alguém com esse conhecimento acumulado sobre o Terceiro Setor e o direito brasileiro, especialmente o direito administrativo, se dedicaria a investigar o direito inglês? Há boas razões para isso, as quais a autora procura nos mostrar. Mas a pergunta torna-se ainda mais pertinente quando consideramos o contexto brasileiro, de recém-aprovação de um marco legal – o chamado Marco Legal do Terceiro Setor, como ficou conhecida a Lei nº 13.019, de 31 de julho de 2014. Há muito ainda que medir sobre os impactos desse novo marco, sobre os problemas que enfrentou – e os que eventualmente criou – no País, o que pode fazer soar como algo extravagante essa busca de um olhar agora, nesse momento, para o direito estrangeiro. Algo quiçá desviante das prioridades nacionais.

Não penso que seja desviante. A questão é que, por mais que precisássemos de um diploma nacional que trouxesse segurança jurídica e eficiência para as relações de parceria do Estado com o Terceiro Setor – não necessariamente este que foi afinal o aprovado, mas, enfim, um diploma nacional com tais altos objetivos –, e que tenha sido bastante difícil aprovar este que se logrou aprovar, o fato é que a sua aprovação não é ponto de chegada. É de partida. Um manancial de transformações (ou estagnações, e até regressos) nasce com ele. Se vai mesmo mudar a realidade ou não, e se vai fazê-lo para melhor ou para pior, é algo por ser construído na vivência de sua assimilação, interpretação, avaliação de impacto, aplicação e até reforma. Implementá-lo, enfim, envolve ainda muita atividade jurídica, inclusive de regulamentação das suas normas. Já se vai quase uma década da sua aprovação (seguida de longa e tumultuada *vacatio legis*, diga-se de passagem), mas, dada a sua feição de lei estruturante de longo prazo, ainda parece cedo para diagnósticos mais completos de impacto.

Realmente, a tarefa de aplicação do direito posto, no Brasil, exige ainda muita construção. E os exercícios de direito comparado seguem sendo importantes, senão para inspirar a sempre inacabada construção das leis em sentido estrito, ao menos para inspirar a elaboração daquelas normas que caibam no espaço infralegal. E foi justamente esta oportunidade a que inspirou a autora inicialmente: a oportunidade vislumbrada de edificação nos espaços de regulamentação da lei brasileira, com um olhar posto no direito inglês. Querendo fazer valer o marco legal brasileiro, pensando e discutindo mesmo a sua implementação – em foros como USP e a FGV-SP –, a autora tomou contato com pesquisadores ingleses. E impressionou-se com a notícia da existência, na Inglaterra, de uma regulação centralizada sobre as entidades do Terceiro Setor. Seria desejável uma regulação do tipo aqui no Brasil? Em caso positivo, seria cabível algo semelhante? O contraste com o caso brasileiro pareceu-lhe nítido – nós aqui não um corpo estatal unitário, mas organizados sob a forma federativa de Estado, com múltiplos intérpretes e aplicadores oficiais da legislação nacional espraiados pelas unidades da federação estaduais e municipais. E, dentre os intérpretes e aplicadores locais, alguns com nítida capacidade normativa ou regulatória – não apenas os Chefes de Executivo (governadores e prefeitos) na expedição de regulamentos, mas também outros órgãos, como a advocacia pública na produção de pareceres normativos, órgãos setoriais implementadores de políticas na expedição de variados atos normativos tangenciando parcerias com o Terceiro Setor, ou mesmo órgãos de controle externo (como os tribunais de contas) que têm se tornado protagonistas na gestão pública brasileira, entre outros. Nossa fragmentação regulatória, ante a centralidade vislumbrada na experiência inglesa, animou-lhe a curiosidade. Teríamos algo a aprender com aquela experiência? Procurou paralelos, primeiramente, entre a *Charity Commission*, ente regulador do Terceiro Setor na Inglaterra, uma espécie de agência reguladora independente, integrante do aparelho administrativo estatal, com atribuições de registro das *charities* e amplos poderes de fiscalização e sanção e também de orientação, e com raízes históricas – ensina ainda – no *Charitable Trusts Act*, de 1853, objeto de reformas legislativas tão recentes quanto a do *Charities Act*, de 2011, e o *Charities Protection and Social Act*, de 2016, e a previsão, no marco legal brasileiro, de um Conselho Nacional de Fomento e Colaboração, este um órgão de composição paritária entre representantes do governo federal e da sociedade civil, com fins consultivos e de proposição de iniciativas de fortalecimento das relações de fomento e colaboração entre Estado e Terceiro Setor.[1] Mas logo percebeu as limitações deste contraste. Não fora pelo perfil distinto das competências das entidades postas em comparação, logo notou as limitações mesmo deste contraste excessivamente circunscrito, ponto a ponto. Era preciso um verdadeiro exercício de direito comparado, necessariamente mais abrangente, que atentasse a múltiplos aspectos dos sistemas jurídicos e das culturas jurídicas envolvidas, para além das instituições pontuais. Daí a ampliação de seu escopo de pesquisa, para aquilo que, afinal, chamou de regulação do Terceiro Setor no Brasil e na Inglaterra.

De resto, a própria inefetividade da previsão normativa daquele conselho nacional no Brasil, cuja instalação observou não ter ocorrido mesmo anos após a edição do marco legal, parece ter servido para demover, em seu projeto investigativo, a ideia de tomá-lo como eixo pontual de comparação pelo lado brasileiro. Ainda assim, seguiu vislumbrando naquele conselho nacional o embrião de uma regulação mais centralizada no Brasil, quiçá após ampliadas as suas atribuições por reformas legais e infralegais. Que os leitores busquem o pleno entendimento da opinião, afinal, manifestada, e possam refletir com a autora.

---

[1] Previsto no art. 15, *caput*, da Lei nº 13.019/2014, veio a ser regulamentado como "Confoco" pelo art. 83 do Decreto nº 8.726/2016.

O que me parece oportuno observar aqui é o fato de que a autora, deparando-se desde cedo com as dificuldades inerentes a esforços comparativos, seguiu resiliente no seu propósito. Precisou, porém, adaptá-lo em face das dificuldades, assim como amadurecer a própria compreensão dos fenômenos a comparar e dos desafios da comparação. Nesse processo, alargou o ângulo de visão e vislumbrou fenômeno mais amplo em jogo, e nele diversos aspectos para comparação. O fenômeno que identificou como regulação do Terceiro Setor, defende, nem sequer é, ou precisa ser, exclusivamente estatal (produzido pelo Estado), mas pode ser produto de corregulação com entidades do setor privado (não estatal), ou mesmo de autorregulação por estas últimas. A regulação também não se centra, ou precisa centrar-se, necessariamente, naquilo que se tornou o foco no Brasil – as parcerias do Estado com o Terceiro Setor, envolvendo transferências de recursos financeiros –, mas tem amplo leque de questões a tratar, até mesmo porque é preciso atentar à parcela das organizações sem fins lucrativos, da sociedade civil, dentro e fora do Brasil, que não se financia com repasses de dinheiros públicos, mas com doações privadas e mesmo comercialização de bens e serviços. Enfim, atenta às distintas possibilidades do fenômeno regulatório, a autora procurou demonstrar que, sob o direito inglês, esta regulação seria resultante de arranjo institucional mais plural do que a citada *Charity Commission*, além de expressa por ferramentas também variadas, e, ainda, orientada por objetivos traçados e retraçados em documentação também variada. O que se aproveita disso para o Brasil é algo que ela procurou manter em perspectiva. Mesmo com toda a adaptação de seu projeto comparativo original, com o alargamento de seu objeto de análise e o amadurecimento de seu exercício comparativo, parece que a autora se agarrou à hipótese de que haveria ali, na experiência inglesa, algo a aprender. Que os leitores também possam julgar, agora, se esteve correta.

Penso ser o exercício comparativo um método importante de pesquisa para o aperfeiçoamento das normas e instituições no Brasil. Respeito e valorizo, portanto, essa postura de busca de soluções por inspiração naquilo que outros ordenamentos jurídicos e experiências tenham construído, valorizando simultaneamente a atenção aguda, intransigente, aos reais problemas brasileiros (como destaco a seguir). É exercício que se encaixa dentre as cinco medidas que poderiam, acredito, fazer avançarmos na construção e aplicação do direito brasileiro atinente às organizações privadas sem fins lucrativos. Vamos a elas, em voo de pássaro.

A primeira – algo manifesto na empreitada da autora, e por isso aqui mencionado de largada, embora não necessariamente com precedência sobre as demais – é mesmo esta: *atentar às experiências estrangeiras*. Significa atentar ao que podemos aprender com elas, e, eventualmente, até oferecer a elas. Cada pesquisador poderá vislumbrar numa experiência algo a inspirar a comparação, o motivo seminal para a empreitada. Pessoalmente, já tive a ocasião de perscrutar os direitos estadunidense e espanhol, esforçando-me por comparar aquelas experiências com o estado de coisas no direito brasileiro – a experiência dos EUA, pela pujança do Terceiro Setor na vida da nação norte-americana; a espanhola, atento à tradição do país ibérico na organização do Estado para o fomento e, especialmente, à sua produção legislativa instituidora de normas gerais sobre subvenções públicas.[2] Entre os achados, destaco o de que, na estadunidense, em que pese a forma federativa de Estado em feição das mais fortes, observava-se, na virada para o século XXI, uma tendência de expansão das atribuições de uma entidade de administração tributária federal, o *Internal Revenue Service*, para o campo da regulação de questões de gestão fiducial, isto é, de aderência das entidades sem fins lucrativos às suas finalidades, campo tradicionalmente ocupado pela regulação descentralizada a cargo dos Estados norte-americanos. A exigência de contrapartidas à outorga de isenção tributária vinha sendo o mecanismo de alargamento do objeto dessa regulação federal para o campo da gestão fiducial. E até mesmo discussões sobre a criação de uma agência reguladora federal, ao lado dessa de administração tributária (o *IRS*), existiam, embora especialistas não a recomendassem, por prudência ante os altos custos envolvidos e temor de sua possível desarticulação com o próprio órgão de administração tributária. Dos estudos da experiência espanhola, destaco a constatação de

---

[2] Refiro-me ao capítulo "Soluções no direito estrangeiro", de meu *Controle estatal das transferências de recursos públicos para o Terceiro Setor*, tese de doutorado, Faculdade de Direito da USP, 2009. p. 390 e ss.

que houve um esforço, por lá, de enquadramento das subvenções públicas ao devido processo legal, numa lei geral disciplinadora da outorga dessas subvenções. Mais, o esforço de produção de parâmetros procedimentais mínimos fez-se em fina articulação com outros diplomas de relevo já então existentes na matéria, como leis sobre processo administrativo, direito de associação e orçamento público, e, ainda, com normas comunitárias da União Europeia. São experiências que também contribuem para pensar, hoje, sobre o problema enfocado pela autora nesta sua obra. Os norte-americanos lidando com uma emergente regulação federal e o que isso significa; e os espanhóis com questões de devido processo.

São lutas e experiências que dialogam com o desafio, recortado pela autora nesta sua obra, de racionalizar, quiçá simplificar, a regulação sobre o Terceiro Setor no Brasil. E a sua pesquisa nos traz aquilo que captou da experiência inglesa.

A segunda medida para avanços no Brasil, imbricada na primeira, é *atentar obstinadamente aos problemas brasileiros*. Nesta obra, a autora destaca o problema da "falta de sistematização e estruturação da regulação do setor", junto a outros, como o da "inexistência de análise acerca da qualidade da regulação" e a desconfiança da "sociedade em relação à atuação das entidades". Pode-se discutir a procedência ou a completude deste (e de qualquer) diagnóstico, mas o ponto relevante, aqui, é antes o seguinte: sem um diagnóstico do que é que precisamos no País, quaisquer soluções colhidas da experiência estrangeira, quaisquer transplantes do direito estrangeiro, perdem totalmente o sentido. Por isso, é louvável o intento da autora de investigar o direito inglês com os olhos postos, de partida, em diagnósticos de problemas próprios da experiência jurídica brasileira. Importa, também em empreitadas científicas, seguirmos o conselho do antropólogo Darcy Ribeiro, de tomarmos "o Brasil como problema", no sentido de lutarmos por um País que que exista para si mesmo, que produza "o que atenda aos requisitos de sobrevivência e prosperidade de seu povo", ao invés de seguirmos existindo "para servir a reclamos alheios".[3] Penso que isto implica, também, na investigação de outros sistemas e outras

---

[3] RIBEIRO, Darcy. *O Brasil como problema*. Rio de Janeiro, Fundação Darcy Ribeiro; Brasília, DF, Editora UnB, 2010. p. 24-25.

culturas jurídicas, ter sempre presentes as questões derivadas da experiência brasileira.

Atentar às experiências estrangeiras não pode significar um alheamento da própria experiência da nação brasileira; antes, esta traz a pauta de problemas, a nossa pauta de problemas, e é no mínimo salutar que esta nossa pauta seja considerada nos esforços comparativos.

A terceira medida é *encarar a regulação sem preconceitos*. Lembro-me de que a discussão política sobre um marco legal para o Terceiro Setor não raro resvalava no receio de produção de um novo diploma autoritário, que negasse espaço às liberdades de associação e expressão, esteios das organizações da sociedade civil sem fins lucrativos. Receio muitas vezes compreensível e justificado, especialmente em um País como o Brasil, de história maculada por um autoritarismo renitente. Mas não se demorava a perceber que o receio, por vezes, acentuava-se devido a uma incompreensão de fundo quanto ao papel e o foco da regulação em discussão naquele momento; nesse caso, o receio podia ser paralisante, transmutando-se em temor que, no limite, afastaria quaisquer iniciativas legiferantes de melhorar o estado de coisas no Brasil. Não era produtivo e convém aqui afastar essa ideia de temer qualquer regulação atinente ao Terceiro Setor.

O objeto central da discussão, e foi o daquele marco que seria a Lei nº 13.019/2014, eram as parcerias do Estado com o Terceiro Setor, parcerias que constituem expressão jurídica de vínculos de colaboração e fomento entre os partícipes e que envolvem, com frequência, transferências de recursos financeiros. Essas relações de estímulo e colaboração, com transferências de recursos financeiros do Estado para organizações da sociedade civil sem fins lucrativos, necessitam de boa disciplina jurídica. Integram um conjunto de funções estatais confiadas em larga medida às administrações públicas (donde serem reconhecidas, em direito administrativo, como funções administrativas). Funções administrativas de *assistência social*, muitas vezes, ou funções administrativas de *estímulo*, noutras vezes, este a quaisquer comportamentos privados desejados exatamente porque sejam identificados como de relevante interesse público. Assim, a regulação dessas relações é, por esta óptica, uma regulação do exercício de funções estatais, funções administrativas; é o Estado regulando a si mesmo – como deve ser em um Estado de Direito, porquanto nele a lei e o Direito valem para todos (inclusive e, notadamente, para o Estado). As funções estatais ficam necessariamente submetidas a parâmetros jurídicos, e assim também deve se passar com as funções de estímulo e colaboração entre Estado e Terceiro Setor. *Publicidade*, que seja ampla e abrangente, deitando a sua luz sobre procedimentos e resultados, *igualdade*, que proíba e evite favorecimentos injustificáveis e todo tipo de apadrinhamento, e *eficiência*, que otimize os resultados a alcançar com os recursos disponíveis, são exemplos de parâmetros jurídicos dos mais salientes, os quais regem as funções administrativas no País (CF, art. 37, *caput*). O repasse de dinheiro público precisa ser medida transparente, impessoal e eficiente; se feito a organizações do Terceiro Setor, é evidente que também deve sê-lo. Daí ser o apelido dado ao diploma aprovado no Brasil ("Marco Legal do Terceiro Setor") um tanto simplificador demais, perigosamente impreciso; afinal, é marco *não do Terceiro Setor*, mas, a rigor, *das relações de parceria (fomento e colaboração) entre Estado e Terceiro Setor*. É uma regulação cujo foco é o próprio Estado (para o devido exercício de suas funções), não a liberdade. Pensá-la (esse tipo de regulação) é pensar, assim, defesa contra o autoritarismo (na forma de favoritismos, apadrinhamentos, clientelismos, desvios de dinheiro público), e não a construção de um dispositivo autoritário, que não teria mesmo qualquer cabimento na ordem jurídica brasileira.

Vê-se, portanto, que regular tais parcerias é algo, em tese, perfeitamente compatível com o respeito (e até o fomento) ao exercício das liberdades, como as de associação e expressão. Regulação e liberdade convivem, apesar de politicamente aquela ser frequentemente encarada como vilã da liberdade; é a regulação para a proteção e o estímulo ao exercício de liberdades fundamentais, como as de associação e persecução de fins socialmente relevantes, a que requerem tais parcerias. Encarar a regulação por este prisma, como regulação *para* a liberdade, evitando-se o preconceito de supô-la de largada *contra* a liberdade, é uma perspectiva necessária.

Ainda nesse ponto, quanto à importância de um olhar sem preconceitos para a regulação, a experiência britânica explorada nessa obra é ilustrativa. Nós brasileiros nos acostumamos à questão da regulação das parcerias do Estado com o Terceiro Setor; mais especificamente, à pauta dos problemas emergentes da destinação de recursos estatais ao Terceiro Setor. Mas essa pauta está longe de ser a única, como mencionado linhas acima. O Terceiro Setor está longe de relacionar-se, tão somente, com o Estado. Suas organizações têm relações com a sociedade em geral. É o que a autora denominou de "relações privadas do Terceiro Setor". A questão do financiamento das organizações do Terceiro Setor, inclusive, não se resume ao que provenha do Estado, como também destacado acima; o financiamento privado, proveniente de doadores privados, ou do comércio de produtos e serviços pelas próprias entidades, também tem nelas o seu papel. E há, naturalmente, aquelas que se fiem no financiamento privado com exclusividade – por variadas razões, sendo uma delas, a de evitar conflitos de interesse, facilmente compreensível (como manter-se livre para criticar política estatal sob a peia de algum tipo de financiamento estatal?). Por isso, não buscam dinheiros públicos, estatais. Mas mesmo no fenômeno do financiamento privado de organizações do Terceiro Setor há interesses públicos a proteger, como evidencia com clareza ímpar a experiência britânica descrita pela autora; um deles é a proteção da fé pública depositada nessas entidades (tanto pelos que lhes doam recursos, quanto pela sociedade em geral que confia na sua atuação desinteressada). É o interesse público na proteção da confiança, por toda a sociedade, de que se dedicarão aos seus fins filantrópicos, e aplicarão seus recursos na persecução desses fins (sejam estes de origem estatal ou privada). Ao Estado cumpre zelar pela manutenção desta fé pública.

No Brasil, por exemplo, prevê-se que o Ministério Público, um órgão de Estado, "velará pelas fundações" (art. 66 do Código Civil); a questão de fundo é importante, todavia, para além das fundações, visto que a gestão responsável de recursos que lhes sejam confiados, em doação ou não, por terceiros, é tema que perpassa todas as organizações sem fins lucrativos. E aqui está a importância da comparação com a experiência inglesa – e poder-se-ia acrescentar, p. ex., com a estadunidense –, em que muito da regulação sobre o Terceiro Setor tem como foco e centro de gravidade a proteção dessa fé pública, em ambiente no qual o financiamento privado dessas entidades se faz mais saliente do que no Brasil, o que nos leva à seguinte constatação: até mesmo quando o objeto da regulação não seja uma função estatal (p. ex., a função estatal de fomento via repasses financeiros), mas seja, isto sim, o exercício mesmo de liberdades individuais (a de associar-se por uma causa, ou a de doar recursos privados em prol de uma causa) e a sua conformação a determinados fins de interesse público (p. ex., a proteção da confiança), ainda assim a regulação pode ter perfeitamente a sua razão de ser.

Eis um exemplo: teria o Estado algo a dizer, ou regular, acerca da decisão de uma organização privada sem fins lucrativos de, apesar de ter recebido doações para uma causa, destiná-las, sem avisar ninguém, a outra completamente distinta? O direito inglês e o brasileiro têm respostas para essa pergunta, no sentido de que, sim, uma intervenção regulatória é necessária para coibir comportamentos do tipo. Mais do que a resposta em si, o ponto relevante é o seguinte: ainda que a pauta de preocupações na experiência inglesa não pareça tão centrada na questão da destinação de recursos estatais às organizações do Terceiro Setor, como no Brasil, ainda assim é perceptível que a questão é mais abrangente do que possa parecer entre nós. Vê-se, pelo exemplo, que é cabível regular até quando o objeto seja o exercício mesmo da liberdade, e não uma função estatal, para fazer conviver o exercício da liberdade com um valor público relevante (no caso, a fé pública, a confiança do público depositada nessas entidades e a própria higidez de sua atuação no cumprimento do compromisso com suas próprias missões).

Donde o interesse do enfoque escolhido pela autora, nesta obra, em que examina a experiência jurídica inglesa: é o enfoque sobre as atividades desempenhadas pelas organizações do Terceiro Setor independentemente de qualquer medida estatal de fomento ou de qualquer tipo de colaboração dessas organizações com o Estado. O enfoque – ou, querendo-se, o objeto de estudo – examinado é a regulação do exercício da liberdade pelas organizações. Adentra-se, assim, vasto campo, como o da regulação voltada à promoção da boa gestão (financeira, de pessoal e de atendimento dos fins sociais) das organizações sem fins lucrativos. A boa gestão, a seu turno, parece ter papel importante no atendimento de outro objetivo regulatório, o de proteção da confiança do público nessas organizações. Na verdade, os fins da regulação na matéria são vários e relevantes.

A vastidão do campo pode ser percebida a partir da enumeração legal dos objetivos da regulação confiada, na experiência britânica, à *Charity Commission*. Os cinco objetivos da regulação pela agência britânica vão além do estímulo à confiança do público nas *charities*, já mencionado (*the public confidence objective*), passando pelo de conscientização e difusão de informações sobre o requisito do "benefício público" para a caracterização de uma *charity* (*the public benefit objective*), pelo de cumprimento das normas de gestão por parte dos administradores e controladores (*the compliance objective*), pelo de uso adequado e efetivo dos recursos associativos (*the charitable resources objective*) e, finalmente, pelo de controle das *charities* por parte de doadores, beneficiários e do público em geral (*the accountability objective*).[4]

Apesar de vasto, é campo cuja disciplina regulatória segue pouco sistematizada no Brasil (ainda que existente e fragmentada). Por isso, ao atentar para esse campo e oferecer à reflexão o seu recorte do fenômeno da regulação sobre o Terceiro Setor – uma regulação da gestão fiducial dessas entidades, da boa gestão dessas entidades – a autora contribui para o alargamento do debate entre nós. Mostra-nos um horizonte mais amplo, advogando que também precisamos atentar para ele de maneira mais sistemática.

Mas afastado o eventual preconceito de partida quanto à regulação, aí, então, vem a verdadeira questão: se a regulação existe e deve existir, como não "errar a mão" e transformá-la em peso excessivo, que sufoque, na prática, exatamente as liberdades às quais deveria servir? Eis aqui a quarta medida para avanços no Brasil, que é a de *respeitar a liberdade*. O campo de atuação das organizações da sociedade civil sem fins lucrativos é o da liberdade. "É plena a liberdade de associação para fins lícitos", assegura a Constituição brasileira (no art. 5º, XVII, primeira parte), daí seguindo-se outros direitos, numa composição verdadeiramente tributária da melhor

---

[4] Destaquei-os em trecho sobre as experiências dos EUA e da Inglaterra, que elaborei, e integrou o relatório do Instituto Pro Bono realizado sob a coordenação acadêmica de Gustavo Justino de Oliveira: "Estatuto Jurídico do Terceiro Setor: pertinência, conteúdo e possibilidades de configuração normativa", relatório final apresentado à Secretaria de Assuntos Legislativos do Ministério da Justiça, República Federativa do Brasil, Série Pensando o Direito, nº 16/2009, versão integral, p. 19-26. A autora, na presente obra, investigando mais a fundo a experiência britânica, observa tais objetivos ainda presentes mesmo após a superveniência das reformas legais de 2011 e 2016 no Reino Unido.

experiência jurídica internacional moderna em matéria de direitos humanos. Dentro das finalidades lícitas encontram-se, inclusive, aquelas de opinião e crítica, inclusive a políticas ou medidas estatais (sem uso ou apologia da violência). Esse tipo de organização que atua até mesmo em antagonismo e crítica a políticas estatais, do que em alinhamento com elas, fez gestar a denominação ONG (Organização Não Governamental), em lugar da mais tradicional denominação de entidade filantrópica. A legislação brasileira abraça a todas, como deixa claro, p. ex., uma Lei das OSCIPs (Organizações da Sociedade Civil de Interesse Público) que, na virada para o século XXI, já apregoava ao Estado brasileiro a função de estimular, entre outras, organizações voltadas à "construção de novos direitos" (art. 3º, X, da Lei nº 9.790/99), direitos que não existem, mas aspirados pelas pessoas que em torno delas e de suas pautas decidam se associar.

A lembrança de que o campo do Terceiro Setor é o da liberdade é especialmente importante quando se engendra a regulação sobre as relações que entretenha com o Estado, os indivíduos e a sociedade em geral. No afã do combate à corrupção, que tenha instrumentalizado supostas ONGs para o desvio de recursos públicos, a resposta legiferante pode ser povoada pela visão de controladores, mas negligente quanto à visão das organizações que ficam sujeitas ao controle. O penoso e ineficiente resultado já se viu no País: exigências de que organizações privadas mimetizem comportamentos de Estado, sem os recursos materiais e burocráticos para tanto (p. ex., em passagem das mais ilustrativas, e felizmente revogada, em que se exigiu que licitassem por pregão, como se repartições estatais fossem, no dispêndio de recursos federais recebidos). Se for para minar toda a criatividade e a flexibilidade que definem o tipo de organização não estatal, sem fins lucrativos, arrimado nas liberdades, então a regulação terá minado o seu propósito de servir de garantia e estímulo a essas liberdades. Regular não é sufocar, mas servir às liberdades. O terreno é o das liberdades de associação, de expressão, de exercício do altruísmo. Destruir o terreno a pretexto de protegê-lo, não cabe.

A quinta medida, também ela imbricada como as anteriores, é o de *buscar a efetividade do direito*. Como construir e implementar uma regulação parametrizada por valores jurídicos como transparência, impessoalidade, eficiência e respeito a liberdades fundamentais, que esteja comprometida com os resultados a alcançar? Nas suas relações com o Estado, p. ex., o Terceiro Setor une esforços para produzir resultados de interesse da coletividade. A comunhão de esforços é antes uma comunhão de fins. Esses fins se traduzem em objetivos, em resultados a alcançar. Daí a importância de um direito, uma regulação, que tenha os olhos postos nesses resultados, para não se perder em exigências burocráticas às organizações como se tais exigências fossem um fim em si mesmo. Importa saber quais os objetivos da parceria, do fomento e da colaboração, e conceber e implementar uma disciplina jurídica tal que se possa, afinal, avaliar o seu êxito, ou não, em face do alcance, ou não, daqueles objetivos. É preciso começar a empreitada de construção regulatória com os fins em mente.

O mesmo vale para a regulação que recaia não sobre as parcerias com o Estado, mas sobre o exercício mesmo da liberdade associativa, protegendo e promovendo a fé pública nas associações e perseguindo tantos outros valores públicos relevantes, como os apreendidos pela legislação britânica, tal qual estudada nessa obra, nos quadrantes de um Estado Social e Democrático de Direito, como também se pretende o brasileiro.

É legítimo indagar se a autora, nesta obra, contribui para o avanço da regulação do Terceiro Setor no Brasil. Mais uma vez, a conclusão será dos leitores. Observo que buscou, a seu modo, inspiração no direito inglês (naquilo que vislumbrou como "boas práticas"), com atenção a problemas brasileiros (fez um "diagnóstico de problemas regulatórios do Terceiro Setor brasileiro"), sem preconceito contra a necessidade de regulação (necessidade que percebeu abrangente, alcançando inclusive a pauta entre nós mais obscurecida das "relações privadas do Terceiro Setor" e dos altos objetivos a serem também nelas velados e promovidos). E fez tudo isso de maneira atenta à necessidade de respeito a liberdades, como vistas a produção de resultados de interesse social (dentro daquilo que chamou de "qualidade regulatória"). Que sirva para inspirar mais e novas reflexões por estes caminhos.

Rodrigo Pagani de Souza
Professor Doutor da Faculdade de Direito da Universidade de São Paulo

APRESENTAÇÃO

A Tese de doutorado escrita por Natália de Aquino Cesário, explorando a desafiadora temática da Regulação do Terceiro Setor no Brasil, defendida em maio de 2022 na Faculdade de Direito da USP, contou com a minha participação na Banca Examinadora.

Posso dizer com muita alegria e satisfação que atuei direta e indiretamente no processo de pesquisa e redação do trabalho investigativo de Natália: integrei sua Banca do Exame de Qualificação e porque a autora utilizou inúmeros textos e pesquisas de minha lavra para compor esta relevante Tese, aqui convertida em livro de leitura obrigatória para todos que estudam ou se interessam pelo Terceiro Setor em nosso país.

Por razoável tempo de minha longa carreira de mais de 30 anos de jurista, dediquei-me com muito afinco e curiosidade científica à temática do Terceiro Setor, sobretudo sob a ótica da sua relação com o Direito Administrativo, tendo produzido inúmeros estudos, artigos científicos e pesquisas jurídicas, muitos desses trabalhos empregados como fontes da investigação empreendida pela autora.

Dentro deste extenso catálogo o qual tive a felicidade de formar como contribuição para o desenvolvimento da temática, talvez uma das pesquisas brasileiras mais destacadas e pioneiras nesta área tenha sido conduzida por mim, obviamente acompanhado de brilhantes e jovens pesquisadores à época – incluindo o hoje prof. Dr. Rodrigo Pagani de Souza, orientador de Natália no doutorado da USP – intitulada *"Estatuto Jurídico do Terceiro Setor"*, no âmbito do Projeto Pensando do Direito, desenvolvida para a Secretaria de Assuntos Legislativos do Ministério da Justiça (SAL-MJ), no idos de 2008.

Ali, e contextualizada naquele específico momento histórico, pude explicitar minha compreensão, enquanto contribuição científica sobre o complexo tema da Regulação do Terceiro Setor, a partir de estudos comparativos com realidades estrangeiras como Estados Unidos, Inglaterra, Itália, França e outros países.

Com registro, perfil e achados distintos, Natália reenfrenta bravamente este tema – mais de 14 (quatorze) anos após minha pesquisa – chegando a conclusões e contribuições não somente mais atuais e inovadoras, porém igualmente corajosas, acerca dos possíveis caminhos e modelos que a regulação do Terceiro Setor pode seguir no cenário brasileiro, a partir de um belo estudo comparativo com a experiência inglesa.

A obra de Natália é muito bem-vinda para este momento no qual se acredita que o Terceiro Setor voltará a ter mais atenção e cuidado por parte do Estado Brasileiro. E os modelos regulatórios variados que foram corajosamente apresentados pela autora, o foram de modo muito alinhado ao que BREEN, DUNN e SIDEL construíram de modo sistematizado como possíveis "ondas regulatórias", que partem de uma inicial regulação estatal e avançam por modos distintos como autorregulação, corregulação e regulação híbrida (*Regulatory Waves*: comparative perspectives on State Regulation and Self-Regulation Policies in the Nonprofit Sector, Cambridge University Press, 2017).

Recomendo de modo sincero a leitura da obra de Natália, uma pesquisadora não somente de mão cheia, mas zelosa, criativa e responsável pelo enfrentamento de uma temática sensível e complexa, que nos apresenta novos e efetivos caminhos que podemos seguir para aprimorar e intensificar os grandes benefícios que as atividades do Terceiro Setor geram todos os dias para a sociedade brasileira.

Gustavo Justino de Oliveira
Professor Doutor de Direito Administrativo na
Faculdade de Direito da USP e do IDP (Brasília).

INTRODUÇÃO

O Terceiro Setor compreende as entidades de direito privado que realizam atividades de interesse público, independentes do Estado e do mercado, embora possam firmar parcerias para a consecução de seus objetivos.

A denominação das entidades privadas que atuam nas atividades de interesse público possui particularidades no Brasil. Isso porque muitas vezes há referência a elas em relação ao Estado e ao mercado (o Terceiro Setor), ora são enquadradas em oposição ao que é estatal (Organizações Não Governamentais) e, em alguns momentos, definidas a partir de suas finalidades institucionais (entidades sem fins lucrativos). Ademais, podem receber certificações para a realização das suas atividades (tais como a Organização da Sociedade Civil de Interesse Público, Organização Social e Certificação de Entidades Beneficentes de Assistência Social).

Via de regra, a constituição jurídica dessas entidades é sob a forma de associação ou fundação, a partir da disciplina do Código Civil de 2002 (artigo 44). No entanto, a Lei nº 13.019/2014 também enquadra como Organização da Sociedade Civil as sociedades cooperativas que desenvolvem atividades ou de projetos de interesse público e de cunho social e as organizações religiosas que se dediquem a atividades ou a projetos de interesse público e de cunho social distintas das destinadas a fins exclusivamente religiosos.

No ordenamento jurídico inglês, o arcabouço regulatório do país utiliza preferencialmente a expressão *charities* (ou entidades de caridade, em uma tradução livre) para referir-se às entidades privadas, sem fins lucrativos, que atuam na consecução de atividades de interesse público.

A presente obra utilizará preferencialmente a expressão "Terceiro Setor" para fazer referência a estas organizações, conforme a definição supracitada, sem excluir as demais denominações.

Segundo o Perfil das Organizações da Sociedade Civil (OSC) elaborado pelo IPEA, há 781.921 OSC formais, ou seja, com Cadastro Nacional de Pessoa Jurídica (CNPJ), em atividade no Brasil (LOPEZ,

2018, p.07). Segundo o Mapa das Organizações da Sociedade Civil, as OSC possuem 2.283.922 empregados formais (sem contabilizar os empregados informais), sendo 1.333.367 na região Sudeste, 406.135 na região Sul, 314.595 na região Nordeste, 162.627 na região Centro Oeste e 67.198 na região Nordeste.[1]

A importância do Terceiro Setor no Brasil, atrelada à falta de debate de sua regulação, bem como sobre os problemas regulatórios, justificaram o presente trabalho.

Outrossim, o mapeamento de experiências mundiais positivas evidenciou a experiência inglesa de regulação do Terceiro Setor,[2] que traz um ente regulador especializado nas *charities* (denominado *Charity Commission*).[3]

Com o desenvolvimento do trabalho, foi identificado um amplo arcabouço regulatório do Terceiro Setor inglês,[4] ou seja, foram encontrados diversos mecanismos no ordenamento jurídico que auxiliam no exercício das competências regulatórias no setor naquele país.

O trabalho parte da hipótese de que o estudo da experiência inglesa com a regulação do Terceiro Setor pode auxiliar na solução de alguns problemas regulatórios brasileiros.[5] De fato, como será demonstrado a seguir, foi possível identificar boas práticas inglesas

---

[1] Disponível em: https://mapaosc.ipea.gov.br/. Acesso em: 20 fev. 2021.

[2] Na análise das pesquisas acerca das experiências internacionais, alguns trabalhos foram importantes para verificar o estudo do Terceiro Setor no direito estrangeiro. É possível citar o trabalho de Simone de Castro Coelho (2002), que analisou o Terceiro Setor dos Estados Unidos da América. Outro trabalho realizado para a Série Pensando o Direito pelo Instituto *Pro Bono* (coordenada por Gustavo Justino de Oliveira, 2009b), abordou aspectos do Terceiro Setor da Espanha, Itália, França, Estados da Unidos, Inglaterra e União Europeia. Por fim, cito o trabalho realizado por Daniel de Bonis (2013), que abordou alguns aspectos do Terceiro Setor das Filipinas, do Brasil e da Inglaterra.

[3] Apesar de a *Charity Commission* regular as entidades do Terceiro Setor na Inglaterra e País de Gales, o enfoque da obra, para fins didáticos, será apenas na Inglaterra, por ser um país mais influente na área, com mais dados e fontes disponibilizados.

[4] Foi analisado no arcabouço regulatório inglês o seguinte: a *Charity Commission* (arranjo institucional), os diplomas legais ingleses, o *Regulatory and Risk Framework* da *Charity Commission*, a Declaração de Práticas Recomendadas (*Statement of Recommended Practice* – SORP) da *Charity Commission*, os fundos patrimoniais ingleses, os relatórios disponibilizados pela *Charity Commission*, o Manual de *Compliance* das entidades de caridade, dentre outros que forem encontrados no decorrer da pesquisa.

[5] É possível notar que a atividade de regulação exercida no âmbito do Terceiro Setor inglês abrange diversos aspectos e não apenas a *Charity Commission*. Dessa forma, a obra abrange todo o arcabouço regulatório.

que poderiam ser implementadas no Terceiro Setor brasileiro com o objetivo de desenvolver e adequar a regulação do setor.

A partir dos ensinamentos de Diogo Coutinho em sua obra "*O direito no desenvolvimento econômico*" (COUTINHO, 2012), foi possível propor uma divisão do arcabouço regulatório detectado. *Arcabouço regulatório* é um conceito amplo (gênero) que abarca todas as funções regulatórias, bem como todos os mecanismos, órgãos e entidades que desenvolvem tais funções. Assim, o arcabouço regulatório foi dividido em suas espécies, quais sejam, os objetivos, arranjos institucionais, ferramentas e vocalizadores de demandas. O intuito da divisão é detectar os parâmetros aplicados a cada espécie e facilitar a análise comparada.

Os modelos de autorregulação e corregulação do Terceiro Setor e a análise da experiência na Inglaterra oferecem parâmetros para o aperfeiçoamento dos problemas regulatórios brasileiros, tendo em vista que no ordenamento pátrio o modelo majoritariamente adotado é o da regulação estatal.

Outrossim, o ordenamento inglês, por ter mecanismos próprios para a regulação do Terceiro Setor (como agente regulador centralizado, tribunal especializado que trata do tema, registro consolidado das entidades, relatórios e orientações sobre as atividades a serem exercidas, normas especializadas para as prestações de contas das entidades de caridade e análise dos riscos do setor), auxilia na análise e no aperfeiçoamento do arcabouço regulatório no ordenamento jurídico brasileiro, além de desenvolver as competências regulatórias, visando à identificação das soluções aos problemas do setor encontradas no ordenamento pátrio.

O arcabouço regulatório mencionado será analisado a partir de cinco funções principais, quais sejam, regulamentação, fiscalização, fomento, judicante e sancionadora.

Assim, o presente trabalho aborda a regulação do Terceiro Setor brasileiro e seus desafios, e, a partir do estudo da experiência inglesa, propõe aperfeiçoamentos aos problemas regulatórios brasileiros. Para isso, foram analisados os diplomas normativo, as pesquisas, os relatórios dos entes reguladores e a doutrina brasileira e inglesa, com o intuito de observar a regulação do setor em ambos os países e possibilitar o aperfeiçoamento das competências regulatórias brasileiras, analisando o exercício da regulação a partir das cinco funções supracitadas.

O estudo do direito inglês e brasileiro acerca da regulação do Terceiro Setor abrange a análise do arcabouço regulatório existente direcionado à atuação das entidades sem fins lucrativos que desempenham atividades de interesse público.

A pesquisa brasileira existente acerca do Terceiro Setor no ordenamento jurídico inglês não traz uma análise extensa acerca do seu arcabouço regulatório, notadamente acerca dos diplomas normativos existentes, o registro das entidades (*charity register*), o *Regulatory and Risk Framework*, o *Statement of Recommended Practice* (*SORP*), os fundos patrimoniais ingleses (*endowments*) e as ferramentas de *compliance*.

A presente obra almeja ainda contribuir com o aprimoramento da regulação do Terceiro Setor no Brasil para verificar, a partir da análise da regulação do setor no ordenamento inglês, como é possível solucionar os problemas regulatórios brasileiros.

Sendo assim, a obra apresenta possíveis aperfeiçoamentos ao ordenamento pátrio no que tange às técnicas de regulação existentes, com enfoque em cinco eixos principais de atuação, mencionados anteriormente.

As tendências regulatórias do Terceiro Setor (que são: (i) ampliação do regime de autorregulação para combater a regulação estatal exacerbada; (ii) a importância do papel dos doadores para a proteção do setor e (iii) a correlação positiva entre a existência de um amparo estatal para a autorregulação e o provável sucesso dessa autorregulação) apontam para a importância da autorregulação para o desenvolvimento do setor, a necessidade de apoio estatal para o exercício da autorregulação, bem como a importância do desenvolvimento da cultura de doação no país.

A partir das tendências regulatórias e do estudo focado nas relações privadas das entidades do Terceiro Setor, averiguou-se que alguns mecanismos do ordenamento inglês seriam passíveis de implementação no ordenamento pátrio (tais como a *Charity Commission Strategy 2018-2023, Regulatory and Risk Framework, charity register, Monitoring and Compliance Guidance, Protecting charities from harm: compliance toolkit* e os documentos expedidos pelo *National Audit Office* para averiguar a efetividade da regulação das *charities*), mas outros demandariam esforços estruturais, legais e financeiros que não seriam adequados, em um primeiro momento, para implementação no Brasil (*Charity Commission*, *Charities Acts* e *Charity Tribunal*).

Por fim, a obra propõe aperfeiçoamentos à regulação existente no Brasil, a partir da análise das tendências regulatórias, dos meios e procedimentos para a adequação da regulação, da investigação acerca da qualidade da regulação e, por fim, da estruturação do *compliance* no setor.

CAPÍTULO 1

REGULAÇÃO DO TERCEIRO SETOR

O Terceiro Setor brasileiro carece de regulação. Tal afirmação não significa a diminuição da autonomia das entidades, mas a adequação e estruturação do exercício das competências regulatórias do setor (regulamentação, fiscalização, fomento, judicante e sancionadora), o que pode auxiliar o melhor desenvolvimento das atividades exercidas.

Deve haver um equilíbrio entre a autonomia das entidades do Terceiro Setor e o desenvolvimento do arcabouço regulatório existente, com parâmetros de governança, *compliance* e controle apropriados.

Segundo Gustavo Justino de Oliveira (2017, p. 28), ao tratar da regulação do setor, para que haja uma governança pública adequada, são necessárias a "ampliação das capacidades institucionais, com a repartição adequada de competências e comprometimento com a prestação de contas, bem como a garantia de mecanismos de participação e controle".

Assim, a adequada regulação das organizações do Terceiro Setor pode resultar em uma boa gestão dessas atividades, com critérios de transparência, *compliance*, bem como a aplicação apropriada das funções regulatórias de regulamentação, fiscalização, fomento, judicante e sancionadora.

1.1 Conceito de regulação no Terceiro Setor

A partir da década de 90, os administrativistas desenvolveram o estudo sobre a regulação brasileira, em especial com o seu exercício através das agências reguladoras independentes (duas delas previstas na Constituição Federal, quais sejam, a ANATEL e a ANP, previstas nos artigos 21, XI, através da redação dada pela emenda constitucional nº 08/1995, e 177, §2º, III, da CF).

Há grande imprecisão quanto à utilização do vocábulo "regulação". Muitos estudiosos, especialmente no campo do Direito Público, trazem definições acerca dessa expressão.

Em princípio, acreditava-se que a regulação era direcionada exclusivamente à atividade econômica do Segundo Setor e aos serviços públicos, no entanto, outras atividades são objeto da regulação, a exemplo da atuação do Terceiro Setor.

Frequentemente, a palavra "regular" está direcionada apenas à função de regulamentação, com o intuito de edição de regras para determinada atividade. No entanto, a regulação vai muito além do exercício da função regulamentadora, abrangendo diversas outras funções, como as de fiscalização, fomento, judicante e sancionadora.

Exemplos de juristas que abordaram o assunto com diferentes perspectivas são Diogo de Figueiredo Moreira Neto,[6] para quem a função de regulação tem como enfoque a competência normativa, e Paulo Todescan Lessa Mattos,[7] que traz uma abordagem mais ampla acerca da função regulatória, abordando-a como "técnicas administrativas de intervenção" as quais o administrador público utiliza a depender dos fins almejados.

Rodrigo Pagani de Souza (2016, p. 116) relata que "um conceito exato para essa figura, tal qual se apresenta no Brasil, ainda está em construção pela literatura jurídica". Para o autor, regular é

---

[6] A função regulatória é definida por Diogo de Figueiredo Moreira Neto (2014, p. 589) como "exercício de competência normativa por direta delegação legislativa, outorgada com a finalidade de sujeitar determinadas atividades a regras predominantemente técnicas, de interesse público".

[7] Paulo Todescan Lessa Mattos traz uma abordagem mais ampla da função regulatória (2006, p. 40): "A ação regulatória do Estado pode ser considerada como um conjunto de técnicas administrativas de intervenção. (...) Ao definir o conteúdo da regulação, a Administração pode escolher diferentes técnicas para gerar os efeitos do setor. Cada técnica tem uma lógica própria que está relacionada ao tipo de estrutura ou relação setorial a ser regulada e aos objetivos da regulação, considerando os efeitos almejados". Para o autor, o exercício da função regulatória o Estado utiliza "técnicas administrativas de intervenção", com o intuito de alcançar os objetivos da regulação. Assim, a ação regulatória no Terceiro Setor seria um mecanismo institucional que delimita o comportamento das entidades, fomentando ou proibindo a atuação, direcionando para os objetivos almejados.

em boa medida normatizar e gerenciar, pela produção de normas específicas, interesses muitas vezes conflitantes que não poderiam ser resolvidos por uma lei geral (2016, p. 116). O autor aponta ainda que regular é uma tarefa de implementação e não de formulação de política pública, sendo que a regulação está hierarquicamente subordinada a uma política pública definida (2016, p. 118).

De fato, a regulação não serve para a formulação de uma política pública, mas sim, a partir de uma política pública preestabelecida, a regulação servirá para que as políticas públicas sejam concretizadas.

A atividade de regulação, segundo Floriano de Azevedo Marques Neto (2011, p. 80), tem como objetivo manter equilibrados os interesses envolvidos na relação econômica, almejando equilíbrio e composição de interesses.

A regulação trata-se, portanto, de um mecanismo de indução para a consecução de atividades de interesse público pelos entes regulados, não havendo coercitividade, mas sim, equilíbrio entre os interesses do ente regulador e do regulado.

Já para Patrícia Pessoa Valente (2015, p. 14), regulação é "uma ação ou inação, estatal ou não, que procura modificar comportamentos de acordo com padrões ou propósitos pré-estabelecidos para gerar resultados identificados pela ampla gama de interessados".

O conceito acima traz outra vertente para o exercício da regulação: a definição de parâmetros comportamentais para as entidades do setor, com o intuito de incentivar determinada atividade.

Odete Medauar (2002, p. 02) aduz que o termo regulação vem sendo usado como um conceito mais abrangente para trazer diversas funções e "significar tanto a edição de normas quanto a fiscalização do seu cumprimento, a imposição de penalidades e também as atuações destinadas a conciliar interesses, a obter acordos, a persuadir".

A autora relata que a regulação não se restringe à atividade econômica e aos serviços públicos, visto que podem ser objeto de regulação os chamados "setores sensíveis da vida social" (2002, p. 4). Assim, são objeto de regulação as "relações e valores não econômicos, fugindo, portanto, à ideia de que regulação inclui necessariamente concorrência" (Medauar, 2002, p. 4).

Para Odete Medauar (2002, p. 5), a regulação abrange, *in verbis*:

> a regulação, no atual contexto, abrange: a edição de normas; a fiscalização do seu cumprimento; a atribuição de habilitações (p. ex: autorização, permissão, concessão); a imposição de sanções; a mediação de conflitos (para preveni-los ou resolvê-los, utilizando variadas técnicas, por exemplo: consulta pública; audiência pública; celebração de compromisso de cessação e compromisso de ajustamento). Não se inclui necessariamente na atividade regulatória a fixação de políticas para o setor, mas seria viável a contribuição das agências para tanto, com a participação de representantes de todos os segmentos envolvidos.

Apesar da dificuldade de propor um conceito para uma figura tão ímpar, a partir dos estudos anteriores acerca da regulação e dos entendimentos colacionados, a regulação do Terceiro Setor apresentada é um conceito amplo, que abrange não apenas a função regulamentadora, mas também outras funções (fiscalização, fomento, judicante e sancionadora).

Assim, regulação, para os fins do trabalho, é a ação ou omissão, estatal ou não, direcionada a influenciar condutas dos agentes regulados para induzir o atingimento de resultado almejado, abrangendo o exercício das funções de regulamentação, fiscalização, fomento, judicante e sancionadora.

Com esse intuito, foram analisados: a) os diplomas normativos aplicáveis ao Terceiro Setor inglês e brasileiro; b) os mecanismos que favorecem a fiscalização e eficiência na atuação das entidades; c) o fomento ao Terceiro Setor em ambos os ordenamentos jurídicos; d) o exercício da função judicante com relação às entidades e seus administradores; e e) o exercício da função sancionadora.

Conforme abordado no item introdutório, a subdivisão do conceito amplo de arcabouço regulatório teve como influência a obra de Diogo Coutinho (2012). Assim, o arcabouço regulatório foi decomposto em: objetivo, arranjo institucional, ferramenta e vocalizador de demandas.

Cabe observar que as normas (legais e infralegais) existentes nos ordenamentos jurídicos inglês e brasileiro, por preverem os objetivos, arranjos institucionais, ferramentas e instrumentos de vocalização de demanda, não foram incluídas especificamente em cada um dos itens, mas sim, analisadas amplamente com a finalidade de detectar o arcabouço regulatório encontrado a partir da divisão proposta, facilitar a análise comparada com os parâmetros predeterminados e verificar o papel do direito na regulação do Terceiro Setor.

A partir da divisão supracitada, tem-se que arcabouço regulatório direcionado aos objetivos do Terceiro Setor são os documentos (advindos da regulação estatal ou da autorregulação) que descrevam metas e diretrizes que delimitem o que deve ser perseguido em termos de ação governamental e pelas próprias instituições do setor. Enquadram-se nesse conceito o *Regulatory and Risk Framework*, o *Statement of Recommended Practice* (SORP) e o *Operational Guidance*.

O arcabouço regulatório como arranjo institucional são os órgãos ou entidades que estruturam o funcionamento e os procedimentos do Terceiro Setor, possibilitando a articulação entre os diversos atores e elucidando as responsabilidades de cada um. A própria *Charity Commission*, ente regulador das instituições de caridade inglesas, é um arranjo institucional que organiza práticas de administração de políticas, conecta atores, cria conhecimento, alinha incentivos e permite que expectativas e sentidos comuns sejam partilhados.

As ferramentas, na regulação, são os meios a serem empregados para auxiliar na consecução das metas predefinidas do setor, a partir dos objetivos acima mencionados. É possível citar como ferramentas o *charity register* (registro consolidado das instituições de caridades, de seus relatórios e dos recursos que movimentam) e os relatórios anuais de atividade das *charities* e de seus administradores, possibilitando que haja fiscalização e averiguação de como está a realidade da atuação da organização para a consecução dos objetivos que se propõe.

Por fim, o último aspecto abordado por Diogo Coutinho (2012, p. 22) que influenciou a presente divisão do arcabouço regulatório do Terceiro Setor é o papel de vocalização de demandas. Dessa forma, é possível assegurar a participação de todos os interessados na conformação, implementação ou avaliação da política pública, prevendo mecanismos de deliberação, participação, consulta, colaboração e decisão conjunta. No direito inglês, é possível citar como exemplo o *Governance Code*, que se trata de um documento elaborado por um grupo de *charities* que prevê padrões esperados de atuação das entidades.

Assim, a partir de uma investigação a respeito do arcabouço regulatório, será possível contribuir com a solução de problemas regulatórios do Terceiro Setor brasileiro que foram detectados.

1.2 Regulação, Autorregulação e Corregulação: as ondas regulatórias

A obra *"Regulatory Waves: Comparative Perspectives on State Regulation and Self-Regulation Policies in the Nonprofit Sector"* de Oonagh B. Breen, Alison Dunn, e Mark Sidel, traz uma nova perspectiva sobre a regulação do Terceiro Setor. Os três acadêmicos, auxiliados por outros 9 (nove) autores-acadêmicos, estudaram as tendências regulatórias em 16 (dezesseis) jurisdições diferentes em todo o mundo, incluindo o Brasil e a Inglaterra.

O título do livro (*regulatory waves* ou ondas regulatórias) surge a partir da imagem das ondas (tendências regulatórias e formas de regulação) no oceano (o setor sem fins lucrativos) que são independentes, mas derivam do mesmo corpo d'água e afetam umas às outras.

Alison Dunn (2016, p. 21) aponta que a regulação das entidades sem fins lucrativos e os órgãos que a aplicam na Inglaterra têm enfrentado intensas críticas do público, da mídia e da política nos últimos anos. A crítica concentrou-se no uso indevido do status de instituição de caridade como abrigo para esquemas de evasão fiscal, remuneração do executivo principal, práticas inadequadas de arrecadação de fundos, políticas de investimento antiéticas e atividades políticas abertas e surgiu de percepções de governança fraca em organizações de caridade, supervisão inadequada ou exercício inadequado de poderes regulatórios por reguladores de caridade. Isso levou a demandas para instituições de caridade e seus órgãos reguladores serem mais rígidos nas práticas de governança e na aplicação da lei de caridade.

O Brasil vive um momento semelhante, tendo em vista que a recente pesquisa do Instituto para o Desenvolvimento do Investimento Social (IDIS) sobre doação no Brasil (Doação Brasil 2020) aponta para um crescimento da desconfiança nas OSC pela sociedade brasileira (IDIS, 2021, p. 72).

As diversas críticas geraram nas últimas duas décadas a necessidade do desenvolvimento do arcabouço regulatório do setor, que envolve a regulação estatal, a autorregulação e a corregulação. Assim, foram examinadas as diferentes ondas de regulação do Terceiro Setor nos últimos anos.

A regulação estatal, corregulação e autorregulação encaixam-se em seu contexto histórico e político no desenvolvimento do Terceiro Setor. Essas diferentes ondas regulatórias foram influenciadas por restrições fiscais, imperativos políticos e tendências regulatórias mais amplas, levando à demanda por uma regulação de melhor qualidade.

O livro *Regulatory Waves* identifica vários temas importantes a partir do estudo do Terceiro Setor em diversos países (entre eles, Brasil e Inglaterra). Os estudos indicam que a relação entre o Governo e o setor sem fins lucrativos é relevante na determinação de padrões regulatórios (regulação estatal *versus* autorregulação). Ademais, também há indicação de que o rigor da regulação estatal do Terceiro Setor pode ser um fator motivador para a autorregulação. Em contraste, as iniciativas de autorregulação sem fins lucrativos na maioria dos países geralmente não levam ou influenciam a regulação estatal.

A obra inova ao tratar dos tipos de estruturas regulatórias das organizações sem fins lucrativos, com o objetivo de discernir os fatores contribuintes que podem fazer com que um estado mude entre a forma de regime regulatório (por exemplo, a regulação estatal para a autorregulação, a corregulação ou a combinação deles).

No decorrer da obra, os autores tratam das "ondas de regulação", as quais podem ocorrer com a regulação estatal, com a autorregulação (*self-regulation*) e com a combinação dos dois tipos, a corregulação (*co-regulation*).

Destarte, a regulação estatal, a autorregulação e a corregulação são vertentes da atividade regulatória.

A regulação estatal preocupa-se com um processo dirigido pelo governo, resultando em legislação primária ou secundária que dá efeito às metas regulatórias. As normas, desenvolvidas com ou sem participação do setor sem fins lucrativos, aplicam-se universalmente às entidades abrangidas.

No Brasil, a regulação estatal é uma forma de intervenção do Estado na economia, tal como dispõe o artigo 174 da Constituição

Federal de 1988 "como agente normativo e regulador da atividade econômica, o Estado exercerá, na forma da lei, as funções de fiscalização, incentivo e planejamento", para concretização de objetivos constitucionais e a consecução do interesse público.

Floriano de Azevedo Marques Neto aproxima os conceitos de regulação econômica (que almeja preservar a permanência e a reprodução da atividade em si) e a regulação social (com o escopo de atingir finalidades exteriores à atividade econômica), relatando que "toda atividade econômica enseja externalidades positivas ou negativas, justificadoras de uma regulação de corte social" (2011, p. 88).

No caso da regulação não estatal (autorregulação), as entidades do setor assumem o papel de desenvolvedoras e aplicadoras do regime regulatório. O caráter democrático dos regimes não estatais de regulação depende da composição do setor e de seu compromisso com coletividade. Uma vez iniciados, os regimes não estatais normalmente dependem da adesão e conformidade voluntárias. A execução e a imposição de sanções geralmente carecem de permissão do Estado e podem depender de uma base contratual de execução.

A autorregulação, que não se confunde com desregulação, é a forma de regulação que surge a partir dos interesses do próprio setor a ser regulado e pelos agentes integrantes desse setor.

Floriano de Azevedo Marques Neto (2011, p. 90) conceitua autorregulação como o "mecanismo de regulação que se estabelece pela adesão e observância consensual de normas e padrões de atuação por agentes econômicos". O autor relata que no caso da autorregulação, os agentes do setor regulados sujeitam-se a mecanismos de incentivo, sanções premiais, censuras comportamentais ou exclusão associativa.

Cabe notar que Marques Neto caracteriza a autorregulação primordialmente (e quase exclusivamente) como regulação econômica (2011, p. 89), o que não se coaduna com entendimento do trabalho, tendo em vista que a autorregulação pode possuir externalidades não previstas na regulação econômica, conforme será analisado no decorrer do trabalho.

No que tange à autorregulação, Odete Medauar (2002, p. 5) trata da autorregulação dirigida que ocorre uma troca entre o Estado e grupos privados. Assim, os entes regulados "aceitam limitar sua liberdade de ação sob dupla condição: a) garantia de não haver imposição de regulação autoritária; b) o poder público lhes conferir o poder de fixar normas para si próprios".

Destarte, para que a autorregulação funcione, é necessário que os entes do setor tenham um compromisso de observância dos padrões preestabelecidos pelas entidades.

Floriano de Azevedo Marques Neto traça três espécies de autorregulação a partir da sua relação com o direito estatal (2011, p. 90-91), quais sejam, autorregulação delegada, induzida e espontânea. A autorregulação delegada seria o exercício da transferência legal de competências regulatórias do Estado para particulares (a exemplo das ordens profissionais, como OAB e CONFEA). A autorregulação induzida seria a exercida por instâncias da sociedade, por incentivo ou recomendação estatal, como forma de substituir uma maior intervenção do Poder Público (a exemplo das relações do Estado com o Terceiro Setor, através de parcerias, por exemplo). A autorregulação espontânea seria aquela criada por agentes privados e independentes da ação estatal (pode ser verificada em alguns casos de atuação do Terceiro Setor, a exemplo de formação de organismos que proporcionam "certificações" e realizam análise do setor, *e.g.*, a ABONG).

Pode-se dizer que o conceito de autorregulação surge no contexto de transferência do controle estatal sobre atividades para o âmbito privado, de modo que a gama de atividades normativas, sancionatórias e fiscalizatórias passa a ser exercida pelos próprios agentes regulados, em contrapartida à intervenção estatal direta da regulação. A autorregulação surge enquanto o subsistema regulado busca superar as limitações do sistema jurídico unitário e centralizado estatal.

Floriano de Azevedo Marques Neto apresenta as seguintes semelhanças entre a regulação estatal e a autorregulação (2011, p. 91), quais sejam: (i) em ambos os casos há a busca pelo equilibro do setor regulado; (ii) as duas formas de regulação implicam disciplinar a ação dos agentes regulados que atuam num dado setor, visando alcançar condições ideais de exploração destas atividades, embora a partir de interesses distintos e (iii) existência de mecanismos de sanção às condutas contrárias aos padrões regulatórios (diferindo a forma e a estrutura destas sanções).

Marques Neto (2011, p. 91-94) aponta quatro aspectos nos quais a regulação estatal e a autorregulação diferenciam-se. As distinções são: (i) natureza dos interesses tutelados, tendo em vista que a regulação estatal almeja a combinação entre os interesses do setor regulado e os objetivos de interesse público, já a autorregulação é operada a partir dos interesses dos atores envolvidos e, apenas reflexamente, atinge a consecução de interesses difusos; (ii) elemento de autoridade, visto que a regulação estatal impõe-se pela presença do poder extroverso estatal, já a autorregulação é viabilizada pela adesão dos agentes e pela preservação de sua funcionalidade; (iii) barreiras formais, sendo que a regulação estatal possui barreiras formais de atuação (via de regra, só pode atuar no setor via obtenção de licença, autorização ou delegação, já na autorregulação nem sempre haverá barreira, sendo possível a atuação de agentes sem vinculação à estrutura regulatória e (iv) a estrutura das sanções, pois na regulação estatal prevalecem as sanções punitivas, tais como multas, suspensões, exclusões coercitivas das atividades, já na autorregulação prevalecem sanções comportamentais (tais como censuras, recomendações, exclusão da associação) ou sanções premiais (selos, certificados, menções, publicações etc.).

Sabendo da existência das semelhanças e diferenças da regulação estatal e da autorregulação, é possível notar que, no caso do Terceiro Setor, é conveniente que sejam criados arranjos em que a autorregulação deve prevalecer e a regulação estatal deve agir de modo subsidiário ou supletivo. Isso facilitaria a autonomia das instituições do setor, a não submissão aos interesses políticos, bem como poderia aumentar a confiabilidade do público, na medida em que poderia haver mais maleabilidade de transparência da divulgação de informações.

No ordenamento jurídico brasileiro, há casos de autorregulação, a exemplo da Ordem dos Advogados do Brasil (OAB) e o Conselho Nacional de Autorregulamentação Publicitária (CONAR). Enquanto o primeiro trata-se de uma autorregulação delegada, na qual o Estado expressamente transfere competências regulatórias, o segundo é um caso de autorregulação espontânea, na qual os agentes econômicos espontaneamente se organizam para estabelecer e fazer valer normas como forma de estabelecer limites éticos e técnicos à performance de setor econômico correspondente. No CONAR, as normas são elaboradas pelos próprios agentes regulados e, se um agente não cumprir as determinações do CONAR, ficará prejudicado no ramo, o que fará com que o mesmo cumpra a decisão, ainda que esta não tenha o *enforcement* estatal. As normas do Código de Ética da OAB, elaboradas pelos próprios advogados, são também uma forma de autorregulação.

Outro exemplo de autorregulação é a Federação Brasileira de Bancos (FEBRABAN), que exerce autorregulação espontânea ao estabelecer padrões de boas práticas para a atividade bancária, ao fixar critérios de qualificação técnica para os bancários conforme função desempenhada e dirimir conflitos envolvendo bancos, especificamente no que concerne à relação com consumidores.

É possível citar também o aplicativo *Uber* como exemplo de autorregulação, visto que a plataforma estabelece parâmetros mínimos para o serviço oferecido por seus motoristas, no que se inclui um sistema de avaliação de qualidade de que depende a continuidade da prestação do serviço por cada motorista.

Um caso notório de autorregulação é a Associação Brasileira de Normas Técnicas (ABNT). É uma entidade privada sem fins lucrativos, representante brasileira na International Organization for Standardization (ISO). A legislação federal, frequentemente, faz remissões às normas técnicas da ABNT nos mais variados assuntos. De tal modo, o Poder Público, admitindo que não possui corpo técnico suficiente para editar tais normas, delega à sociedade a tarefa de se autorregular, por meio da ABNT, quanto ao estabelecimento de requisitos mínimos e especificações relativas à qualidade e segurança de diversos produtos e processos. Ainda que a fiscalização não seja, via de regra, realizada pela ABNT, mas sim, por terceiros entes (públicos ou privados, a depender do caso) trata-se da autorregulação nas modalidades delegada e induzida.

Quanto aos temas que não são objeto de acreditação ou observância compulsória, a ABNT também estabelece padrões de processos e produtos que norteiam a produção industrial e a prestação de serviços. Sua observância, em geral, é atestada por meio de selos de certificação e conformidade, como o selo ISO. Trata-se da autorregulação espontânea. São exemplos de leis que citam ou delegam competências à ABNT: Lei nº 9.933/1999, Decreto nº 5.296/2004, Decreto nº 9.296/2018, Decreto nº 9.451/2018, Lei nº 13.589/2018 e Lei nº 4.150/1962.

Entre a regulação estatal e a autorregulação está a corregulação ou regulação híbrida. Essa forma regulatória tende a ser desenvolvida por entidades do setor (como a autorregulação), mas com o fomento ou a participação direta do Estado (como a regulação estatal). A corregulação abrange um diálogo entre o setor regulado e o Poder Público, objetivando a formação de estruturas organizacionais legítimas para a realização da atividade regulatória, com a participação do Estado e dos agentes do setor regulado. Com a corregulação, o Poder Público pode utilizar mecanismos da autorregulação associados ao incentivo estatal, tal como as sanções premiais e benefícios fiscais.

Pode-se notar que, via de regra, encontra-se um espaço de corregulação na realização de audiências e consultas públicas, com a possibilidade de participação dos agentes do setor regulado, discutindo-se propostas de normativas que os afetem.

Grande parte das leis que disciplinam as agências reguladoras prevê hipótese de participação popular, a exemplo do artigo 4º, §3º, da Lei nº 9.427/1996, que instituiu a Agência Nacional de Energia Elétrica (ANEEL). A Lei das Agências Reguladoras (Lei nº 13.848/2019) também prevê mecanismos de participação popular (artigo 9º da Lei das Agências Reguladoras).

Outra possibilidade de corregulação é verificada quando há participação de representantes das entidades representativas dos agentes regulados, dos usuários e da sociedade nos Conselhos Consultivos, junto aos representantes do Legislativo e do Executivo. São espaços em que são debatidas as políticas governamentais e podem ser levantadas propostas nas matérias de competência do Conselho Diretor.

Segundo Oonagh B. Breen, Alison Dunn e Mark Sidel (2016, p. 2), quando a regulação estatal está em ascensão, há menos espaço (ou necessidade) para intervenção não estatal (autorreguladora); ao passo que, quando a regulação estatal falha, é criado espaço para opções mais inovadoras de autorregulação ou corregulação.

Assim, embora a regulação estatal permaneça dentro do domínio do Estado, o Poder Público e o setor sem fins lucrativos enfrentam-se pelo exercício da regulação, com alternância entre a extensão do controle do Estado e a extensão da autonomia das organizações sem fins lucrativos (trata-se de um movimento pendular).

Ademais, os ciclos regulatórios estatais e não estatais do setor sem fins lucrativos podem sofrer influência nas hipóteses em que o Poder Público começa a construir e permitir a autorregulação e atuação de órgãos autônomos do setor, como uma forma de favorecer a autonomia do setor, mesmo que haja regulação estatal. Há também fatores ambientais, políticos e históricos mais amplos que influenciam e orientam como a relação entre os ciclos de regulação estatal e não estatal são equilibrados.

1.3 As funções regulatórias no contexto do Terceiro Setor

Foram detectadas cinco funções regulatórias precípuas exercidas no âmbito do Terceiro Setor, quais sejam, (i) função de regulamentação; (ii) função fiscalizatória; (iii) função de fomento; (iv) função judicante e (v) função sancionadora.

Muitas vezes, o termo "regulamentação" confunde-se com o termo "regulação". No entanto, regulamentar significa elaborar normas para o desenvolvimento de determinada atividade. No direito administrativo brasileiro, o exercício do poder regulamentar está precipuamente associado à expedição de regulamentos para fiel execução das leis. Assim, podem ser editados atos normativos de complementação da lei como circulares, portarias, editais, regulamentos, decretos ou instruções direcionados a facilitar a compreensão e execução das leis.

No entanto, para abranger diplomas legais importantes ao setor, inclui-se a análise de diplomas legais que abordam temáticas do Terceiro Setor, propondo-se uma função regulatória de regulamentação que abrange os diplomas legais.

Assim, o Terceiro Setor é regulamentado através das Leis nº 13.019/2014 (Marco Regulatório das Organizações das Sociedades Civis), nº 9.637/1998 (Lei das Organizações Sociais), nº 9.790/1999 (Lei das Organizações da Sociedade Civil de Interesse Público), nº 12.101/2009 (Lei da Certificação das Entidades Beneficentes de Assistência Social – recentemente revogada pela Lei Complementar nº 187 de 16 de dezembro de 2021 que agora dispõe sobre o CEBAS), além de diversos decretos regulamentadores e normas infralegais que dispõe sobre o tema.

A função fiscalizatória no âmbito da regulação das organizações do Terceiro Setor também corresponde ao exercício de uma das funções regulatórias. Fiscalizar é analisar se a atuação das entidades está de acordo com a norma previamente estipulada, bem como verificar a adequação e aplicação das verbas utilizadas e o desenvolvimento satisfatório das atividades as quais as organizações planejaram e estipularam. No Brasil, a fiscalização é realizada por diversas entidades, em controle externo, tais como os Tribunais de Contas, Ministério Público e diretamente pela sociedade civil. Destarte, em controle interno, as entidades poderão contar com órgãos específicos para o exercício da função de fiscalização.

A função regulatória de fomento é um mecanismo de intervenção estatal indireto, que tem como característica o consensualismo (e não a coercitividade) e o exercício de função administrativa voltada à proteção e/ou promoção de um objetivo ligado a satisfação indireta das necessidades públicas, que é usado pelo Poder Público para conduzir e estimular agentes privados a executar atividades econômicas que ensejam a produção de benefícios sociais.

A função judicante é a imposição coercitiva de decisões (judiciais ou extrajudiciais) na atividade desenvolvida pelas Organizações da Sociedade Civil. No Brasil, não há tribunal especializado para decidir acerca dos conflitos envolvendo o Terceiro Setor, mas o Judiciário poderá analisar todos os embates envolvendo lesão ou ameaça ao direito diante do princípio da inafastabilidade de jurisdição e da unidade de jurisdição.

Outrossim, os tribunais de contas podem expedir decisões de caráter coercitivo, tendo em vista suas atribuições constitucionais (previstas no artigo 71 da CF) para fiscalizar a aplicação de quaisquer recursos repassados pela União mediante convênio, acordo, ajuste ou outros instrumentos congêneres, a Estado, ao Distrito Federal ou a Município; aplicar aos responsáveis, em caso de ilegalidade de despesa ou irregularidade de contas, as sanções previstas em lei que estabelecerá, entre outras cominações, multa proporcional ao dano causado ao erário; assinar prazo para que o órgão ou entidade adote as providências necessárias ao exato cumprimento da lei, se verificada ilegalidade; sustar, se não atendido, a execução do ato impugnado, comunicando a decisão à Câmara dos Deputados e ao Senado Federal e; representar ao Poder competente sobre irregularidades ou abusos apurados.

Por fim, a função sancionadora é a destinada à aplicação de penalidades diante de eventuais excessos, abusos ou utilização indevida de recursos, bem como atuação improba dos gestores públicos e privados das entidades do Terceiro Setor. As sanções, neste aspecto, podem ser frutos de regulação estatal (a partir, por exemplo, de uma multa imposta pelos Tribunais de Contas) ou autorregulação (a partir, por exemplo, de uma nota emitida por uma entidade reguladora das entidades, a partir do descumprimento de um código de conduta), bem como pela corregulação.

1.4 O Terceiro Setor a ser regulado

A regulação do Terceiro Setor ocorre de duas diferentes formas, isoladamente ou concomitantemente, a depender da atuação estatal.

Em primeiro lugar, seria a regulação da atividade administrativa de fomento estatal, que pode ser definida como a ação indireta do Poder Público com o intuito de promover e proteger o desenvolvimento de atividades de interesse público por particulares, sem utilizar a coação.[8] Assim, essa modalidade de regulação pode abranger as parcerias do Estado com as entidades do Terceiro Setor, bem como benefícios fiscais e redução ou isenção de tributos.

Nessa espécie de regulação, o Poder Público irá averiguar se a verba pública foi utilizada de modo adequado, bem como se houve cumprimento dos objetivos fomentados e o atingimento dos resultados almejados.

Exemplo de entidade que atua na regulação nessa primeira espécie são os Tribunais de Contas, órgãos que têm como finalidade

---

[8] Em meu livro *O Regime Jurídico das Parcerias na Lei nº 13.019/2014* (Belo Horizonte: Editora Fórum, 2021) deparei-me com o estudo acerca da atividade administrativa de fomento, bem como com a análise da Lei nº 13.019/2014, que regulamenta as parcerias do Estado com as Organizações da Sociedade Civil. Em 2021, tive a oportunidade de publicar o livro, abordando a temática do fomento estatal às entidades do Terceiro Setor, bem como o regime jurídico dos novos instrumentos de pactuação do MROSC (CESÁRIO, Natália de Aquino. *O Regime Jurídico das Parcerias na Lei nº 13.019/2014*. Belo Horizonte: Editora Fórum, 2021).

precípua a fiscalização financeira e orçamentária sobre os gastos da Administração Pública, inclusive os repasses de recursos públicos ao Terceiro Setor.

A segunda espécie de regulação do Terceiro Setor seria da relação das entidades entre si, nas suas atividades cotidianas, relações de trabalho, probidade, confiabilidade da sociedade e adequação aos fins sociais. Ou seja, seria a regulação da fé pública. Sob o segundo aspecto, a atuação das Organizações da Sociedade Civil é regulada para a adequação à consecução das atividades que se propõe.

Exemplo de ente regulador dessa segunda espécie é o Ministério Público, que tem o dever de acompanhar as fundações privadas desde a sua criação até a sua eventual extinção, considerando suas finalidades estatutárias e o objetivo do instituidor e aplicando de maneira correta o patrimônio destinado ao desempenho das atividades.

O enfoque da obra será na segunda espécie, ou seja, na regulação das atividades das entidades do Terceiro Setor ligadas à boa gestão, transparência, probidade e direcionada a maior confiabilidade do público.

No entanto, não se exclui do objeto de análise a atividade administrativa de fomento ao Terceiro Setor, isso porque o arcabouço regulatório brasileiro será analisado de forma ampla, não havendo limitação acerca do envolvimento ou não de recursos públicos.

1.5 Por que regular o Terceiro Setor?

A regulação do Terceiro Setor é essencial para o desenvolvimento das atividades de interesse público de maneira proba, transparente e eficiente, bem como para a implementação de mecanismos de governança e *compliance*.

Em um primeiro momento, tem-se a ideia de que a primeira espécie de regulação do Terceiro Setor, ou seja, a regulação da atividade administrativa de fomento, seria a única que deve ser regulada, por envolver, via de regra, verba pública (seja por repasse direto ou renúncia). No entanto, a regulação da fé pública envolvendo o Terceiro Setor, bem como a adoção de ferramentas de transparência e *compliance*, são igualmente importantes e merecem regulação.

Cabe notar que as entidades do Terceiro Setor são entidades privadas e, dessa forma, devem ser reguladas de maneira apropriada a não diminuir sua autonomia como ente privado. Por envolver consecução de atividades de interesse público, a regulação (em especial a autorregulação ou a corregulação) poderia resultar em implementação de boas práticas, bem como ampliar a confiança do público nas entidades.

Egon Bockmann Moreira, em seu texto *"Qual é o Futuro do Direito da Regulação no Brasil?"*, traça um panorama do Direito Regulatório no Brasil, tratando do surgimento desse campo no Direito Pátrio com suas controvérsias e principais aspectos doutrinários e históricos, do cenário contemporâneo ao momento da escrita do artigo (2014) e das perspectivas do porvir. Assim, o autor busca identificar aspectos relevantes do passado e do presente da regulação no Brasil para esboçar aquilo que denomina um "ensaio de futurologia jurídica", ressaltando que a realidade regulatória futura é complexa e fazer previsões estritamente concretas soaria mais como futurologia do que como algo jurídico.

Bockmann Moreira (2014, p. 129 e ss) identifica alguns dos desafios, dilemas e características das agências regulatórias que deverão ser enfrentados e estudados mais a fundo para que se atinjam os objetivos pretendidos pelo modelo de "Estado Regulador". Fala-se numa tendência de expansão e intensificação da regulação, bem como numa ampliação dos sujeitos e objetos da regulação (2014, p. 129), ou seja, não só a atividade regulatória tenderia a se ramificar e especializar como também mais temas viriam a ser objeto dessa regulação e mais órgãos reguladores seriam criados para exercer essas funções. Um risco disso seria a criação de agências e órgãos desprovidas de recursos financeiros suficientes para atuar da maneira correta.

No caso brasileiro, a atuação de um ente regulador especializado no Terceiro Setor, como é o caso do direito inglês, poderia ser benéfico para implementação de boas práticas,[9] mas os óbices políticos e econômicos poderiam prejudicar tanto na estruturação da agência como na consecução de suas atividades.

---

[9] O estudo mais aprofundado será realizado nos capítulos 3 e 4, ocasião em que será analisada a experiência inglesa com a *Charity Commission* e os desafios para implementação de um ente regulador no Brasil.

Egon também menciona a necessidade de uma blindagem técnica contra intrusões político-partidárias (Moreira, 2014, p. 131), no sentido de que a utilização das agências como cabides de interesses partidários e não como instituições formadas por membros tecnicamente qualificados. O autor prossegue e ressalta a necessidade da criação de mecanismos que impeçam o exercício de cargos políticos ou o abandono a qualquer tempo das funções em órgãos reguladores, e não só de atividades objeto da regulação pela agência de atuação, como forma de evitar a mistura de interesses partidários com questões técnicas (Moreira, 2014, p. 132).

A blindagem técnica é um mecanismo importante para a atuação do ente regulador. Tal blindagem almejaria alcançar uma das principais vantagens da regulação em face do embate entre sistema econômico e político, qual seja, o caráter técnico da decisão regulatória, bem como aptidão para o ente regulador suprir as necessidades do setor.

Nessa esteira, Egon explica a importância da precaução contra o risco da captura (Moreira, 2014, p. 133), consistente na desvirtuação da essência regulatória e na assunção pelo governo ou pelo regulado de *regulation maker*. Bockmann Moreira ressalta, por fim, a existência de desafios grandiosos na matéria e a imprevisibilidade decorrente deste e dos inúmeros interesses a eles relacionados (2014, p. 139).

Assim, Egon Bockmann (2014, p. 129 e ss), ao tratar do futuro do direito da regulação, lista várias falhas existentes no modelo atual, como a falta de independência; a falta de "cérebros", relacionada às indicações políticas para o preenchimento dos quadros das agências reguladoras; a falta de recursos suficientes para o ente; e o fato da captura destas entidades reguladoras.

Esses aspectos apontados pelo autor justificam a importância de uma regulação do Terceiro Setor, na medida em que as falhas na regulação de um setor podem prejudicar no desenvolvimento de suas atividades.

Os problemas apontados devem ser levados em consideração caso haja proposta de criação de uma agência reguladora brasileira para o Terceiro Setor, servindo como plano de elaboração dos desafios a serem enfrentados.

Floriano de Azevedo Marques Neto aponta os seguintes fatores que a hodierna configuração da sociedade e da economia favorecem a autonomização dos sistemas (jurídico, político e econômico) (2011, p. 81), quais sejam:

> i) a complexidade crescente das relações econômicas e sociais e a inviabilidade da unicidade e da uniformidade normativa, característica do direito moderno; ii) a fragmentação sociocultural e o seu confronto com a unidade política e com a suficiência dos mecanismos de representação; iii) a atual configuração do capitalismo, mascado pela mundialização e incontendibilidade dos fluxos de capita, indicando o esgarçamento da centralidade do comando estatal sobre as decisões econômicas.

O autor relata que a regulação serve de elemento de integração entre os sistemas econômico, político e jurídico (2011, p. 82), a partir da identificação de subsistemas regulados. Assim, para Marques Neto (2011, p. 82), "o exercício da regulação em dado setor regulado (subsistema) envolve a construção de um arcabouço normativo e compreende princípios, conceitos, interesse e normas conformados às necessidades e peculiaridades setoriais".

O autor também aponta que a atividade regulatória (estatal e não estatal) é mais adequada para responder aos desafios dos subsistemas (2011, p. 85), apontando que a atividade regulatória (i) permite a adequação aos níveis de especialização exigidos por cada setor do subsistema; (ii) enseja mais dinamismo e agilidade na função normativa, tendo em vista que a resposta do sistema regulatório seria mais ágil do que a resposta em âmbito estatal; (iii) favorece uma maior integração entre os sistemas (com interação dos atores econômicos, sociais, estatais, representantes dos diferentes interesses) e (iv) favorece as mediações técnicas àquelas de matiz exclusivamente política (2011, p. 85).

Para a regulação do Terceiro Setor é necessário entender as peculiaridades que o envolvem, com a existência de pluralidade de fontes normativas e de órgãos legitimados a regular.

No livro *Regulatory Waves: Comparative Perspectives on State Regulation and Self-Regulation Policies in the Nonprofit Sector*, os autores trazem explanações acerca das razões para a regulação do Terceiro Setor e explicam que os fundamentos da regulação vão desde a preocupação do Estado em proteger a confiança pública e a integridade do Terceiro Setor (como encorajar as doações, proteger os fundos públicos dedicados aos fins caritativos e até objetivos menos nobres, como controlar as entidades do setor) até garantir o alinhamento das atividades do setor com os objetivos do Estado, bem como evitar que as entidades do setor unam forças para desafiariam o Governo (2016, p. 3). Ademais, os autores apontam que o Governo pode desejar regular para evitar o surgimento de concorrência desleal em relação a instituições de caridade e outros setores, para melhor proteger os beneficiários vulneráveis ou para incentivar as doações (2016, p. 3).

Oonagh B. Breen, Alison Dunn e Mark Sidel (2016, p. 4) apontam que a realização desses objetivos gerais pode ser alcançada por meio de regulação que assume tanto uma forma capacitadora (criando assim uma estrutura de apoio para o incentivo de um setor florescente) como prescritiva (limitando o acesso aos benefícios às instituições de caridade ou restringindo os direitos de tais entidades para se envolver em certas atividades).

Para o cumprimento dos objetivos supracitados, os autores (2016, p. 4) apresentam as seguintes soluções: (i) desenvolvimento de estruturas legais abrangentes para organizações sem fins lucrativos, (ii) criação de novos registros ou a melhoria de registros nacionais existentes e (iii) fortalecimento dos poderes de supervisão e fiscalização dos entes reguladores.

Os autores ressaltam que (2016, p. 4), no entanto, que a regulação nessas áreas não é exclusivamente do domínio do Estado e que cada vez mais, o setor sem fins lucrativos tem entrado nessa esfera de supervisão por direito próprio, buscando criar e impor suas próprias normas de autorregulação ou trabalhar em conjunto com o Estado na realização de um regime de cossupervisão.

A partir dessa análise, é possível verificar que a regulação do Terceiro Setor abrange diversas ondas de regulação. No Brasil, é possível encontrar uma regulação estatal forte, mas direcionada a certas atividades exercidas pelas entidades, a depender da agenda política existente. Nos últimos anos, os esforços autorregulatórios também estão crescendo (a exemplo da ABONG, GIFE e Plataforma OSC).

Oonagh B. Breen, Alison Dunn e Mark Sidel (2016, p. 6-9) esclarecem que as relações do Estado com as entidades do Terceiro Setor podem ocorrer de três formas: relações de colaboração, relações de cooptação e relações desafiadoras.

As relações de colaboração, frequentemente não contratuais, são utilizadas nos casos em que o Poder Público não possui clareza acerca das especificações da política ou projeto que pretende desenvolver. Assim, a relação de colaboração envolveria o compartilhamento de conhecimento. As razões para esse tipo de relação seriam: (i) reinvindicações de déficit democrático (para evitar o distanciamento dos cidadãos e promover responsabilidade da Administração); (ii) superar lacunas burocráticas entre o Estado e os cidadãos, favorecendo o diálogo e a interação; (iii) alcançar os cidadãos ativos em nível local, oferecendo aos cidadãos a chance de fazer parte de uma solução política e, assim, reafirmar e encorajar a cidadania ativa e (iv) para as entidades do setor, seria a concretização do desejo de fazer com que os resultados das políticas sejam mais responsivos a preocupações não majoritárias em relação, por exemplo, à exclusão social, representando vozes que, de outra forma, não seriam ouvidas de maneira adequada no processo de formulação de políticas públicas (Breen, Dunn, Sidel, 2016, p. 7).

Ademais, o Estado precisa fazer alianças estratégicas com o Terceiro Setor a fim da concretização dos direitos fundamentais. Assim, as relações de colaboração são necessárias devido à falta de capacidade do Estado de atender suficientemente às necessidades crescentes dos cidadãos. Dado o nível finito de recursos, os incentivos residem na possibilidade de influenciar a direção futura do financiamento público e estar dentro da entrega da política pública predefinida. As relações de colaboração entre as organizações e o Estado permite a descentralização de programas, mesmo em áreas onde o governo local é fraco, empoderando as comunidades locais.

No extremo oposto do espectro da colaboração, a cooptação estatal do setor sem fins lucrativos costuma ser impulsionada por financiamento ou dependências políticas do governo.

Os autores trazem as características das relações de cooptação como relações de fomento do Estado ao Terceiro Setor (2016, p. 9). Assim, apontam que nas relações de cooptação, as organizações são carentes de autonomia e fortemente dependentes do Estado ou de doadores internacionais para financiamento, seja na forma de concessão de auxílio indireto ou através de um instrumento contratual de pactuação das parcerias. Isso, por sua vez, afeta a natureza da relação entre Estado e setor e a forma de regulação imposta. O Brasil, na obra, é estudado como exemplo de relação de cooptação.

As relações de cooptação no Brasil podem ser evidenciadas através da pesquisa sobre o Perfil das Organizações da Sociedade Civil (Lopez, 2018) realizada pelo IPEA. Na mencionada pesquisa, é possível observar que metade dos recursos federais destinados às OSC é direcionado para as áreas de saúde e educação, deixando de lado organização de proteção de direitos de grupos e minorias,[10] que não receberam nenhum recurso federal entre 2015-2017 (2018, p. 130).

Ademais, a distribuição dos recursos federais é mais concentrada ao se tomar por base a localização das OSC, visto que a região Sudeste recebeu 61% do total de recursos, mas sedia 42% das organizações. Concentração ainda mais alta ocorre no interior da região Centro-Oeste, pois OSC do Distrito Federal receberam 83% de todos os recursos destinados à região, embora abriguem apenas 22% destas (Lopez, 2018, p. 127).

Por fim, nem todas as relações entre o Estado e o Terceiro Setor enquadram-se na categoria de cooperação mútua (colaborativa) ou forçada (cooptada), configurando-se as relações desafiadoras.

Essas relações são aquelas caracterizadas pela desconfiança, seja pela ameaça à autoridade estatal (no caso do Poder Público), seja pela ameaça à existência da entidade (no caso do terceiro Setor). A desconfiança pode ter raízes históricas, culturais e políticas.

Em termos regulatórios, se o Estado e o Terceiro Setor visualizarem-se como inimigos (e não como parceiros), tal fato pode gerar pelo Estado um regime mais rígido e prescritivo e um regime de supervisão baseado em um modelo de comando e controle do que é supostamente garantido pelas atividades de interesse público desenvolvidas pelas entidades. Ademais, nos países em que o próprio espaço da sociedade civil é contestado, pode-se esperar encontrar ínfimo incentivo para a autorregulação das organizações do Terceiro Setor.

---

[10] Segundo os pesquisadores (LOPEZ, 2018, p. 170): Este subgrupo compreende as associações de defesa de direitos de crianças, adolescentes, pessoas com deficiência, população LGBT (lésbicas, gays, bissexuais e transgênero), população indígena, negros, mulheres e portadores do vírus HIV. Compreender também as associações de aposentados, anistiados, donas de casa, veteranos e estudantes (centros ou diretórios acadêmicos).

Sendo assim, obter uma melhor compreensão desses estágios de relacionamento (colaboração, cooptação e desafio), bem como sua proximidade (e sobreposição) um do outro no ciclo de regulação, as condições que precedem cada estágio e os gatilhos para a mudança de um estágio no outro, auxilia na compreensão do universo da regulação das entidades do Terceiro Setor.

CAPÍTULO 2

OS PROBLEMAS REGULATÓRIOS DO TERCEIRO SETOR BRASILEIRO

Atualmente as entidades do Terceiro Setor enfrentam problemas regulatórios, ou seja, desafios que fazem com que o exercício das funções regulatórias não se desenvolva de modo adequado. O presente capítulo traz um diagnóstico geral dos problemas regulatórios existentes no Brasil e fixa os problemas enfrentados no trabalho.

2.1 Breves considerações sobre o Terceiro Setor brasileiro

No início dos anos de 1990, a legislação que era aplicada às parcerias do Estado com o Terceiro Setor era defasada e antiga frente à complexidade das relações atuais desses tipos de parceria. O direito administrativo brasileiro sofreu intensas mudanças na década de 1990, especialmente pela necessidade de se reduzir os custos do funcionamento estatal e conferir maior eficiência às suas atividades.

Nesse período, o enfoque no fomento estatal foi grande e o Estado passou a atuar como regulador e direcionador de atividades públicas, dando apoio ao setor público não estatal para prestação de atividades de interesse público.

Assim, surgiram novos marcos institucionais com a Lei das Organizações Sociais (Lei nº 9.637/1998) e a Lei das Organizações da Sociedade Civil de Interesse Público (Lei nº 9.790/1999), criando-se novos instrumentos para pactuação das parcerias, respectivamente, o contrato de gestão e o termo de parceria, visando à superação do modelo convenial, pois os convênios, apesar do pouco aprofundamento legislativo e doutrinário, eram frequentemente utilizados no cotidiano da Administração Pública.

Em 2014, foi publicada a Lei nº 13.019/2014, que apenas entrou integralmente em vigor em 2017, reflexo das discussões e importância das parcerias do Estado com o Terceiro Setor. Com a nova lei, diversos debates foram evidenciados, como a não aplicação da lei para entidades com certificações próprias, a prestação de contas pelo controle de resultados e os novos instrumentos de parcerias.

Atualmente, o país vive um momento político conturbado com relação ao fomento estatal às entidades integrantes do Terceiro Setor, havendo um desincentivo para as parcerias com o Estado e queda nos recursos públicos destinados ao setor, visto que desde a publicação da Lei de Parcerias com OSCs (Lei nº 13.019/2014), os repasses públicos no Brasil são: 4,7 bilhões de reais em 2014; 4,0 bilhões de reais em 2015; 4,5 bilhões de reais em 2016; 2,7 bilhões de reais em 2017; 1,4 bilhões de reais em 2018 e; 11,3 milhões de reais de repasses públicos federais para as parcerias com OSC em 2019.[11]

Outrossim, na pesquisa do IPEA acerca do Perfil das OSC (Lopez, 2018), foi possível verificar que entre 2010 e 2018 apenas 2,7% das mais de 820 mil Organizações da Sociedade Civil existentes receberem recursos federais, movimentando R$118,5 bilhões, o equivalente a 0.5% do orçamento da União para os anos compreendidos na pesquisa. Em 2017, pouco mais de 7 mil OSCs (0,85%) receberam recursos públicos de origem federal.

Cabe notar que o Terceiro Setor brasileiro é essencial para a consecução de políticas públicas e efetivação dos direitos sociais.

Para Maria Paula Dallari Bucci, o conceito de políticas públicas dificilmente poderia ser sintetizado de acordo com a sua realidade multiforme (2006a, p. 46). Assim, a autora relata que "é plausível considerar que não há um conceito jurídico de políticas públicas"

---

[11] Dados disponíveis no site oficial do governo brasileiro para as transparências públicas em: http://www.transferenciasabertas.planejamento.gov.br/QvAJAXZfc/opendoc.htm?document=PainelCidadao.qvw&host=Local&anonymous=true. Acesso em: 20 jun. 2018.

(2006a, p. 47), mas sim, um conceito de que se servem aos juristas e não juristas como guia para o entendimento das políticas públicas.

No entanto, para os fins do presente trabalho, iremos adotar a definição de política pública abordada em outra obra (2006b, p. 241), qual seja: políticas públicas "são programas de ação governamental visando a coordenar os meios à disposição do Estado e as atividades privadas, para a realização de objetivos socialmente relevantes e politicamente determinados".

A estruturação das políticas públicas deve levar em consideração os grupos minoritários e majoritários dentro de uma sociedade, devendo levar em conta as diversas estruturas dentro da sociedade. Ademais, os planos e programas devem estar articulados para um fim comum para serem chamados de políticas públicas.

Há várias versões para o ciclo das políticas públicas, ou seja, as etapas que elas normalmente irão enfrentar. Leonardo Secchi (2012, p. 33) traz 7 (sete) fases no ciclo das políticas públicas, quais sejam: 1) identificação do problema; 2) formação da agenda; 3) formulação de alternativas; 4) tomada de decisão; 5) implementação; 6) avaliação e; 7) extinção.

Diogo Coutinho (2013, p. 2 e ss) apresenta alguns referenciais para se analisar as políticas públicas, nos quais propõe e descreve os papéis e tarefas do direito na concepção, implementação e gestão de políticas públicas desde o ponto de vista da Administração Pública (direta e indireta), partindo da premissa de que, ao compreender melhor tais papéis, os juristas possam colaborar para que tais políticas sejam aperfeiçoadas.

A cada um desses papéis do direito corresponde uma dimensão: substantiva, estruturante, instrumental e legitimadora, respectivamente: o direito como objetivo, que dá à política pública seu caráter oficial, revestindo-a de formalidade e cristalizando seus objetivos, distinguindo-os, assim, de meras intenções, recomendações ou diretrizes políticas; direito como arranjo institucional, que supõe normas jurídicas (especialmente regras de competência e coordenação) que estruturam o funcionamento das políticas públicas, regulam seus procedimentos e se encarregam de viabilizar sua articulação entre atores; direito como caixa de ferramentas, que consiste nas diferentes possibilidades de modelagem jurídica de instituições e políticas públicas, permitindo a calibragem e a autocorreção operacional dessas políticas, a escolha dos instrumentos mais adequados (levando em conta os fins a serem perseguidos), as formas de indução ou recompensa para certos comportamentos, o desenho de sanções e a escolha do tipo de norma a ser utilizada (mais ou menos flexível, mais ou menos duradoura, mais ou menos genérica etc.); e o direito como vocalizador de demandas, que teria o papel de assegurar mecanismos de deliberação, participação, mobilização, consulta, colaboração e controle, visando a uma política pública mais (ou menos) democrática (Coutinho, 2013, p. 19 e ss).

A análise institucional de políticas públicas no campo do direito abrangeria os momentos de diagnóstico (identificar os arranjos institucionais de políticas públicas tais como eles são) e a necessidade de seu aperfeiçoamento (como eles deveriam ser), com caráter prospectivo. Essa análise seria relevante porque as instituições não cumprem apenas funções limitadoras ou constrangedoras; elas também viabilizam a realização de objetivos políticos, sociais e econômicos (alguns deles definidos na própria Constituição). O direito seria, então, uma "tecnologia" para moldar arranjos mais ou menos efetivos, do ponto de vista das capacidades técnicas do Estado. Também seria imprescindível para criar e robustecer capacidades políticas na democracia, de modo que tais arranjos sejam também legítimos do ponto de vista político. (Coutinho, 2013, p. 8 e ss).

As políticas públicas têm função essencial no desenvolvimento e exercício da cidadania em sua completude, tal como relata Thomas H. Marshall (1967, p. 63 e ss), remontando e dividindo o conceito de cidadania em três partes, quais sejam: civil, política e social. O elemento civil é composto dos direitos necessários à liberdade individual. O elemento político é entendido como o direito de participar no exercício do poder político, como um membro de um organismo investido da autoridade política ou como um eleitor dos membros de tal organismo. O elemento social refere-se ao direito a um mínimo de bem-estar econômico e viver civilizado de acordo com os padrões que prevalecem na sociedade (ligado à educação e aos serviços sociais).

Theresa Nóbrega e Anna Malta (2021, p. 12) relatam que, ao firmarem parcerias com o Terceiro Setor, o Poder Público almeja obter colaboração na execução das políticas públicas e, por esse motivo, exigiria um controle efetivo bem diante da demanda por suplementariedade.

O desenvolvimento das preocupações com os direitos sociais no Brasil surgiu depois do que da Inglaterra. Pode-se dizer que "ao contrário da Constituição de 1891, de feição nitidamente liberal e individualista, a de 1934, que se seguiu ao movimento revolucionário de 1930, assume caráter socializante, marcado pela intervenção crescente na ordem social" (Di Pietro, 2012, p. 21). Dessa forma, é na década de 30, no Brasil, que o "Estado deixa sua posição de guardião da ordem pública e passa a atuar no campo da saúde, higiene, educação, economia, assistência e previdência social" (Di Pietro, 2012, p. 21).

Ocorre que, por mais que existisse uma preocupação crescente com os direitos sociais no Brasil (em especial pós-CF de 1988), tais direitos não são acessíveis para a maioria da população, assim como relatado por Marshall na sociedade inglesa. A desigualdade é crescente e, como José Murilo de Carvalho (2001, p. 206) relata com a exposição de diversas crises da década de 90, os direitos sociais estão sob ameaça.

Para Diogo Coutinho (2013, p. 10 e ss) boa parte dos objetivos do *Welfare State* brasileiro foram constitucionalizados em 1988 e regulamentados sob a forma de leis, decretos e outras espécies de normas jurídicas e, possuindo muitas limitações e vícios, "assumiu a missão de adotar uma ampla gama de medidas jurídicas administrativas, incorrer em significativos gastos, eleger prioridades com limitações de informação, articular programas, avaliar seus resultados e promover ajustes por intermédio de políticas públicas simultâneas e intersetoriais".

Em uma análise de Marta Arretche no artigo "Democracia e redução da desigualdade econômica no Brasil – a inclusão dos outsiders" (2018), em que se discutiu a trajetória da desigualdade econômica no Brasil contemporâneo (até o ano de 2015), a própria autora trouxe as discussões do texto em sala de aula e esclareceu que a trajetória da desigualdade no Brasil pode ser vista de duas formas: i) permaneceu estável no período democrático recente, pois o 1% mais rico continuou apropriando-se de 25% da renda e/ou; ii) a desigualdade de renda caiu a partir dos anos 90 aceleradamente com relação aos demais 99% da população, pois houve ganho de renda e maior acesso a serviços públicos básicos.

O trabalho de Marta Arretche (2018, p. 3 e ss) concentra-se nas dimensões afetadas por políticas públicas, de modo a identificar a trajetória cujo comportamento pode ser atribuído às decisões de atores políticos. Assim, argumenta que a desigualdade econômica foi reduzida sob o regime democrático contemporâneo (1985 a 2015) pela distribuição de renda dos mais pobres. Essa redução é explicada por um mecanismo de inclusão dos *outsiders*, derivado de uma mudança paradigmática nos pilares do modelo conservador de política social adotado no país de Getúlio Vargas. Assim, a autora relata que, por inclusão dos *outsiders*, entende a "incorporação à titularidade de direitos de aposentadoria, saúde e educação".

Nos próximos anos não se sabe como será a desigualdade no Brasil, mas é possível afirmar que a atuação das entidades do Terceiro Setor na execução de políticas públicas é essencial para efetivar o alcance e exercício dos direitos sociais pelos cidadãos.

O estudo da regulação do Terceiro Setor inglês permite observar a atuação de um órgão centralizado para regulamentar, fiscalizar, registrar e dialogar com as instituições de caridade existentes no país.

Assim, a partir do diagnóstico dos problemas regulatórios brasileiros e a análise do arcabouço regulatório inglês, é possível detectar eventuais boas práticas para o exercício das competências regulatórias no Terceiro Setor brasileiro, com enfoque nos eixos da regulamentação, fiscalização, fomento, judicante e sancionadora.

Demonstra-se importante a análise aprofundada no ordenamento jurídico brasileiro com relação ao arcabouço regulatório que possibilita o diálogo, divulgação de informação, compilação de dados e gerenciamento de riscos, e a *Charity Commission* e os demais mecanismos do arcabouço regulatório inglês trazem estruturas capazes de concretizar tais demandas, favorecendo o aprimoramento das competências regulatórias no Brasil.

As entidades do Terceiro Setor cada vez mais realizam atividades de interesse público e muitas vezes em colaboração com o Estado, sendo fundamentais para implementação e execução de políticas públicas importantes.

Segundo o Perfil das Organizações da Sociedade Civil (Lopez, 2018) realizado pelo IPEA, que teve seu lançamento em 16 de agosto de 2018, os dados apontados relatam que em 2016 havia 820 mil organizações da sociedade civil (OSCs) com Cadastros Nacionais de Pessoas Jurídicas (CNPJs) ativos no país.[12]

No que se refere à distribuição das OSC no território, a região sudeste abriga 40% das organizações, seguida pelo nordeste (25%), pelo sul (19%), pelo centro-oeste (8%) e pelo norte (8%).

Com relação à transferência federal, o IPEA (no Mapa das OSCs[13]) relata que os recursos para OSCs alcançaram o valor total de R$75 bilhões, de 2010 a 2017. As funções orçamentárias saúde e educação receberam quase 50% do total de recursos destinados para OSCs de 2010 a 2017. Os destinos dos recursos federais, por região, são mais concentrados que a localização territorial das OSCs.

Dentre as conclusões do IPEA sobre os repasses públicos (Lopez, 2018), é possível inferir que: do universo de 820 mil, pouco mais de 7 mil OSCs (0,85%) receberam recursos públicos de origem federal em 2017; os recursos públicos federais transferidos para OSCs totalizaram R$75 bilhões, de 2010 a 2017; desde 2001, houve queda de recursos federais e possível ampliação de recursos oriundos de estados e municípios; as funções orçamentárias de saúde e educação receberam quase 50% do total de recursos federais destinados para as OSCs de 2010 a 2017; a região Sudeste, que sedia 42% das OSCs, recebeu 59,8% dos recursos federais; a partir de 2016 a concentração de recursos para grandes OSCs acentuou-se, sendo que aquelas com mais de 100 vínculos de trabalho receberam mais de 90% do total de recursos federais.

O Painel de Transferências Abertas,[14] ferramenta desenvolvida pelo Ministério do Planejamento, Desenvolvimento e Gestão, também oferece dados sobre as parcerias realizadas pela União. Segundo esta ferramenta, o valor de recursos financeiros liberados

---

[12] Cabe notar que os dados expandiram muito com relação ao que o IPEA (Instituto de Pesquisa Econômica Aplicada) havia divulgado em 2014 (420 mil OSCs), o que faz pensar se a metodologia utilizada está de acordo com a realidade do país. De qualquer forma, foi uma ampla e aprofundada pesquisa que disponibiliza dados interessantes para o Terceiro Setor.

[13] Disponível no Mapa das Organizações da Sociedade Civil em: https://mapaosc.ipea.gov.br/. Acesso em: 20 maio 2019.

[14] Disponível no site oficial do governo brasileiro para as transparências públicas em: http://www.transferenciasabertas.planejamento.gov.br/QvAJAXZfc/opendoc.htm?document=PainelCidadao.qvw&host=Local&anonymous=true. Acesso em: 20 jun. 2018.

para essas parcerias chega a R$60,7 bilhões e, no Brasil, atualmente, temos 128.175 instrumentos firmados, entre eles: 77.015 contratos de repasse (60,09%); 50.746 convênios (39,60%); 144 termos de parceria (0,11%); 84 termos de colaboração (0,07%); 174 termos de fomento (0,14%). Nota-se que menos de 1% das parcerias firmadas são pelos instrumentos de formalização da Lei nº 13.019/2014, 2 anos depois da implementação da lei na União.

Cabe notar que os dados apresentados são de repasses públicos, sendo que grande parte das OSC sobrevivem sem o dinheiro público, sendo autônomas financeiramente (lembrando que os lucros das entidades do Terceiro Setor devem ser utilizados na concretização de seu objeto) ou dependendo de doadores privados ou incentivos fiscais.

Acerca das doações privadas, é possível encontrar a pesquisa Doação Brasil 2015 (IDIS, 2015), coordenada pelo IDIS (Instituto pelo Desenvolvimento do Investimento Social), que traz alguns dados a serem pontuados.

Na pesquisa do IDIS, houve uma fase qualitativa na qual foram distribuídos 10 grupos pelas regiões sudeste, nordeste e sul do país, e uma fase quantitativa na qual foram realizadas 2.230 entrevistas com a população urbana brasileira com idade acima de 18 anos, com renda familiar mensal acima de um salário mínimo, sendo 1.016 entrevistas completas com doadores institucionais em dinheiro, 986 entrevistas completas com não doadores institucionais em dinheiro e 228 entrevistas de arrolamento com doadores não institucionais em dinheiro.

Na pesquisa quantitativa, 71% dos entrevistados entendem que essas instituições dependem das doações de pessoas e empresas para obter recursos e atuar no dia a dia e 44% concordam que esses atores fazem um trabalho competente. Por outro lado, apenas 26% responderam que acham que as ONGs são confiáveis. A pesquisa mostra que 64% dos doadores doam apenas para uma instituição, sendo que 39% dos doadores já visitaram pessoalmente o local para o qual doam. A fidelidade destaca-se neste item, já que 70% dos doadores entrevistados disseram que costumavam doar sempre para a mesma ONG, ano após ano. Em 2015, as doações individuais dos brasileiros totalizaram R$13,7 bilhões, valor que corresponde a 0,23% do Produto Interno Bruto (PIB) do Brasil.

Recentemente foi divulgada a pesquisa "Doação Brasil 2020" (IDIS, 2021) que traça um novo panorama das doações no Brasil, apontando que em 2020 as doações individuais dos brasileiros em dinheiro totalizaram R$10,3 bilhões (0,14% do PIB do Brasil), ou seja, diminuiu quando comparada a pesquisa de 2015.

Segundo os pesquisadores, "as dificuldades trazidas por anos de crise socioeconômica e acentuadas pela pandemia se converteram em queda das doações de todos os tipos: dinheiro, bens e trabalho voluntário" (IDIS, 2021, p. 9). Os pesquisadores afirmam que a relevância das OSC é reconhecida por 74% da população, que as vê como necessárias para ajudar a solucionar os problemas sociais e ambientais e 60% dos brasileiros concordam que as OSC realizam um trabalho competente.

A pesquisa apresenta um aumento na desconfiança nas OSC (IDIS, 2021, p. 20), visto que tanto entre doadores quanto entre não doadores, parcela semelhante (26% e 28%, respectivamente) apresenta desconfiança em relação ao trabalho das OSC.

Outrossim, a pesquisa aponta que a pandemia da Covid-19 trouxe consequência à cultura de doação, tendo em vista que "(...) efeito da crise econômica crônica desde 2015, aliado à vulnerabilidade financeira aguda que se abateu sobre a população em 2020 por causa da pandemia, de fato transformou o panorama da doação" (IDIS, 2021, p. 29).

2.2 Arcabouço regulatório brasileiro

No Brasil, há um amplo arcabouço regulatório com diversos agentes envolvidos. É possível citar como arranjos institucionais da regulação no Brasil: (i) Ministérios e Secretarias em suas diversas áreas de atuação; (ii) Tribunais de Contas; (iii) Ministério Público; (iv) entidades autorreguladoras (a exemplo da GIFE, ABONG, FASFIL etc.), dentre outros agentes diversos que exercem a regulação do setor, tais como Procuradorias, Defensoria Pública e universidades.

Caso a relação do Estado com o Terceiro Setor seja caracterizada pela desconfiança (de ambos os lados), haverá ambiente regulatório hostil, sendo possível encontrar regulação estatal exacerbada com o intuito de submeter as entidades reguladas a uma supervisão mais rigorosa, especialmente com relação às questões de registro e tributação. Esse ambiente regulatório resulta, na pior das hipóteses, na repressão total das organizações sem fins lucrativos ou, na melhor das hipóteses, em sua cooptação pelo Estado.

Na presença de instituições políticas fracas, a capacidade ou disposição do Estado de cumprir os objetivos da regulação é limitada, gerando espaço para a intervenção não estatal.

Na presença de instituições estatais fortes (como na Inglaterra), o Estado cumpre seu regime legal, e o desenvolvimento da autorregulação é um exercício a ser desenvolvido ao longo do tempo, geralmente começando com uma coordenação mais suave, fortalecimento da qualidade, transparência e iniciativas e grupos informativos.

Cabe notar que, na conclusão do livro *Regulatory Waves* (2016, p. 221 e ss), os autores apontam que a regulação estatal é a ferramenta dominante em quase todos os estudos de caso. Os autores apontam que a demanda e a utilização da autorregulação como uma ferramenta regulatória por organizações sem fins lucrativos tem sido secundária (e, em alguns casos, consequente). Nesse sentido, os autores concluem que os objetivos da autorregulação têm o intuito de fortalecer a responsabilidade, a transparência e a qualidade das atividades e serviço em organizações sem fins lucrativos (2016, p. 223).

Dessa forma, verifica-se a importância do desenvolvimento de uma autorregulação do contexto brasileiro, para conformidade com seus objetivos institucionais. Alguns órgãos e entidades podem favorecer o desenvolvimento da autorregulação, bem como a regulação estatal dialogada com os entes regulados, tais como o CONFOCO ou conselhos construídos com a participação da sociedade civil, bem como entes autorreguladores, tais como ABONG, FASFIL e GIFE.

Os Tribunais de Contas são arranjos institucionais importantes para as funções de fiscalização, judicante, regulamentação e sancionadora. São órgãos independentes e auxiliam no controle da Administração Pública externa. São desvinculados da estrutura de qualquer dos três poderes e foram criados com o intuito de atuar conjuntamente ao Poder Legislativo na fiscalização financeira e orçamentária sobre os gastos da Administração Pública.

A atuação fiscalizatória do Tribunal de Contas frente às parcerias do Terceiro Setor com o Poder Público pode ocorrer através de denúncias encaminhadas, tomadas de contas especiais bem como através dos exames dos processos de prestação de contas.

Observa-se que a Lei nº 13.014/2019 trouxe sistematização à prestação de contas e ao controle, sob o ângulo do resultado. A lei prevê a priorização do controle de resultados, promovendo o controle estatal com base nos resultados obtidos com os recursos públicos, adequado ao regime de parcerias com as OSCs. No entanto, é necessário a implementação desse controle de resultados, com diálogo entre as instituições.

Patrícia Mendonça (2017, p. 33-34) traz exemplo acerca da problemática do recrudescimento do olhar dos órgãos de controle com relação às Organizações da Sociedade Civil. A autora cita o Decreto Municipal de Florianópolis nº 17.361/2017, no qual há menção expressa acerca de entendimento de prestação de contas das entidades anterior ao MROSC. Ademais, a autora aponta que (2017, p.34): "Os gestores tenderão a buscar adequações às quais estão mais frequentemente submetidos pelo órgão de controle, o que vai de encontro à lógica de desburocratização e simplificação do MROSC".

O Ministério Público, como arranjo institucional, tem o dever de acompanhar as fundações privadas desde a sua criação até a sua eventual extinção, considerando suas finalidades estatutárias e o objetivo do instituidor e aplicando de maneira correta o patrimônio destinado ao desempenho das atividades.

O fundamento jurídico do acompanhamento da Fundação pelo Ministério Público está na Constituição Federal e no Código Civil, respectivamente nos artigos 127 ("O Ministério Público é instituição permanente, essencial à função jurisdicional do Estado, incumbindo-lhe a defesa da ordem jurídica, do regime democrático e dos interesses sociais e individuais indisponíveis") e 66 ("Velará pelas fundações o Ministério Público do Estado onde situadas").

Cabe notar que as pessoas jurídicas integrantes do Terceiro Setor são geralmente constituídas por associações ou fundações privadas. Além das fundações, o Ministério Público poderá realizar acompanhamento preventivo e fiscalizar a regularidade das atividades desenvolvidas, assim como a correta aplicação de recursos de outras Organizações da Sociedade Civil.

Theresa Nóbrega e Anna Malta também apontam a importância do Ministério Público para o desenvolvimento das atividades do Terceiro Setor. As autoras afirmam que (2021, p. 14-15) "a participação efetiva deste órgão é salutar para evitar que desvios de finalidade ou de recursos públicos possam ocorrer". Prosseguem relatando que o MP funciona como orientador e fiscalizador, devendo prezar pela probidade nas condutas destas instituições.

Cabe notar que o Ministério Público, no processo de fiscalização, poderá instaurar inquéritos civis e propor ações civis públicas, buscando a preservação da probidade nessas instituições.

É necessário que as entidades do Terceiro Setor possuam controle interno efetivo e impessoal que contribuirá na fiscalização da atuação de seus agentes, podendo direcionar melhor os trabalhos da entidade, garantindo assim, mais transparência e eficiência no trabalho desenvolvido.

No contexto brasileiro, tem-se um interessante mecanismo previsto na Lei nº 13.019/2014, denominado Conselho de Fomento e Colaboração (CONFOCO).

O CONFOCO tem a incumbência de atuar como instância consultiva e propositiva, na formulação, implementação, acompanhamento, monitoramento e avaliação de políticas públicas de parcerias de mútua cooperação. É constituído paritariamente entre membros do Poder Público e das denominadas Organizações da Sociedade Civil.

O estudo do CONFOCO é elementar, na medida em que poderia beneficiar o fortalecimento das parcerias com o Terceiro Setor e auxiliar na concretização de atividades de interesse público.

Destarte, o Conselho de Fomento e Colaboração trata-se de órgão no âmbito do Poder Executivo, de composição paritária entre representantes governamentais e Organizações da Sociedade Civil, com a finalidade de divulgar boas práticas e de propor e apoiar políticas e ações voltadas ao fortalecimento das relações de fomento e de colaboração (artigo 15, da Lei nº 13.019/2014).

Trata-se de uma instância participativa que poderá ser criada por todos os entes federados que auxiliarão a Administração Pública em geral e os Conselhos de Políticas Públicas na formulação de políticas e ações voltadas ao fortalecimento das relações de fomento e de colaboração propostas pelo CONFOCO.

O CONFOCO tem como finalidade divulgar boas práticas nas ações desenvolvidas, visando ao fortalecimento das parcerias entre o Estado e as Organizações da Sociedade Civil.

Analisando os decretos regulamentadores da União, Estados, Distrito Federal e Municípios que são capitais de Estados, foi possível verificar que, até dezembro de 2019, apenas 6 (seis) deles apresentam a previsão do Conselho de Fomento e Colaboração. São eles:[15] União, Estado do Rio Grande do Sul, Estado da Bahia, Estado de Minas Gerais, Município de Salvador e Município de Belo Horizonte.

Cabe notar que a criação do CONFOCO é facultativa, tanto pela União como pelos demais entes federativos. Assim, a previsão da criação não necessariamente significa que seja implementado.

O próprio Conselho Nacional de Fomento e Colaboração não foi constituído, mesmo com sua previsão na Lei nº 13.019/2014 e no Decreto Federal nº 8.726/2016. No segundo semestre de 2018, foi divulgado que o Governo Federal pretendia selecionar pessoas para a composição do CONFOCO Nacional, ocorre que as OSC não validaram a ideia, por conta do momento político vivenciado com as eleições.

---

[15] União (Decreto nº 8726/2016): "Art. 83. Fica criado o Conselho Nacional de Fomento e Colaboração – Confoco, órgão colegiado paritário de natureza consultiva, integrante da estrutura do Ministério do Planejamento, Orçamento e Gestão, com a finalidade de divulgar boas práticas e de propor e apoiar políticas e ações voltadas ao fortalecimento das relações de parceria das organizações da sociedade civil com a administração pública federal".
Rio Grande do Sul (Decreto nº 53.175/2016): "Art. 6º Fica criado, no âmbito do Poder Executivo, o Conselho Estadual de Fomento e Colaboração – CEFC, composto de forma paritária entre representantes da administração pública estadual e organizações da sociedade civil, com a finalidade de divulgar boas práticas e de propor e apoiar políticas e ações voltadas ao fortalecimento das relações de fomento e de colaboração previstos neste Decreto.
§1º – A coordenação e o apoio técnico e administrativo do CEFC serão exercidos pela Secretaria de Planejamento, Governança e Gestão. (Redação dada pelo Decreto nº 53.746, de 5 de outubro de 2017)"
Minas Gerais (Decreto nº 47.132/2017): "Art. 13 – Fica criado o Conselho Estadual de Fomento e Colaboração – Confoco-MG –, órgão colegiado de natureza paritária, consultiva e propositiva, integrante da estrutura da Segov".
Bahia (Decreto nº 17.091/2016): "Art. 22 – Fica criado o Conselho Estadual de Fomento e Colaboração CONFOCO/BA, de constituição paritária, vinculado à Secretaria de Relações Institucionais SERIN".
Salvador (Decreto nº 29.129/2017): "Art. 10. Fica criado o Conselho Municipal de Fomento e Colaboração – CONFOCO/SSA, órgão colegiado de natureza paritária, consultiva e propositiva, vinculado ao Gabinete do Prefeito – GABP".
Belo Horizonte (Decreto nº 16.746): "Art. 5º Fica instituído o Conselho Municipal de Fomento e Colaboração de Belo Horizonte – Confoco-BH –, órgão colegiado paritário de natureza consultiva e de assessoramento permanente, integrante da estrutura da PGM".

No dia 25 de setembro de 2019, data de 2 (dois) anos de criação do Conselho Estadual de Fomento e Colaboração do Estado da Bahia, foi publicada uma breve carta com o relatório de todas as atividades realizadas desde a criação deste CONFOCO, entre as quais é possível observar um intenso objetivo de informar e auxiliar as realizações de parcerias com as Organizações da Sociedade Civil (realizando e divulgando pareceres, eventos formativos, instruções normativas, dentre outros). A carta também traz os colaboradores em âmbito estadual para a implementação do MROSC e estruturação do CONFOCO na Bahia, quais sejam: Plataforma MROSC-BA, Procuradoria Geral do Estado, Defensoria Geral do Estado, Auditoria Geral do Estado, Secretaria da Administração do Estado e Universidade Federal da Bahia.[16] Trata-se, assim, de um esforço corregulatório entre entidades de direito público e de direito privado.

Nota-se que o CONFOCO, a princípio, é previsto somente para incentivar e propor boas práticas verificadas nas parcerias do Poder Público com as Organizações da Sociedade Civil. Mas seria interessante, no contexto brasileiro, que o CONFOCO ou algum órgão ou entidade baseado nos seus ditames possa regulamentar e compilar dados de todos os repasses (públicos e privados) às entidades sem fins lucrativos, além de gerenciar riscos, fiscalizar e auxiliar as entidades. Dessa forma, seria possível avançar no que se refere à sistematização de dados, índices de confiabilidade da sociedade, fortalecimento das parcerias com o Poder Público e fiscalização das atividades de interesse social.

Destarte, o CONFOCO é um mecanismo interessante para ser aplicado no contexto brasileiro, mas não se trata de uma ferramenta que poderá ser aplicada, a princípio, para todo Terceiro Setor, visto que não será uma instância que as entidades que possuam titulações específicas poderão utilizar, pois estão excluídas do âmbito da Lei nº 13.019/2014 (com as inclusões da Lei nº 13.204/2015):

Art. 3º Não se aplicam as exigências desta Lei:
I – às transferências de recursos homologadas pelo Congresso Nacional ou

---

[16] Disponível em: http://www.confoco.serin.ba.gov.br/tag/carta-2-anos/. Acesso em: 14 set. 2021.

autorizadas pelo Senado Federal naquilo em que as disposições específicas dos tratados, acordos e convenções internacionais conflitarem com esta Lei;
II – (revogado);
III – aos contratos de gestão celebrados com organizações sociais, desde que cumpridos os requisitos previstos na Lei nº 9.637, de 15 de maio de 1998;
IV – aos convênios e contratos celebrados com entidades filantrópicas e sem fins lucrativos nos termos do §1º do art. 199 da Constituição Federal;
V – aos termos de compromisso cultural referidos no §1º do art. 9º da Lei nº 13.018, de 22 de julho de 2014 ;
VI – aos termos de parceria celebrados com organizações da sociedade civil de interesse público, desde que cumpridos os requisitos previstos na Lei nº 9.790, de 23 de março de 1999 ;
VII – às transferências referidas no art. 2º da Lei nº 10.845, de 5 de março de 2004, e nos arts. 5º e 22 da Lei nº 11.947, de 16 de junho de 2009 ;
VIII – (VETADO);
IX – aos pagamentos realizados a título de anuidades, contribuições ou taxas associativas em favor de organismos internacionais ou entidades que sejam obrigatoriamente constituídas por:
a) membros de Poder ou do Ministério Público;
b) dirigentes de órgão ou de entidade da administração pública;
c) pessoas jurídicas de direito público interno;
d) pessoas jurídicas integrantes da administração pública;
X – às parcerias entre a administração pública e os serviços sociais autônomos.

A transparência das OSC surgirá de modo expansivo, na medida em que o CONFOCO inicie suas atividades efetivamente. A necessidade de engajamento de todos os que trabalham nas organizações almeja o cumprimento de sua finalidade principal e respectiva sustentabilidade.

O CONFOCO é um órgão de corregulação aconselhável no Terceiro Setor brasileiro. Serve como uma alternativa firme de atuação independente do eixo estatal, em favor do pragmatismo e da universalização das regras de conduta de toda e qualquer Organização Da Sociedade Civil.

No que se refere ao CONFOCO, por sua previsão ser recente no ordenamento jurídico brasileiro, é possível que se verifique a sua aplicabilidade e eficiência nos próximos anos, haja vista que a maioria dos entes federativos não o criou e nem há previsão em seus decretos regulamentadores.[17]

---

[17] Nota-se que o CONFOCO, a princípio, é previsto somente para incentivar e propor boas

A Defensoria Pública também é ente regulador das entidades do Terceiro Setor. A Lei Complementar nº 80/1994 dispõe que

> A Defensoria Pública é instituição permanente, essencial à função jurisdicional do Estado, incumbindo-lhe, como expressão e instrumento do regime democrático, fundamentalmente, a orientação jurídica, a promoção dos direitos humanos e a defesa, em todos os graus, judicial e extrajudicial, dos direitos individuais e coletivos, de forma integral e gratuita, aos necessitados, assim considerados na forma do inciso LXXIV do art. 5º da Constituição Federal.

Segundo Laís Lopes e Fábio Amado, as defensorias públicas poderiam atuar: (i) com assessoria jurídica societária para confecção de estatutos das organizações; (ii) prestando orientação a respeito do conteúdo das normas incidentes sobre as relações de parcerias; (iii) oferecendo defesa técnica em procedimentos administrativos e processos judiciais que envolvam organizações em situação de vulnerabilidade, inclusive aqueles que versem sobre prestação de contas (Lopes; Amado, 2018, p. 24).

Muitas das entidades do Terceiro Setor exercem atividades direcionadas às pessoas em situação de vulnerabilidade. Assim, a Defensoria, ao atuar em conjunto com as entidades do setor, tem papel fundamental para a concretização dos direitos individuais e coletivos aos necessitados.

No que se refere ao desenvolvimento da governança corporativa dentro das entidades, o Instituto Brasileiro de Governança Corporativa (IBGC) lançou em 2016 a primeira edição do "Guia das Melhores Práticas para Organizações do Terceiro Setor: Associações e Fundações" (IBGC, 2016). O guia poderá auxiliar no desenvolvimento da autorregulação do setor, bem como na adequada estruturação interna das entidades, visto que traz instruções para denominação, órgãos, auditorias e gestão organizacional das associações e fundações.

---

práticas verificadas nas parcerias do Poder Público com as Organizações da Sociedade Civil. Mas e se, no contexto brasileiro, o CONFOCO ou alguma "Comissão do Terceiro Setor", semelhantemente ao que faz a *Charity Commission* na Inglaterra, puder regulamentar e compilar dados de todos os repasses (públicos e privados) às entidades sem fins lucrativos, além de gerenciar riscos, fiscalizar e auxiliar as entidades? Dessa forma, seria possível avançar no que se refere à sistematização de dados, índices de confiabilidade da sociedade, fortalecimento das parcerias com o Poder Público e fiscalização das atividades de interesse público.

As universidades também estão no âmbito do arcabouço regulatório do Terceiro Setor, tendo em vista que podem auxiliar na divulgação de informações, desenvolvimento de pesquisas e promoção do diálogo entre as instituições.

Tem-se como exemplo da atuação das universidades no âmbito do Terceiro Setor os eventos promovidos pela Fundação Getúlio Vargas (FGV/Direito-SP) no âmbito da pesquisa sobre Sustentabilidade Econômica das OSC, entre os anos de 2017 e 2019, denominados "OSC em pauta", que promoveram debates com participação de representantes dos órgãos de controle, procuradorias, Ministério Público e sociedade civil sobre, *e.g.* a) a Medida Provisória nº 870/2019 (MP dos fundos patrimoniais) e as OSC no governo atual; b) política municipal de assistência social na cidade de São Paulo; c) debate sobre a nova FASFIL e os dados lançados na pesquisa; d) impacto das decisões do STF e STJ nas pautas de interesse do Projeto Sustenta OSC e e) potenciais impactos da reforma tributária sobre as OSC, bem como outros eventos relacionados ao setor.

Ademais, a Faculdade de Direito da Universidade de São Paulo (USP) possui o projeto SanFran Social, criado em 2016, com o intuito de prestar assistência jurídica, de caráter consultivo, às entidades do Terceiro Setor.

2.3 Análise geral acerca dos problemas regulatórios brasileiros

É possível dizer, didaticamente, que as atividades desenvolvidas na sociedade podem ser divididas em três setores, a depender dos entes que as realizam. O Primeiro Setor é o setor público (estatal), formado por entidades de direito público e seus respectivos órgãos. Cabe ao Primeiro Setor o exercício de atividades de interesse público, assumidas pelo Estado, que vão gerar benefícios à coletividade. O Segundo Setor é o setor representado pelas entidades privadas com fins lucrativos que podem ou não atuarem com atividades de interesse público. Nota-se que as atividades econômicas (*stricto sensu*) com finalidade lucrativa são desenvolvidas pelo Segundo Setor. Por fim, o Terceiro Setor é composto por organizações privadas sem fins lucrativos que desempenham atividades de interesse público. A atuação das entidades integrantes deste setor é realizada para a consecução de atividades socialmente relevantes.

Com o surgimento da Lei nº 13.019/2014, a denominação "Organizações da Sociedade Civil", em teoria, passou a ser utilizada para todas as entidades sem fins lucrativos que exercem atividades de interesse público, independentemente de alguma titulação ou certificação específica. Assim, as OSC brasileiras possuem um conceito jurídico amplo dado para os fins da Lei nº 13.019/2014, que incluem as sociedades cooperativas e as entidades religiosas que se dediquem às atividades ou aos projetos de interesse público e de cunho social distintas das destinadas a fins exclusivamente religiosos.

No entanto, a supracitada lei regula apenas as parcerias com o Poder Público e retira do seu âmbito de aplicação diversas entidades do Terceiro Setor, tais como as Organizações Sociais, as Organizações da Sociedade Civil de Interesse Público, as entidades que firmam termo de compromisso cultural e os serviços sociais autônomos, não sendo uma lei que regula todas as entidades integrantes do setor.

As funções regulatórias estão espalhadas por diversos arranjos institucionais brasileiros, tais como os ministérios e secretarias em suas diversas áreas de atuação, tribunais de contas, Ministério Público, Defensoria Pública, procuradorias, universidades, entes autorreguladores, dentre outros, com funções diversas para regulamentar (a exemplo dos tribunais de contas que expedem normas para a correta execução e prestação de contas relacionadas às parcerias do Poder Público com o Terceiro Setor), fiscalizar (como os órgãos de controle ao verificarem a correta execução das parcerias do Estado com entidades do Terceiro Setor ou o Ministério Público, ao exercer sua atribuição fiscalizatória das associações), fomentar (os ministérios e a Defensoria Pública exercem o papel de fomento às parcerias com entidades que buscam realizar atividades direcionadas aos interesses das instituições), exercer a função judicante (a exemplo do julgamento das contas pelos órgãos de controle) e função sancionadora (a exemplo das sanções previstas no MROSC).

Além dos diversos arranjos institucionais que poderão exercer a regulação no Brasil, ela também dependerá da titulação da entidade, do diploma legal aplicável e do ente federativo que a entidade está localizada.

Estudos comparados anteriores foram realizados no âmbito do Terceiro Setor. Como destaque, no ano de 2009, foi concluído o projeto "Estado Democrático de Direito e Terceiro Setor", integrante do "Projeto Pensando o Direito", promovido pela Secretaria de Assuntos Legislativos do Ministério da Justiça, em parceria com o Programa das Nações Unidas para o Desenvolvimento, desenvolvido pelo Instituto *Pro Bono* durante os meses de julho de 2008 e março de 2009.

O Relatório Final foi apresentado pelo Instituto *Pro Bono* (sob coordenação geral de Gustavo Justino de Oliveira) à Secretaria de Assuntos Legislativos do Ministério da Justiça, tendo por referência o cronograma estabelecido no projeto (PROJETO BRA/07/004 – Democratização de Informações no Processo de Elaboração Normativa) desenvolvido em parceria com o Programa das Nações Unidas para o Desenvolvimento.

A pesquisa possuiu duas fases: a nacional e a internacional. A fase nacional foi conduzida por Ana Carolina Bittencourt Morais e João Pedro Pereira Brandão, auxiliados por Edinaldo Coelho, Rodrigo Alessandro Parreira e supervisionados pelo Coordenador do Projeto, Gustavo Justino de Oliveira. Em trabalho conjunto, os pesquisadores finalizaram as atividades referentes à fase nacional do projeto de pesquisa.

A fase internacional da pesquisa contou com a inclusão dos seguintes pesquisadores voluntários: Rodrigo Pagani de Souza, Janaína Schoenmaker, Natasha Schmitt Caccia Salinas e Ana Carolina Lara. Os pesquisadores fizeram um trabalho de comparação entre as legislações de Terceiro Setor dos seguintes países: Estados Unidos, Inglaterra, França, Espanha, Itália e União Europeia. Concluiu-se que (2009b, p. 140):

> A comparação entre o panorama normativo brasileiro atual e o panorama legislativo dos países estudados confirmou a importância e necessidade de uma melhor configuração normativa em nosso país, principalmente em termos de:
> (a)Reconhecimento jurídico abrangente desse segmento de atividades de interesse público, por meio de uma Lei Geral, que estabeleça às entidades do Terceiro Setor diretrizes e princípios de atuação, seus

direitos e deveres frente aos mais diversos públicos com os quais se relacionam, principalmente com a população.

(b)Proporcionar segurança jurídica para as entidades, servindo a Lei Geral, em conjunto com a legislação preexistente e eventual legislação a ser ainda editada, essencial elemento para atualizar e aperfeiçoar o marco legal e regulatório do Terceiro Setor no Brasil.

(c) Estipular bases normativas para a criação de financiamento público para o desenvolvimento do Terceiro Setor no Brasil, de modo ordenado, finalístico e transversal, criando-se uma política nacional para o desenvolvimento do Terceiro Setor, um Conselho Nacional do Terceiro Setor e um Fundo Nacional para o desenvolvimento do Terceiro Setor, entre outras ações e programas governamentais que podem ser implementados com base no Estatuto.

Com o surgimento da Lei nº 13.019/2014, que disciplina as relações de fomento e colaboração das Organizações da Sociedade Civil com o Poder Público, adveio uma lei geral para disciplinar as parcerias do Estado com as OSC. A ementa da lei traz o seguinte:

> Estabelece o regime jurídico das parcerias entre a administração pública e as organizações da sociedade civil, em regime de mútua cooperação, para a consecução de finalidades de interesse público e recíproco, mediante a execução de atividades ou de projetos previamente estabelecidos em planos de trabalho inseridos em termos de colaboração, em termos de fomento ou em acordos de cooperação;

A pretensão da lei era trazer segurança jurídica às parcerias com o Terceiro Setor, visto que o cenário anterior apresentava muitas leis esparsas[18] e titulações diferenciadas para as entidades, a exemplo da Lei das Organizações Sociais (Lei nº 9.637/1998), a Lei das Organizações da Sociedade Civil de Interesse Público (Lei nº 9.790/1999), a Lei da Certificação das Entidades Beneficentes de Assistência Social (CEBAS – Lei nº 12.101/2009, recentemente revogada pela Lei Complementar nº 187 de 16 de dezembro de 2021 que agora dispõe sobre o CEBAS) e a Lei do Título de Utilidade Pública Federal (TUP – Lei nº 91 de 1935, revogada pela Lei nº 13.204/2015).

---

[18] É possível citar, dentre os diplomas atualmente vigentes que disciplinam de alguma forma o tema: Constituição Federal, Código Civil, Lei nº 8.666/93, Lei nº 13.019/2014, Lei nº 12.101/2009 (recentemente revogada pela Lei Complementar nº 187 de 16 de dezembro de 2021 que agora dispõe sobre o CEBAS) Lei nº 9.790/1999, Lei nº 9.637/1998, Lei nº 9.608/1998 e Decreto nº 6.170/2007.

Cabe notar que a Lei nº 13.019/2014, apesar de trazer importantes avanços relacionados às parcerias do Estado com as Organizações da Sociedade Civil, não pode ser considerada um marco regulatório do Terceiro Setor brasileiro por diversos motivos, dentre eles: a) por não abranger todas as entidades integrantes do setor (excluindo do seu âmbito de aplicação as Organizações Sociais e as Organizações da Sociedade Civil de Interesse Público e demais entidades previstas no artigo 3º); b) por prever mecanismos sem evidenciar a forma para a sua implementação (a exemplo da previsão do acordo de cooperação, que foi acrescentado pela Lei nº 13.204/2015, mas havendo problemas na consideração do seu plano de trabalho);[19] c) por não considerar especificidades de cada entidade a partir da análise setorial e local; d) por ser uma lei extensa que trata de diversos assuntos (são 88 artigos abordando diversos aspectos das parcerias) e e) por haver uma superlegalização,[20] que pode trazer dificuldades para a execução das parcerias e engessamento da atividade do gestor público ao celebrá-las, principalmente para entes federativos menores ou organizações pequenas.

Em minha dissertação de mestrado, em uma análise acerca da Lei nº 13.019/2014, abordei alguns problemas encontrados na análise da nova legislação. Segue pequeno trecho no qual disserto sobre o assunto (Cesário, 2018, p. 154-155):

> A Lei nº 13.019/2014 trouxe boas inovações ao tratamento jurídico das parcerias do Estado com as OSCs, como o intuito de uniformizar a legislação sobre as parcerias com as OSCs; a atuação em rede que permite uma maior integração entre OSCs grandes e pequenas; as Comissões de Monitoramento e Avaliação; os Conselhos de Fomento e Colaboração; o Procedimento de Manifestação de Interesse Social; a possibilidade de remuneração das equipes de trabalho com recursos

---

[19] Sobre o assunto, ver MARRARA, Thiago; CESÁRIO, Natália de Aquino. Chamamento público para parcerias sociais: comentários à Lei nº 13.019/2014. *Boletim de Licitações e Contratos – BLC*, SÃO PAULO, a. 29, v. 8, p. 701-717, 2016.

[20] Cabe notar que a Lei nº 13.2014/2015, que alterou a Lei nº 13.019/2014, modificou e excluiu muitos aspectos que eram extremamente criticados na redação original da lei, por exemplo, a restrição de um percentual para pagamentos em espécie pela entidade parceira (artigo 54 – atualmente revogado), sem considerar as especificidades de cada caso. No entanto, mesmo com as alterações, ainda há aspectos que trarão dificuldades às entidades menores, visto que uma mesma lei é aplicável a todas as parcerias com a Administração Pública e as Organizações da Sociedade Civil, não considerando a área de atuação e a dimensão de cada OSC.

das parcerias; a possibilidade de pagamento dos custos indiretos com recursos das parcerias, etc.

No entanto, a lei precisa de alguns ajustes antes de ser considerada um marco regulatório do Terceiro Setor, pois é uma lei muito extensa que se propõe a tratar de muitos assuntos, mas não se aprofunda e não prevê mecanismos de implementação para diversos institutos. A superlegalização pode trazer complexidades acentuadas às parcerias e engessar a atividade do gestor público ao celebrar a parceria, principalmente em Municípios pequenos que não tem tanto acesso aos programas de capacitação. Isso poderia indicar um caráter "elitizador", indício também encontrado pelo fato de as OSCs participantes do Grupo de Trabalho para elaboração da lei são todas de grande porte. Ao tratar, por exemplo, de controle, a lei não se aprofunda no assunto e apenas relata que a priorização será no controle de resultados. Todavia, os gestores das OSCs que nunca tiveram contato com esse tipo de controle possivelmente terão dificuldade ao realizá-lo na prática e os órgãos de controle que não estejam acostumados com o controle de resultados podem prejudicar a efetivação do instituto.

Thiago Donnini (2018, p. 304) apresenta uma preocupação com relação às parcerias do Poder Público com entidades do Terceiro Setor: a utilização inadequada das parcerias como forma de intermediação de mão de obra e, muitas vezes, empregada para evitar a incidência dos limites de despesas com pessoal terceirizado pela Lei de Responsabilidade Fiscal (art. 18, §1º da Lei Complementar nº 101/2000).

Para a conformidade das parcerias sociais, Donnini (2018, p. 306) propõe que a aderência das propostas às finalidades da política pública deve ser o fator preponderante para a escolha da OSC, tal como dispõe o artigo 17 da Lei nº 13.019/2014, com redação da Lei nº 13.204/2015:

> Art. 27. O grau de adequação da proposta aos objetivos específicos do programa ou da ação em que se insere o objeto da parceria e, quando for o caso, ao valor de referência constante do chamamento constitui critério obrigatório de julgamento.

Donnini (2018, p. 306) expõe que as parcerias sociais deveriam configurar relações jurídicas que materializam um "financiamento não reembolsável, com potencial de produzir inovação nas políticas públicas", em especial para atender as demandas de maior qualidade de vida da população em situação de desigualdade social.

Neste aspecto, mesmo que não sejam regidas pela Lei nº 13.019/2014, as parcerias sociais deveriam observar aspectos previstos na supracitada legislação, conforme relata Donnini (2018, p. 307): (i) respeito às normas de políticas setoriais e às instâncias de pactuação e deliberação (art. 2º-A); (ii) fundamentos e diretrizes gerais (arts. 5º e 6º); (iii) regras de transparência e controle social (arts. 10 e 12); (iv) procedimento de manifestação de interesse social (arts. 18 a 21); (v) requisitos dos planos de trabalho (art. 22); (vi) ritos de chamamento público (arts. 23 a 28) e de contratação direta (art. 32); (vii) possibilidade de solução consensual das controvérsias (arts. 45 e 46); (viii) mecanismos de monitoramento e avaliação (arts. 58 a 61) e (ix) aplicação de medidas compensatórias para recomposição do erário (art. 72).

A partir do cenário acima destacado, é possível detectar os problemas regulatórios do Terceiro Setor com maior clareza, evidenciando-se alguns pontos críticos, a seguir elucidados.

Primeiramente, a legislação do Terceiro Setor brasileiro é esparsa, visto que a Lei nº 13.019/2014 não regulamenta todos os aspectos das entidades integrantes do Terceiro Setor, não sendo aplicáveis às entidades que possuem certificação específica e são reguladas por legislação própria.

A existência de normas esparsas e multidisciplinares pode trazer adversidades aos gestores das organizações e aos gestores públicos, visto que poderão ter dificuldades em detectar qual diploma jurídico poderá ser aplicado a cada caso, além de uma tendência de fuga à aplicação de normas mais rígidas.[21] Ademais, os adminis-

---

[21] Em minha dissertação de mestrado (Cesário, 2018) abordei um item destinado a verificar a existência de uma tendência de "fuga à aplicação da Lei nº 13.019/2014" diante da dificuldade de sua implementação. Trago trecho em que disserto sobre a temática: "Foi possível encontrar alguns diplomas jurídicos que são exemplos dessa tendência de fuga à aplicação da Lei nº 13.019/2014 e que adotam outros regimes, como o modelo tradicional dos convênios. Por exemplo, a Lei nº 13.608, de 10 de janeiro de 2018, que dispõe sobre o serviço telefônico de recebimento de denúncias e sobre recompensa por informações que auxiliem nas investigações policiais, em seus artigo 2º dispõe que: 'Art. 2º Os Estados são autorizados a estabelecer serviço de recepção de denúncias por telefone, preferencialmente gratuito, que também poderá ser mantido por entidade privada sem fins lucrativos, por meio de convênio'. A Medida Provisória nº 820, de 15 de fevereiro de 2018, que dispõe sobre medidas de assistência emergencial para acolhimento a pessoas em situação de vulnerabilidade decorrente de fluxo migratório provocado por crise humanitária, em seu artigo 4º, parágrafo 2º, determina que: 'Art. 4º §2º Convênios ou instrumentos congêneres poderão ser firmados com entidades e organizações da sociedade civil'. Por fim, outro

tradores públicos e gestores das entidades possuem dificuldade na aplicação e interpretação das diversas normas, especialmente quando não há diretrizes claras acerca da forma de sua implementação, a exemplo da realização de um controle de resultados.

Seria interessante que o setor, por abranger várias áreas em diversos níveis federativos, aplicasse normas locais especializadas (legais e infralegais) para disciplinar as diversas áreas de atuação, utilizando uma norma geral que pudesse ser aplicável a todas as entidades (uma espécie de lei-quadro).

Outro problema detectado é a falta de uniformização na aplicação da legislação brasileira vigente, o que também pode gerar insegurança jurídica, visto que os gestores das organizações e administradores públicos aplicam os diplomas legais de modo desigual. São exemplos dessa falta de uniformização: a) a exclusão pela Lei nº 13.019/2014 de várias modalidades de contratos de parceria existentes entre o Poder Público e as entidades do Terceiro Setor, o que enfraquece o processo de coordenação institucional; b) a dificuldade na aplicação e implementação do controle de resultados previsto em lei, sendo que diversos Tribunais de Contas apontam dificuldade na fiscalização de um controle baseado em resultados (conforme aponta Patrícia Mendonça em pesquisa sobre Parcerias entre Estado e OSCs – desafios na construção de colaborações para implementação da Lei nº 13.019/2014, 2017, p. 26 e ss) e c) apesar da revogação da Lei nº 91/35, que abordava o Título de Utilidade Pública Federal, não se sabe se os TUP estaduais e municipais continuam existindo, dependendo da decisão de cada ente federado.

Há o problema dos diversos certificados existentes no Brasil, que possuem regulamentação própria e esparsa, não dialogando entre si. Assim, as titulações existentes podem ser conferidas às entidades sem um planejamento das políticas estatais. Ademais, algumas das titulações existentes (a exemplo das Organizações Sociais) necessitam de ampla interferência estatal na execução das atividades das entidades.[22]

---

exemplo seria o Decreto nº 9.190, de 1º de novembro de 2017, que traz o Programa Nacional de Publicização, analisado a seguir (...)".

[22] Por exemplo, as Organizações Sociais possuem acesso à sua titulação a partir de ato discricionário do Poder Executivo (art. 1º, Lei nº 9.637/1998) e precisam ter a participação

No Brasil, não há um cadastramento centralizado, mas sim dados esparsos e desarticulados dos registros das OSCs.[23] Há dificuldade de consolidação dos dados brasileiros e, consequentemente, dificuldade de regulação do setor. O Instituto de Pesquisa Econômica Aplicada (IPEA) e o Instituto Brasileiro de Geografia e Estatística (IBGE) – através da pesquisa das Fundações Privadas e Associações sem Fins Lucrativos no Brasil (FASFIL)[24] – apresentaram dados divergentes com relação às entidades do Terceiro Setor.

Normalmente se verifica se é uma entidade do Terceiro Setor através do seu Cadastro Nacional de Pessoas Jurídicas (CPNJ) e o objeto de sua atividade. Ocorre que há problemas nessa análise e na consolidação de dados, tanto que instituições importantes (IPEA e FASIL) divulgaram dados discrepantes das entidades brasileiras do setor. Na pesquisa FASFIL, foram detectadas 237 mil entidades em 2016 (IBGE, 2019), enquanto na pesquisa realizada pelo IPEA, detectaram 820 mil entidades existentes (Lopez, 2018), segundo dados do mesmo ano (2016). Em nota técnica,[25] foi justificado que a razão dessa diferença foi a base de dados utilizada em ambas as pesquisas. Enquanto o IPEA teve como fonte principal de informação a relação de organizações e empresas com CNPJ inscritas na base de dados da SRF em 2016, e suas informações sobre natureza jurídica, áreas de atuação com base na Classificação Nacional de Atividades Econômicas (CNAE) e razão social, a pesquisa FASFIL utilizou informações disponíveis que se restringem ao conteúdo do Cadastro Central de Empresas (CEMPRE) e dizem respeito apenas ao código CNAE.

---

de representantes do Poder Público no órgão de deliberação superior da entidade (art. 2, I, "d", Lei nº 9.637/1998).

[23] O IPEA até mesmo apresentou uma nota técnica para explicar a diferença dos resultados. Disponível em: https://www.ipea.gov.br/portal/index.php?option=com_content&view=article&id=34976. Acesso em: 19 jan. 2020.

[24] Trata-se de um estudo apresentado pelo Instituto Brasileiro de Geografia e Estatística (IBGE) "sobre as organizações da sociedade civil organizada no Brasil, com base nos dados do Cadastro Central de Empresas (CEMPRE), também de responsabilidade do Instituto, tendo como objetivo o mapeamento do universo associativo e fundacional no que tange, especialmente, à sua finalidade de atuação e distribuição espacial no território brasileiro". IBGE, 2019. Disponível em: https://www.ibge.gov.br/estatisticas/economicas/outras-estatisticas-economicas/9023-as-fundacoes-privadas-e-associacoes-sem-fins-lucrativos-no-brasil.html?=&t=o-que-e. Acesso em: 12 jun. 2020.

[25] Cabe notar que o IPEA divulgou nota técnica para explicar a diferença dos dados apresentados. Disponível em: https://www.ipea.gov.br/portal/index.php?option=com_content&view=article&id=34976. Acesso em: 19 jan. 2020.

É possível verificar a atuação do Terceiro Setor em áreas multidisciplinares e em todo território brasileiro. No entanto, as políticas públicas existentes nas diversas esferas federativas não têm uma coordenação central e não há articulação a fim de dar um direcionamento sistematizado para as atividades realizadas por diversas entidades em uma mesma área de atuação. Dessa forma, observa-se uma falta de coordenação regulatória no setor.

Também não há, no ordenamento pátrio, um órgão administrativo ou espaço institucional com a competência exclusiva de regular o Terceiro Setor brasileiro. Conforme relatado acima, as competências regulatórias estão distribuídas por diversos arranjos institucionais em vários níveis federativos.

O Terceiro Setor brasileiro encontra desafios para o aumento da confiabilidade da sociedade, em especial após os anos 2000. Foi instalada em 2007 a CPI das ONGs que encerra seus trabalhos em 2010 com uma série de recomendações para aperfeiçoar os mecanismos das parcerias. Segundo Patricia Mendonça e Domênica Falcão (2016, p. 48), "estava instalado um cenário generalizado de desconfiança que culmina com a criminalização das OSCs. Diante desse quadro, tanto o Governo Federal quanto as OSCs se mobilizam para aperfeiçoar os mecanismos que mediam suas relações". A desconfiança do público é um grande desafio a ser enfrentado e também afeta as doações privadas (IDIS, 2021, p. 72).

Há objetivos estratégicos que devem ser perseguidos para a solução dos desafios que a regulação do Terceiro Setor no Brasil enfrenta, tais como aumentar a confiança do público nas instituições, garantir o cumprimento das regulamentações existentes, habilitar, capacitar e encorajar instituições a maximizarem suas atividades sociais e aumentar a responsabilização (*accountability*) perante doadores e beneficiários.

Assim, há algumas evidências que sugerem que, em geral, as entidades não estão produzindo informações que sejam suficientemente acessíveis e relevantes para as necessidades do público. Faltam informações comparativas confiáveis sobre o impacto. Isso poderia, em longo prazo, minar a confiança pública e a segurança.

Ademais, não há um órgão administrativo especializado em análise e julgamento das questões pertinentes ao Terceiro Setor brasileiro. Cabe notar que devido à unidade de jurisdição, toda lesão ou ameaça de lesão a algum direito poderão ser analisadas pelo Poder Judiciário no Brasil (artigo 5º, inciso XXXV, da Constituição Federal de 1988). No entanto, seria interessante a análise administrativa por um órgão especializado no tema, visto que o estudo do Terceiro Setor envolve aspectos e problemas singulares.[26]

Cabe observar que a existência de um único órgão administrativo para regular todo o Terceiro Setor brasileiro não seria uma solução para os problemas regulatórios brasileiros. No entanto, com a existência de órgãos articulados, em diversos níveis federativos e com enfoque em diversas áreas de atuação, uma coordenação central poderia auxiliar no desenvolvimento de políticas públicas adequadas, oferecer orientações às entidades, seus administradores e aos órgãos espalhados no território, além de favorecer o diálogo entre a sociedade, Poder Público e entidades integrantes do Terceiro Setor.

Foi possível detectar uma falta de investimento nas entidades brasileiras, além de problema na divulgação dos dados brasileiros, visto que não são consolidados.

Por fim, cabe abordar os desafios da imunidade/isenção para as entidades do Terceiro Setor, bem como tratar das dificuldades aos incentivos fiscais para doações.

A imunidade é uma hipótese de não incidência tributária definida na própria Constituição Federal de 1988 que prevê uma limitação ao exercício poder de tributar. Assim, o fato gerador do imposto não chega a acontecer. a imunidade é a impossibilidade originária de tributação, isto porque a CF/88 não deu que o ente federativo tribute sobre aquele fato, bem ou pessoa. A imunidade somente poderia ser extinta por meio de Emenda à Constituição, que tem processo legislativo complexo e com necessidade de quórum qualificado.

A imunidade tributária está prevista no art. 150 da Constituição Federal, *in verbis*:

> Art. 150. Sem prejuízo de outras garantias asseguradas ao contribuinte, é vedado à União, aos Estados, ao Distrito Federal e aos Municípios: (...)

---

[26] Tais como finanças, controle, fomento, execução das atividades, atos de improbidade, repasses através de parcerias etc.

VI – instituir impostos sobre: (...)
b) templos de qualquer culto;
c) patrimônio, renda ou serviços dos partidos políticos, inclusive suas fundações, das entidades sindicais dos trabalhadores, das instituições de educação e de assistência social, sem fins lucrativos, atendidos os requisitos da lei;

Com relação à isenção, trata-se de uma hipótese de não incidência tributária definida por norma infraconstitucional. Dessa forma, a isenção não impede o aparecimento do crédito tributário, mas impede o nascimento da obrigação tributária. Sendo assim, a isenção é uma escolha política e dependerá do ente federativo a escolha acerca do exercício da tributação que, por política de gestão pública, poderá optar pela renúncia da receita. As isenções podem ser revogadas com a simples edição de uma lei ordinária.

Além da previsão constitucional, para que as instituições de educação ou de assistência social gozem da imunidade fiscal, elas precisam atender os requisitos estabelecidos na Lei nº 9.532/1997. A Lei nº 9.532/1997 traz também em seu artigo 15 as disposições acerca das entidades isentas:

Art. 15. Consideram-se isentas as instituições de caráter filantrópico, recreativo, cultural e científico e as associações civis que prestem os serviços para os quais houverem sido instituídas e os coloquem à disposição do grupo de pessoas a que se destinam, sem fins lucrativos.

Eduardo Pannuzio, Aline Souza e Aline Viotto, coordenadores da pesquisa "Fortalecimento da sociedade civil: redução de barreiras tributárias às doações", estudo apresentado pela Fundação Getúlio Vargas (FGV) e o Grupo de Institutos Fundações e Empresas (GIFE), apontam que o Imposto de Transmissão *Causa Mortis* e Doação (ITCMD) possui baixa disponibilidade de dados públicos abertos, o que impede a compreensão do perfil da arrecadação associada ao imposto. Os autores exemplificam com a dificuldade de saber o peso relativo de heranças e doações, assim como à participação de pessoas físicas e jurídicas na arrecadação derivada de doações (2019, p. 123).

Os autores apresentam duas conclusões, quais sejam (2019, p. 124): (i) é ínfimo o valor do ITCMD arrecadado com doações a pessoas jurídicas, grupo que inclui as OSC e (ii) ampliação das hipóteses de imunidade e isenção que venham a alcançar um conjunto mais amplo de doações a OSC (em face do que ocorre hoje) não produzirá efeitos fiscais relevantes.

Guilherme Palermo dos Santos (2019) apresenta alguns limites à imunidade e isenção tributária ao Terceiro Setor, dos quais destaco o seguinte: (i) atenção às atividades desenvolvidas pelas entidades, visto que a partir do momento em que extrapolarem às suas áreas de atuação, executando, por exemplo, atividades mercantis com o intuito de auferir lucros, podem perder o direito à imunidade ou isenção concedida pelo ente governamental; (ii) o recolhimento de PIS-Folha, pois, somente estão imunes ao PIS incidente sobre a folha de salários as entidades beneficentes de assistência social que atendam aos requisitos legais (previstos nos artigos 9º e 14 do Código Tributário Nacional (CTN) e no artigo 29 da Lei nº 12.101/2009) e possuam a Certificação de Entidades Beneficentes de Assistência Social (CEBAS); (iii) as entidades imunes ou isentas gozam, respectivamente, de imunidade ou isenção com relação ao Imposto de Renda da Pessoa Jurídica (IRPJ) e da Contribuição Social Sobre o Lucro Líquido (CSLL), além disso, não sofrem incidência do PIS/Pasep sobre o faturamento uma vez que são contribuintes apenas do PIS-Folha. O autor acrescenta a este último tópico o seguinte (Santos, 2019):

> Por sua vez, com relação a Cofins, apenas não há incidência desta contribuição sobre as receitas relativas às atividades próprias da entidade, sendo assim consideradas somente aquelas decorrentes de contribuições, doações, anuidades ou mensalidades fixadas por lei, assembleia ou estatuto, recebidas de associados ou mantenedores, sem caráter contraprestacional direto e destinadas ao seu custeio e ao desenvolvimento dos seus objetivos sociais. No entanto, outras receitas que não decorram destas fontes acima descritas, tais como venda de mercadorias e produtos, prestação de serviços diversos do que constam previsto no Estatuto Social, dentre outras, estão sujeitas ao recolhimento da Cofins, sendo apurada no regime cumulativo para as entidades imunes e no regime não-cumulativo para as entidades isentas, com exceção das entidades que possuem CEBAS, que por sua vez não são contribuintes da Cofins, ainda que estas receitas não decorram de suas atividades.

Acerca dos incentivos fiscais, a Fundação Getúlio Vargas (FGV) e o Grupo de Institutos Fundações e Empresas (GIFE) apresentaram estudo acerca dos "Incentivos regulatórios à filantropia individual no Brasil" (Salinas *et al.*, 2019).

As autoras apresentam um diagnóstico que revela que "a sistemática de incentivos fiscais a doações individuais atualmente vigente no país tem um papel muito modesto na sustentabilidade das organizações da sociedade civil (OSCs)" (2019, p. 100). A autoras apresentam os seguintes motivos para a afirmação acima, baseados nos dados coletados no decorrer da pesquisa: (i) o Brasil mobiliza poucos recursos; (ii) beneficia um número restrito de entidades; e (iii) não parece fortalecer a cultura de doação no país. A partir das limitações apontadas, as autoras sugerem medidas de duas ordens: as que visam aprimorar a sistemática de incentivos atualmente vigente e as que buscam ampliá-la e transformá-la (2019, p. 200).

No estudo, como recomendações para o aprimoramento da regulação sobre incentivos, as autoras propõem (2019, p. 100 e ss): (i) o aprimoramento da sistemática atual vigente, com (a) o direcionamento das doações diretamente na declaração do Imposto de Renda da Pessoa Física (IRPF), (b) expansão dos incentivos fiscais para as diversas áreas de atuação das OSC, (c) regulamentação da doação de bens e despesas com trabalho voluntário às OSC e (d) ampliação do incentivo a contribuintes optantes pela modalidade simplificada do IRPF e; (ii) inventivos fiscais equânimes para pessoas físicas e jurídicas, com recomendação de alteração legislativa para a Lei nº 9.250/1995 (Lei do IRPF) prever a possibilidade de dedução das doações da base de cálculo do IRPF às OSC que atendam aos mesmos requisitos previstos na Lei nº 9.249/1995 (Lei do Imposto de Renda da Pessoa Jurídica) para as deduções de doações realizadas por pessoas jurídicas.

Os estudos citados apontam dificuldades da sistemática atual para a isenção e imunidade tributária concedidas às entidades do Terceiro Setor, bem como aos incentivos fiscais, trazendo um panorama geral acerca dos problemas regulatórios nessas áreas.

É importante notar que o intuito não é detectar o arcabouço regulatório brasileiro para eventual auxílio e implementação no ordenamento inglês. Pelo contrário, o presente estudo analisa o arcabouço regulatório do direito alienígena para aperfeiçoar os mecanismos existentes no ordenamento pátrio, de maneira a aprimorar a governança e a capacidade de atuação das entidades privadas sem fins lucrativos que atuem em atividades de interesse público.

2.4 Os problemas regulatórios brasileiros selecionados

Conforme apontado no capítulo anterior, o enfoque da obra é na regulação da fé pública das entidades do Terceiro Setor, o que abrange a relação das entidades entre si, nas suas atividades cotidianas, transparência, relações de trabalho, probidade e adequação aos fins sociais, bem como a confiabilidade da sociedade em suas atividades.

O intuito dessa perspectiva é justificado pelo fato de que na Inglaterra, país analisado no trabalho para oferecer boas práticas ligadas à regulação, há o enfoque na regulação das relações privadas das instituições de caridade.[27]

Conforme apontado, não há, no Brasil, uma estrutura organizacional para a regulação do setor, bem como os arranjos autorregulatórios estruturados recebem poucos incentivos do Poder Público para o desenvolvimento de suas atividades.

Os mecanismos de autorregulação e corregulação, conforme apontado pelas pesquisas citadas anteriormente, são capazes de fortalecer a responsabilidade, a transparência e a qualidade regulatória no setor, favorecendo a estrutura organizacional do setor.

Ademais, apesar da importância dos repasses públicos destinados às parcerias, não são as parcerias com o Poder Público que destinam as maiores quantidades de recursos para as entidades, pois a maioria dos recursos que garantem a existência e sustentabilidade das organizações do Terceiro Setor são verificados através da autonomia das próprias entidades ao comercializarem produtos de suas atividades, doações privadas, auxílio fiscal ou até mesmo fundos patrimoniais. Essa afirmação se dá devido à comparação dos dados disponibilizados pelo IPEA em 2018 acerca do "Perfil das Organizações da Sociedade Civil" (Lopez, 2018) entre o número total

---

[27] Antes da implementação do ente regulador inglês, os estudos prévios naquele país determinavam que o ente regulador deveria ter como objetivos estratégicos: aumentar a confiança do público nas instituições, garantir o cumprimento das regulamentações existentes, habilitar, capacitar e encorajar instituições a maximizarem suas atividades sociais e aumentar a responsabilização (*accountability*) perante doadores e beneficiários (Cabinet Office, 2002, p. 75), o que indica a perspectiva citada na obra.

de OSC atualmente no Mapa das OSC (781.921) e o número total de OSC com parceria (128.175 segundo o Painel de Transferências Abertas),[28] verificando-se que a maioria das entidades não tem interesse ou não conseguem ter acesso aos recursos públicos através das parcerias, muitas vezes pela dificuldade dos procedimentos, pela falta de conhecimento e pela burocracia. E esse cenário tem se acentuado diante da crise sanitária, financeira e política do Brasil atual, agravada pela pandemia da Covid-19.

No entanto, em estudo realizado pela FGV acerca dos incentivos regulatórios às OSC (Salinas *et al.*, 2019, p. 75) verifica-se que no Brasil "percebe-se uma paulatina desvalorização da importância das doações individuais como fonte de financiamento das OSCs. Além disso, é evidente a ineficácia dos mecanismos de incentivo, sobretudo em relação ao engajamento de doadores pessoas físicas". As autoras justificam a afirmação ao relatar que "esse fato fica evidente quando se compara o volume de doadores em potencial que poderiam se valer dos mecanismos de incentivos fiscais ao número de doadores que efetivamente os utilizaram nos últimos cinco anos".

As autoras apontam que há necessidade de aprimoramento da sistemática vigente, há dificuldade para o direcionamento adequado das doações e ressaltam que (Salinas *et al.*, 2019, p. 101):

> A história de construção do atual regime de incentivos fiscais às doações individuais é resultado de disputas entre as OSCs que, como visto, culminou na construção de uma regulação fragmentada e nada eficaz. Esse aspecto dos regimes de incentivo os torna mais complexos e restritivos, limitando seu alcance a potenciais doadores.

Dentre os motivos da queda no alcance de doadores no Brasil e da desvalorização da cultura da doação está a falta de confiabilidade da sociedade. Em pesquisa desenvolvida pelo Instituto para o Desenvolvimento do Investimento Social (IDIS) denominada "Doação Brasil 2020", restou evidenciado um aumento da desconfiança nas instituições do Terceiro Setor (pelos seguintes

---

[28] Disponível no site oficial do governo brasileiro para as transparências públicas em: http://www.transferenciasabertas.planejamento.gov.br/QvAJAXZfc/opendoc.htm?document=PainelCidadao.qvw&host=Local&anonymous=true. Acesso em: 20 jun. 2018.

fatores: não saber onde o dinheiro seria usado, não saber o destino do dinheiro e não confiar nas organizações que pedem). A pesquisa Doação Brasil 2020 aponta como primeiro motivo para não doar a falta de dinheiro (35% na pesquisa Doação Brasil de 2015, anterior realizada sobre doação no Brasil, e 38% na pesquisa Doação Brasil de 2020) e, em seguida, a desconfiança em relação ao uso dos recursos doados, apresentada de forma mais acentuada do que na edição de 2015, contrariando a tendência dos doadores de confiar mais nas organizações sociais (era 18% em 2015 e passou a ser 25% em 2020) (IDIS, 2021, p. 72).

Dessa forma, após a análise e diagnóstico da regulação no Brasil, alguns problemas regulatórios do Terceiro Setor brasileiro foram selecionados para o adequado enfrentamento. Eles são:

(i) *falta de sistematização e estruturação da regulação do setor*, com o intuito de averiguar a regulação estatal existente e a implementação da autorregulação (ou corregulação) adequadamente no setor;
(ii) *falta de confiabilidade da sociedade na atuação das entidades,* bem como a falta de incentivo e coordenação para a implementação e sistematização do *compliance* nas entidades do Terceiro Setor;
(iii) *inexistência de análise acerca da qualidade da regulação* oferecida através do arcabouço regulatório existente.

CAPÍTULO 3

O TERCEIRO SETOR INGLÊS

A partir da análise da realidade inglesa do Terceiro Setor, verificação de dados qualitativos e quantitativos disponíveis, exame da consolidação dos dados, investigação das formas jurídicas de participação, análise da participação das entidades e ponderação acerca do fomento estatal para as instituições, é possível compreender adequadamente o funcionamento do direito inglês e a relação com as entidades de caridade.

O estudo comparado possui diversos benefícios, em especial para o aprimoramento do direito pátrio, utilizado por doutrinadores e juristas, sendo possível notar a legislação estrangeira tendo especial influência nos diplomas normativos após a década de 1990.

Thiago Marrara (2014, p. 27) cita como exemplos dessa influência estrangeira no direito pátrio o regramento referente ao "funcionamento e à organização de agências reguladoras, à defesa da concorrência, à regulação de telecomunicações, às técnicas de privatização, ao acesso a informações, a novas formas de contrato e parcerias etc.". Ademais, o autor (2014, p. 27) observa que as vantagens do método comparativo não se restringem ao campo da atividade legislativa e da interpretação normativa pelo Judiciário e relata que "a comparatística exerce papel inegável na evolução da ciência do direito".

Dentre as diversas vantagens do estudo comparado, verifica-se a finalidade de analisar um instrumento do direito alienígena e a possibilidade de sua adequação ao direito pátrio, citando os desafios e benefícios encontrados.

Caio Mário Pereira da Silva (2014, p. 39 e ss) relata que não há uniformidade para a conceituação de Direito Comparado. O autor defende o caráter científico e autônomo "por não limitar sua atuação apenas à comparação de direitos, mas, procurar, através da comparação, a obtenção de resultados, de finalidades, e de objetivos que lhe são próprios". Ele relata que o estudo do Direito Comparado não se resume apenas ao texto de lei, mas abrange todo o conjunto do sistema (2014, p. 39).

O autor também dispõe que o direito comparado pode se dar em uma comparação vertical, na qual o estudioso recua no tempo e busca dados informativos do tema estudado através dos séculos, ou em uma relação horizontal, na qual o pesquisador foca no sistema atualmente em vigor entre diversos povos, para compará-los, procurando assinalar suas aproximações e divergências. Ainda dispõe que no estudo do horizonte jurídico, ou seja, na comparação horizontal, o pesquisador (2014, p. 40):

> Tendo em vista o seu próprio direito, ou o objeto de determinado estudo, perquire a maneira pela qual o mesmo assunto encontra tratamento noutro organismo jurídico, indaga de que maneira o legislador de outro país positivou as normas de seu regime, ou como os tribunais as aplicaram e os cientistas o compreenderam. E aqui está em pleno campo do direito Comparado.

O presente trabalho faz uma comparação horizontal da regulação do Terceiro Setor na Inglaterra e no Brasil. O estudo comparado horizontal analisa sistemas jurídicos vigentes para averiguar o tratamento atual do tema e se valer da experiência do direito inglês, com possíveis aperfeiçoamentos do direito nacional. A análise histórica (vertical) é feita apenas subsidiariamente, com o intuito de conhecer os avanços legais e doutrinários acerca da regulação do Terceiro Setor nos dois ordenamentos jurídicos.

Cabe notar que, no direito inglês, observa-se um enfoque nas relações privadas das instituições de caridade. Justamente por isso, o foco da obra é na regulação das atividades das entidades do Terceiro Setor ligadas à boa gestão, transparência, probidade e direcionada a maior confiabilidade do público.

O estudo comparado do Terceiro Setor inglês admite uma abordagem diferenciada para o setor no Brasil, permitindo detectar o arcabouço regulatório que auxilie no desenvolvimento dos eixos regulatórios, além de permitir o aperfeiçoamento no direito pátrio da análise de riscos, o aumento da confiança nas instituições, o adequado tratamento do dinheiro repassado, o fomento ao setor, além de auxiliar nos instrumentos de vocalização de demandas.

O estudo comparado entre o direito brasileiro e o inglês é trabalhoso, pois são sistemas que guardam poucas afinidades, sendo necessário, inicialmente, o aprendizado das linhas gerais e particularidades do direito inglês. Caio Mário (2014, p. 49 e 50) menciona que a comparação entre o direito brasileiro e o inglês poderá render resultados compensadores, "pois que o contraste com um direito mais distanciado ressaltará para o estudante o conhecimento do seu próprio direito, e lhe alargará mais o horizonte", *in verbis*:

> Em vez de incidir a escolha em um direito assim,[29] pode ela alcançar sistema que guarde distância mais larga, embora sob inspiração filosófica ou ideológica menos remota. Será o caso do confronto entre o direito brasileiro e o direito inglês, por exemplo. Ambos os sistemas obedecem a linhas uniformes resultantes da aproximação íntima dos postulados morais, econômicos e políticos, e procuram realizar mais ou menos o mesmo teor de justiça. Mas servem-se de técnicas absolutamente diversas, modelando– se em formas estruturais diferentes. Por esta razão, o cotejo destes sistemas exigirá o aprendizado das linhas gerais, da história, da terminologia, das particularidades do direito inglês, possibilitando aos alunos a compreensão geral do sistema, após o que se poderá fazer o cotejo das respectivas instituições. A perspectiva do sistema é fundamental para o trabalho comparativo, e tomará obrigatoriamente boa parte do curso. Os resultados serão compensadoramente grandes, pois que o contraste com um direito mais distanciado ressaltará para o estudante o conhecimento do seu próprio direito, e lhe alargará mais o horizonte. O professor SOLA CAÑIZARES não oculta as suas preferências por um trabalho desta ordem.

Assim, apesar das peculiaridades de cada ordenamento jurídico, foram apresentadas as linhas gerais acerca do Terceiro Setor Inglês e detectados os aspectos regulatórios ingleses que possam ser aplicados no ordenamento pátrio.

Alison Dunn (2016, p. 21) aponta que a regulação das entidades sem fins lucrativos e os órgãos que a aplicam na Inglaterra

---

[29] O autor faz referência a um direito com um sistema jurídico mais próximo, com afinidades marcantes, como o direito português ou o francês.

têm enfrentado intensas críticas do público, da mídia e da política nos últimos anos. A crítica concentrou-se no uso indevido do status de instituição de caridade como abrigo para esquemas de evasão fiscal, remuneração do executivo principal, práticas inadequadas de arrecadação de fundos, políticas de investimento antiéticas e atividades políticas abertas e surgiu de percepções de governança fraca em organizações de caridade, supervisão inadequada ou exercício inadequado de poderes regulatórios por reguladores de caridade. Tal cenário resultou em demandas para instituições de caridade e seus órgãos reguladores serem mais rígidos nas práticas de governança e na aplicação da lei de caridade.

As diversas críticas geraram, nas últimas duas décadas, a necessidade do desenvolvimento do arcabouço regulatório do setor, que envolve a regulação estatal, a autorregulação e a corregulação.

Assim, foram examinadas as diferentes ondas de regulação do Terceiro Setor inglês nos últimos anos. A regulação estatal, corregulação e autorregulação encaixam-se em seu contexto histórico e político no desenvolvimento do Terceiro Setor inglês. Essas diferentes ondas regulatórias foram influenciadas por restrições fiscais, imperativos políticos e tendências regulatórias mais amplas, levando à demanda por uma regulação de melhor qualidade.

Cabe notar que a legislação operacional atual na Inglaterra e no País de Gales são o *Charities Act 2011 e o Charities (Protection and Social Investment) Act 2016*. A Lei de 2011 consolida a última onda de legislação estatutária inglesa que, desde o século XIX, estabeleceu um forte quadro regulatório estatal. A *Charities (Protection and Social Investment) Act 2016* dispõe sobre a captação dos recursos pelas entidades de caridade e sobre a forma de prestações de contas pelas entidades.

O principal agente regulador de caridade é a *Charity Commission* que opera desde o *Charitable Trusts Act 1853*. A Comissão é encarregada de manter um registro preciso e atualizado de instituições de caridade e tem amplos poderes de investigação e fiscalização.

Com as definições conceituais de regulação do Terceiro Setor, foi examinado o funcionamento da regulação no Terceiro Setor inglês, com a apresentação do panorama legislativo e doutrinário sobre o tema.

3.1 Breve considerações acerca do direito inglês

A Inglaterra é dividida em nove regiões, quais sejam: *East of England, East Midlands, London, North East, North West, South East, South West, West Midlands, Yorkshire* e *The Humber*. Existem 353 autoridades locais na Inglaterra, classificadas em sete tipos diferentes (Costa, 2018). Acerca das autoridades locais da Inglaterra,[30] é possível citar as seguintes (observando-se que as regiões são as maiores unidades administrativas e as paróquias, as menores):

> (i) Condados e Distritos Metropolitanos: Nas seis regiões metropolitanas, a maioria dos serviços públicos e sociais é administrada pelos 36 distritos metropolitanos (*Metropolitan Districts*);
> (ii) Condados, Distritos Não Metropolitanos e Autoridades Unitárias: Nos Condados, existem duas camadas de arranjos de governança: Condados (27), desdobrados em 201 Distritos Não Metropolitanos (*Non Metropolitan Districts*), e 55 Autoridades Unitárias (*Unitary Authorities*). Os Condados são responsáveis por serviços em todo o local, por exemplo: educação, transporte, planejamento, combate ao fogo e segurança pública, assistência social, bibliotecas, gestão de resíduos e padrões de negociações. As autoridades unitárias (55) são administrações de camada única, com responsabilidade por todas as áreas do governo local;
> (iii) Grande Londres e os Bairros de Londres: Existem 32 bairros de Londres com status semelhante àquele dos Distritos Metropolitanos, e também a cidade de Londres, uma corporação de cidade (*Great London*) que tem funções adicionais;
> (iv) Alas Eleitorais/Divisões Eleitorais: As alas/divisões eleitorais são os principais alicerces da geografia administrativa do Reino Unido. São as unidades espaciais usadas para eleger conselheiros (*councilors*) de governos locais. Em 31 de dezembro de 2015, o Reino Unido tinha 9.196 alas/divisões eleitorais;
> (v) Paróquias e Comunidades: O menor tipo de área administrativa na Inglaterra é a paróquia (conhecida como "paróquia civil"). As paróquias operam em um patamar abaixo dos conselhos distritais e municipais e, em alguns casos, das autoridades unitárias. Administram loteamentos, relógios públicos, abrigos de ônibus, centros comunitários, áreas de lazer e equipamentos de jogos. Em 2015, haviam 10.449 paróquias na Inglaterra.

---

[30] Informação disponível no site oficial do governo inglês: https://www.gov.uk/guidance/local-government-structure-and-elections#structure. Acesso em: 15 set. 2021 e no artigo de Reinaldo Costa (Costa, 2018, p. 7).

Na Inglaterra, tem-se o que se denomina de *"Constituição Histórica"*, resultante de gradativa sedimentação jurídica de um povo, por meio de suas tradições. Ela não é escrita e nem rígida, ou seja, são passíveis de alteração sem necessidade de procedimento legislativo complexo.

Diploma basilar para a compreensão da Constituição inglesa é a Magna Carta de 1215, fruto de embates entre parlamentares contra os poderes da monarquia, representada por "João Sem-Terra". A Magna Carta trazia a ideia de atuação dos governantes com base no Direito, além de proteção dos governados e de seus bens.

Outro documento importante surgiu em 1628: o *Petition of Right*. Trata-se de um acordo entre o parlamento e a monarquia, com o intuito de reduzir as prerrogativas dos monarcas para receber a aprovação orçamentária do parlamento. Leonardo Antonacci (2016, p. 156) aponta que o documento traz expressa menção à Magna Carta e exige "a necessidade de consentimento para a tributação e reitera a necessidade de julgamento para a condenação dos cidadãos, inaugurando o uso do termo due process of law".

Em 1689, surge o denominado *Bill of Rights*, declarado por ocasião da ascensão de Guilherme de Orange à monarquia inglesa, consagrando direitos e liberdades aos cidadãos e prevendo o direito de petição, por meio do *right of petition*, possibilitando que os súditos dirigissem petições contra a realeza.

Segundo Antonacci (2016, p. 156-157), por tais documentos preverem conceitos jurídicos indeterminados, a magistratura inglesa seria peça-chave na continuidade deles, tendo em vista que foram usadas pelos juízes para ampliar o contexto de aplicação dessas normas.

O autor aponta que (2016, p. 157) "em um legítimo processo de difusão de direitos, faziam com que os privilégios originalmente previstos nas Cartas se tornassem direitos dos comuns e de todos os ingleses".

Leonardo Antonacci também aponta outros relevantes textos que concorreram para a formação do *rule of law* e da Constituição Inglesa (2016, p. 157), tais como o *Habeas Corpus Act* (1679), *Act of Setllement* (1701), *Westminster Statute* (1931) e os *Acts of Parliament* (1911).

Cabe notar que os documentos supracitados não possuem intrínseca conexão uns com os outros, não possuem uma sistematização e não se qualificam formalmente como constitucionais, o que prejudica a compreensão acerca da Constituição inglesa, tendo em vista que, conforme relatado, não é escrita ou formal.

O autor também mostra que as conclusões históricas constitucionais inglesas são divididas em direito da constituição (*law of the constitution*) e convenções constitucionais (*constitutional conventions*) para averiguação das "regras de organização e limitação do poder político, estruturação do Parlamento, sucessão real, a relação do poder com o cidadão, bem como seus direitos" (2016, p. 158).

O direito da constituição refere-se às normas jurídicas, abrangendo precedentes judiciais de força obrigatória ou atos emanados do Parlamento que versem sobre matérias constitucionais.

Carolina Lisboa (2012, p. 130 e ss) aponta que as convenções constitucionais são as normas inglesas não escritas que regulam as relações entre a Coroa, o Parlamento e o Governo inglês. Já Antonacci (2016, p. 158) exemplifica: "é o caso da retirada do gabinete censurado pelo Parlamento, do Apelo à Nação quando o ministério perde a confiança parlamentar, bem como a proibição de uma segunda dissolução". Dessa forma, a não observância de uma convenção constitucional não é ilegal, tendo em vista que não advém de uma norma escrita, mas é inconstitucional, motivo pelo qual o seu descumprimento resulta em uma sanção política.

Segundo Antonacci (2016, p. 159), a Constituição inglesa e o *Rule of Law* parecem estar "enraizados na própria cultura política da nação, sem depender de qualquer coerção legal para sua observância".

Cabe observar que, por não haver diferenciação entre constituição e legislação infraconstitucional, não há controle de constitucionalidade na Inglaterra (será observado a seguir que há tendência de mudança sobre esse aspecto). Ademais, não há cláusulas pétreas, tendo em vista que o Parlamento poderá estatuir e alterar as leis, não havendo limites expressos.

O parlamentarismo vigente na Inglaterra é um sistema de organização do poder político que foi construído através das peculiaridades da história política inglesa, com raízes nos costumes medievais, nos quais os suseranos consultavam seus vassalos através de "conselhos" (chamados de *Paliamentum*), que auxiliava o rei nas suas deliberações. Já na segunda metade do século XIV, o Parlamento apresentava a atual estrutura, bipartido entre Câmara dos Lordes e Câmara dos Comuns (Bonavides, 2000, p. 417).

Com o desfecho da "Revolução Gloriosa", no qual houve a vitória do Parlamento sobre a realeza, instaurou-se definitivamente um gabinete homogêneo (Parlamento) escolhido pelo rei, mas responsável política e solidariamente perante o Parlamento e dirigido por um primeiro-ministro.

Cabe observar que o Parlamento inglês na verdade denomina-se Parlamento do Reino Unido da Grã-Bretanha e Irlanda do Norte (*Parliament of the United Kingdom of Great Britain and Northern Ireland*), lembrando que a Inglaterra faz parte da Grã-Bretanha, assim como a Escócia e País de Gales.

No parlamentarismo, há dissociação entre o Chefe de Estado (representado pelo monarca) e o Chefe de Governo (representado pelo primeiro-ministro). Assim, é possível afirmar que na Inglaterra, o Poder Executivo é exercido pela Coroa, o Poder Legislativo é exercido pelo Parlamento e o Poder Judiciário, pelos tribunais.

No Reino Unido, o primeiro-ministro, que lidera o governo com o apoio do gabinete e dos ministros nomeados, tem como funções: supervisionar o funcionamento do serviço civil e das agências governamentais, nomear membros do gabinete/governo, atuar como principal figura do governo na Câmara dos Comuns – o que se assemelha com a câmara baixa no Brasil. A Câmara dos Lordes – Câmara Alta – atualmente conta com 760 lordes. Seus membros não são eleitos, e compreendem dois arcebispos e 24 bispos da Igreja Anglicana – os denominados Lordes Espirituais –, além de 734 membros da nobreza britânica – os chamados Lordes Temporais.

A estrutura do governo parlamentar nacional é a seguinte: 1 primeiro-ministro; 22 ministros do Gabinete; 98 Outros ministros; = 121 Total de ministros; 390 agências e órgãos de estado; 79 grupos de alto perfil; 12 corporações públicas; 3 administrações (Costa, 2018, p. 6).

Albert Venn Dicey, jurista britânico renomado, em obra famosa chamada *Introduction of the Law of Constituion* (1897), afirmou que o direito constitucional inglês possui dois princípios basilares, quais sejam, a Soberania do Parlamento e o *rule of law*.

O princípio da Soberania do Parlamento significa que o Parlamento pode fazer (e desfazer) qualquer lei, bem como todos devem submeter-se à legislação elaborada. Assim, o Parlamento pode, a qualquer tempo, alterar qualquer lei de sua vontade, bem como emanar lei com qualquer conteúdo.[31]

O princípio do *rule of law*, segundo Dicey, deve ser visto sobre três aspectos (1897, p. 193-195): a predominância da lei em oposição à influência da arbitrariedade, igualdade perante a lei (havendo unicidade de Jurisdição na Inglaterra) e que a Constituição inglesa é fruto das leis e convenções constitucionais (e não de um Código, como na maioria dos países estrangeiros, *e.g.*, o Brasil).

Cabe notar que na Inglaterra, país adepto do sistema da *common law* e do sistema de unidade de jurisdição, o Poder Judiciário exerce sobre à Administração Pública o mesmo controle que exerce sobre os particulares, devido ao princípio da *rule of law*, com a supremacia do direito comum a impedir o reconhecimento de privilégios, prerrogativas e poderes discricionários às autoridades administrativas.

Dicey relatou que um dos aspectos do Estado de Direito que diferencia a Inglaterra da França (país que adota a *civil law*) é que na Inglaterra todos os homens, inclusive os agentes governamentais, submetem-se ao direito comum (1897, p. 179):

> *In England the idea of legal equality, or of the universal subjection of all classes, to one law administered by the ordinary Courts, has been pushed to its utmost limit. With us every official, from the Prime Minister down to a constable or a collector of taxes, is under the same responsibility for every act done without legal justification as any other citizen.*

Não há, no direito constitucional inglês, entre o direito privado e o direito público, uma legislação comum que deve ser aplicável a todos de modo igualitário.

Dessa forma, é possível notar uma grande diferenciação entre o direito brasileiro, o que influi nos aspectos regulatórios do Terceiro Setor, tendo em vista que haja ou não fomento público (ou atividade

---

[31] Dicey dispõe sobre o assunto em sua obra (1897, p. 38): "*The principle of Parliamentary sovereignty means neither more nor less than this, namely, that Parliament thus defined has, under the English constitution, the right to make or unmake any law whatever; and, further, that no person or body is recognized by the law of England as having a right to override or set aside the legislation of Parliament*".

administrativa de fomento), as regras aplicáveis para a utilização dos recursos (públicos ou privados) serão as mesmas.

Nos últimos anos foram apontadas rupturas na estrutura constitucional inglesa, tendo em vista o direito comunitário europeu e a assinatura, pelo Parlamento inglês, do *Human Rights Act* em 1998. Segundo Antonacci (2016, p. 177), a mencionada lei inaugura três institutos de grande valia para a salvaguarda de direitos humanos no plano nacional, quais sejam, (i) a obrigatoriedade de interpretação do direito inglês em conformidade com os direitos e garantias previstos na convenção e a jurisprudência da Corte Europeia de Diretos do Homem, (ii) a *Declaration of Incompatibility* na qual as Cortes podem expressar a incompatibilidade entre uma lei e os direitos fundamentais previstos na Convenção Europeia de Direitos Humanos e o (iii) *Judicial Remedy* permite que qualquer pessoa que se sentir lesada pelo poder público de direito previsto na lei possa proceder frente ao Judiciário para que aplique o remédio necessário para resolver a controvérsia.

As mudanças permitem que haja uma espécie de controle de constitucionalidade e convencionalidade na Inglaterra, mesmo que seja estranho ao sistema estabelecido no país, tendo em vista que permite a limitação do poder do Parlamento (que institui as leis) em respeito às normas comunitárias.

Tendência recente apontada por Antonacci (2016, p. 180) é a aproximação do modelo jurisprudencial britânico com o sistema da *civil law* continental, ao passo que a Inglaterra adota um "código" de Processo Civil (*civil procedural rules*), observando-se a convergência entre os sistemas entre *civil law* e *common law*.

Outrossim, a *Constitutional Reform Act* separa Judiciário e Legislativo, que eram organicamente unificados. Antonacci (2016, p. 179) aponta que anteriormente a última instância de apelação restava na Câmara dos Lordes, conhecida como *High Court of Parliament* e a reforma criou uma Corte Constitucional esvaziando as funções judiciais da Câmara dos Lordes.

No entanto, as mudanças ainda estão incertas, haja vista que em janeiro de 2020 foi anunciada a saída do Reino Unido da União Europeia, após 47 anos de permanência. Em um plebiscito, realizado em 23 de junho de 2016, eleitores britânicos puderam decidir se o Reino Unido deveria permanecer ou deixar a EU e a maioria

(52%) votou a favor da saída. A saída foi apelidada de *Brexit*, uma abreviação para *British exit* ("saída britânica").

3.2 O Terceiro Setor na Inglaterra

A formação da filantropia em todo o Reino Unido iniciou com o *Elizabethan Statute of Charitable Uses* em 1601, mesmo ano da implementação da Lei dos Pobres (1601) na Inglaterra. Ambos os diplomas foram respostas às demandas econômicas e sociais do período.

Segundo Jeremy Kendall e Martin Knapp (1993, p. 2 e ss), professores ingleses que realizaram pesquisa financiada pela Universidade Johns Hopkins em um projeto denominado *Comparative Non-profit Sector Project (CNP)*, com a aceleração da industrialização nos séculos XVIII e XIX, as pressões do desenvolvimento industrial, o rápido crescimento populacional e os problemas das cidades, aumentaram as demandas tanto da filantropia quanto do Estado. Segundo os autores (1993, p. 3 e ss), a incapacidade do Estado em intervir nas demandas sociais permitiu o desenvolvimento de organizações voluntárias formais em nível local e nacional. Assim, com a industrialização do século XIX, houve incentivos para a formação de instituições de caridade e filantropia, em especial nas áreas da saúde e educação.

A regulamentação inglesa do século XIX com relação às instituições de caridade foi prevista na *Charitable Trusts Act of 1853*, que idealizou pela primeira vez a *Charity Commission* e também designou os *Charity Commissioners* da Inglaterra e do País de Gales. A *Charitable Trusts Act of 1853* foi alterada posteriormente em 1855, 1860 e 1862, havendo um reforço do poder da Comissão e dos Comissários.[32]

A partir do século XX, a legislação e jurisprudência inglesas relacionadas ao Terceiro Setor foram desenvolvidas através das normas legais que foram sendo criadas. A partir da *Charities Act 1960*,[33] por exemplo, foi criado o *charity register*, que estabeleceu um registro público de instituições de caridade.

---

[32] É possível encontrar toda a legislação inglesa no site oficial disponível em: https://www.legislation.gov.uk/. Acesso em: 15 maio 2020.

[33] INGLATERRA. *Charities Act 1960*. Traz novas disposições e substitui o *"Charities Act 1853"* e o *"Charities Act 1939"* e traz outras disposições com relação às instituições de caridade.

Na Inglaterra, cabe à *Charity Commission* decidir se uma organização é ou não caritativa. Uma vez reconhecida como uma instituição de caridade registrada, terá "imediatamente a proteção da Coroa, dos Tribunais e da Comissão para seus fins" (Guthrie, 1991 *apud* Kendall e Knapp, 1993, p. 3 e ss).

O Terceiro Setor inglês é formado pelas *charities*, que são entidades que devem atuar com *charities purposes*,[34] tais como: prevenção ou erradicação da pobreza; promoção da educação; divulgação da religião; desenvolvimento da saúde ou preservação da vida; cidadania e desenvolvimento da comunidade; promoção das artes, cultura, patrimônio e ciência; incentivo ao esporte amador; promoção dos direitos humanos; proteção ao meio ambiente; auxílio àqueles que estão em situação de vulnerabilidade em razão da idade, saúde, deficiência ou dificuldade financeira; proteção ao bem-estar animal; promoção da eficiência das forças armadas da Coroa ou da eficiência da polícia e corpo bombeiros; dentre outros propósitos semelhantes reconhecidos como de utilidade pública.

As organizações sem fins lucrativos que atuam com *charitable purposes* inscrevem-se como *charity* no Registro Central de Instituições de Caridade (*charity register*). Assim, as denominadas "instituições de caridade" (*charities*) são as entidades do Terceiro Setor inglês, visto que são as entidades que realizam atividades de interesse público de cunho social e não atuam com fins lucrativos.

Com o crescimento do Terceiro Setor inglês e com o aumento das práticas inapropriadas (como a utilização indevida dos recursos das *charities*), foi publicada a *Charities Act* 1992[35] que introduziu novos poderes para os comissários de caridade e um novo regime para captação de recursos.

O *Charities Act 1992* fortalece os poderes da comissão, aumentando sua capacidade de obter informações sobre a gestão

---

29 jul. 1960. Disponível em: https://www.legislation.gov.uk/ukpga/Eliz2/8-9/58/data.pdf. Acesso em: 13 mar. 2020.

[34] Disponível no site oficial do governo inglês destinado ao esclarecimento acerca da criação e registro das instituições de caridade: https://www.gov.uk/setting-up-charity/charitable-purposes. Acesso em: 07 maio 2020.

[35] INGLATERRA. *Charities Act 1992*. Altera o "*Charities Act 1960*" e traz outras disposições com relação às instituições de caridade. 16 mar. 1992. Disponível em: https://www.legislation.gov.uk/ukpga/1992/41/data.pdf. Acesso em: 13 mar. 2020.

de instituições de caridade individuais e dá a ela mais poderes para agir rapidamente na detecção de abusos. A lei também esclarece as responsabilidades dos curadores (*trustees*) e dos membros dos conselhos de administração não remunerados de instituições de caridade. A *Charities Act 1992* introduz um novo regime de contabilidade por instituições de caridade e inclui medidas para reforçar o controle sobre angariadores de fundos profissionais.

A Lei de 1960 e a maior parte da Lei de 1992 foram consolidadas pela *Charities Act 1993*,[36] que, com a maior expansão do setor voluntário durante os anos 90, levou a um reconhecimento mais amplo das *Charities Act* na Inglaterra, tornando-se um campo autônomo e especializado.

As Leis de Caridade de 1992 e 1993 foram alteradas pela *Charities Act 2006*,[37] que, entre outras coisas, codificou 300 anos de jurisprudência que abordavam a temática da caridade. A *Charities Act 2006* previu a *Charity Commission* na sua formação atual, enquadrando-a como um órgão autônomo e disciplinado por normas próprias. A lei de 2006 também criou o Tribunal de Caridade (*Charity Tribunal*), órgão integrante do Poder Judiciários inglês, responsável por julgar questões relacionadas às entidades de caridade.

Atualmente, o Terceiro Setor inglês é regulamentado pela *Charities Act* 2011 (principal diploma normativo do setor) e pela *Charities (Protection and Social Investment) Act 2016*.

Quase todas as disposições das leis anteriores foram consolidadas na *Charities Act* 2011,[38] também denominada como *The Act*, por ser o mais importante diploma normativo do setor na Inglaterra. A Lei de Caridade de 2011 é um amplo diploma normativo que traz importantes definições para o setor, conceituando o que

---

[36] INGLATERRA. *Charities Act 1993*. Consolida normas anteriores relacionadas às instituições de caridade. 27 maio 1993. Disponível em: https://www.legislation.gov.uk/ukpga/1993/10/enacted/data.pdf. Acesso em: 13 mar. 2020.

[37] INGLATERRA. *Charities Act 2006*. Estabelecimento e as funções da *"Charity Commission"* para a Inglaterra e País de Gales e do *"Charity Tribunal"* e faz outras emendas às leis sobre instituições de caridade. 08 nov. 2006. Disponível em: https://www.legislation.gov.uk/ukpga/2006/50/enacted/data.pdf. Acesso em: 13 mar. 2020.

[38] INGLATERRA. *Charities Act 2011*. Altera a *"Charities Act 1993"* e traz outras disposições relacionadas às instituições de caridade. 14 dez. 2011. Disponível em: https://www.legislation.gov.uk/ukpga/2011/25/enacted/data.pdf. Acesso em: 15 mar. 2020.

é caridade e os seus propósitos. A citada lei simplifica e consolida a estrutura da legislação existente. Trata-se da lei mais importante do setor na Inglaterra.

A legislação mais recente é a *Charities Act 2016*[39] (denominada *Charities (Protection and Social Investment) Act 2016*), que cria novas regras para captação de recursos para caridade, de modo geral, prevendo novas informações e declarações que as entidades precisarão prestar quando receberem recursos públicos. Há algumas propostas e recomendações de reforma da lei vigente (de 2016),[40] especialmente no que tange a flexibilização das normas, com a possibilidade de aumento da fiscalização pela Comissão.

As mudanças que a lei de 2016 trouxe podem ser enquadradas em quatro áreas principais, quais sejam: a) investimento social (as instituições de caridade poderão fazer investimentos que beneficiem a sociedade, além de gerar retorno financeiro); b) captação de recursos (instituições de caridade maiores precisarão incluir declarações adicionais em seu relatório anual, detalhando quantas reclamações foram feitas sobre a instituição de caridade e esclarecendo quais organizações levantam recursos em nome da instituição); c) desqualificação dos administradores (com maior fiscalização com relação às pessoas que pretendem ser *charity trustes*) e d) ampliação dos poderes da *Charity Commission* (como a possibilidade da Comissão fechar uma instituição de caridade em determinados casos).

Cabe notar que a legislação operacional atual na Inglaterra e no País de Gales é o *Charities Act 2011*. A Lei de 2011 consolida a última onda de legislação estatutária inglesa que, desde o século XIX, estabeleceu um forte quadro regulatório estatal. Conforme relatado, o principal agente regulador inglês do Terceiro Setor é a *Charity Commission*, entidade encarregada de manter um registro preciso e atualizado de instituições de caridade e com amplos poderes de investigação e fiscalização, prevista inicialmente na *Charitable Trusts Act 1853*.

---

[39] INGLATERRA. *Charities (Protection and Social Investment) Act 2016*. Altera a *"Charities Act 1992"* e a *"Charities Act 2011"* e traz outras disposições relacionadas às instituições de caridade. 16 mar. 2016. Disponível em: https://www.legislation.gov.uk/ukpga/2016/4/enacted/data.pdf. Acesso em: 15 mar. 2020.

[40] Disponível no site oficial do governo inglês: https://www.lawcom.gov.uk/project/charity-law-technical-issues-in-charity-law/. Acesso em: 15 maio 2020.

Em documento elaborado pela Comissão de Caridade, o *Charity Commission Strategy 2018-2023*,[41] foi divulgado que na Inglaterra e País de Gales existem cerca de 168.000 instituições de caridade que movimentaram em 2017 uma renda anual de 76,7 bilhões de libras (aproximadamente 376,93 bilhões de reais). O documento também indica que mais de 11 milhões de pessoas na Inglaterra e no País de Gales voluntariam-se pelo menos uma vez por mês.

Segundo o estudo acerca dos *"Incentivos regulatórios à filantropia individual no Brasil"*, no Reino Unido (que é formado por Inglaterra, Escócia, País de Gales e Irlanda do Norte), em 2017, 60% da sua população realizou doações às OSC, com valor total de £10,3 bilhões e a média e mediana dos valores doados em 2018 foram, respectivamente, de £528 e £ 140 (Salinas *et al.*, 2019, p. 84).

Acerca do enfoque das doações, as autoras relatam que (Salinas *et al.*, 2019, p. 84):

> Os britânicos costumam doar para instituições de pesquisa médica (26% dos doadores), seguidas das entidades protetoras dos animais (24%), organizações que atendem crianças e adolescentes (23%), hospitais (23%) e atendimento a atingidos por desastres naturais (23%). As organizações religiosas, embora tenham atraído 15% dos doadores, foram as entidades que receberam o maior volume de recursos (19% do total de valores doados). Já as instituições de pesquisa médica, que tiveram o maior número de doadores, ficaram com apenas 8% do total de valores doados.

Outro dado interessante apontado pelas autoras é que cerca de 51% da população britânica acredita que as OSC são confiáveis. Outrossim, complementam relatando que, mulheres, pessoas mais jovens e pessoas de classe mais alta confiam mais nas OSC do que a média (Salinas *et al.*, 2019, p. 84).

No que tange à frequência da doação realizada (Salinas *et al.*, 2019, p. 84): "a frequência da maioria das doações é ocasional (51% do total), sendo que 25% das doações são mensais e 4%, semanais. Além disso, verificou-se que 13% das pessoas raramente doam, ao passo que 5% nunca doaram".

---

[41] Disponível no site oficial do governo inglês em: https://www.gov.uk/government/publications/charity-commission-strategy-2018-2023. Acesso em: 10 out. 2018.

As autoras apontam que há quatro modalidades de incentivo a doações individuais, quais sejam: (i) por meio da doação-auxílio (*Gift Aid*); (ii) diretamente do salário, mediante esquema de doação de folha de pagamento (*Payroll Giving scheme*); (iii) pela doação de bens imóveis ou ações (valores mobiliários); ou (iv) mediante testamento (2019, p. 88-89).

Desde a década de 1990, a regulação estatal no Terceiro Setor inglês passou a coexistir com o desenvolvimento da autorregulação e, mais recentemente, um movimento em direção à corregulação.

A autorregulação das entidades de caridades já opera na Inglaterra há algum tempo, mas seu escopo e desenvolvimento foram inicialmente subestimados. Isso pode ser explicado pela amplitude da regulação estatal existente no país. Conforme aponta Dunn (2016, p. 23), com a regulação estatal abrangente, o setor sem fins lucrativos não precisou preencher um vazio regulatório ou proteger sua imagem pública, ambas as motivações tradicionais para a autorregulação.

O uso da autorregulação por organizações sem fins lucrativos agora é amplamente utilizado na Inglaterra. Em apenas uma área de padrões de qualidade, por exemplo, existe pelo menos 130 padrões em uso por organizações do setor, conforme apontado no estudo sobre a análise da qualidade (Brodie *et al.*, 2012, p. 5): "*Over 130 quality standards were identified as being used by the VCS covering a range of areas of organisational life and work specialisms*".

Diversos esquemas de autorregulação são utilizados, desde programas de padrões de qualidade que usam *Kitemarks* (logotipo exibido pelas organizações que produzem bens ou distribuem serviços e que estão conforme os standards específicos da *British Standards Institution*) por exemplo, até esquemas de acreditação validados externamente (tal como o *PQASSO* ou Sistema Prático de Garantia de Qualidade para Pequenas Organizações, que é um sistema de avaliação de desempenho e marca de qualidade para organizações de caridade no Reino Unido, validado pela *Charity Commission*).[42] Ele abrange códigos de prática, como o agora o

---

[42] Informação disponível no site oficial do governo inglês: https://www.ncvo.org.uk/pqassocc. Acesso em: 15 maio 2021.

renomado *Governance Code*,⁴³ documento elaborado por centenas de entidades de caridade para divulgação de boas práticas.

A tendência atual de corregulação propõe a utilização de órgãos setoriais para o diálogo entre os agentes reguladores estatais e as entidades do setor. Dunn (2016, p. 22) esclarece que, atualmente, a corregulação é embrionária, mas desponta fortemente no debate sobre a futura regulação do setor.

No contexto inglês, a regulação estatal, a autorregulação e a corregulação não são independentes, mas se encaixam como um todo em evolução. Conforme indicado por Dunn (2016, p. 22), quando o orçamento estatal é diminuído, o setor sem fins lucrativos evolui para autorregular e corregular as atividades do setor e quando a regulação estatal é fragmentada, o setor inicia a autorregulação para preencher a lacuna.

Observa-se que o equilíbrio regulatório é diretamente influenciado pela política pública. A reforma regulatória das organizações sem fins lucrativos ocorreu em momentos propícios, quando o impulso do setor para a reforma alinhava-se com um novo governo que busca controlar o setor em sua própria visão de governança. Isso pode ter consequências não intencionais, como alterar a lógica subjacente da regulação ou confundir as fronteiras entre os tipos de regulação.

Embora as mudanças nas fontes da regulação inglesa sem fins lucrativos não sejam sísmicas, elas deram início a um processo de reformulação do equilíbrio regulamentar geral. Essas mudanças regulatórias deram início a um debate nascente sobre a natureza e o papel da regulação das organizações sem fins lucrativos, que pode muito bem levar ao cancelamento das práticas tradicionais de trabalho. Na Inglaterra, por exemplo, se a autorregulação e a corregulação funcionarem adequadamente, envolverão o desmantelamento de um sistema bem estabelecido de regulação estatal que tradicionalmente tem dominado, além de exigir uma mudança nas atitudes em relação à regulação por parte dos regulamentados e do público.

Pode-se argumentar que a regulação das organizações do Terceiro Setor está avançando em direções diferentes. Na Inglaterra,

---

⁴³ Disponível em: https://www.charitygovernancecode.org/. Acesso em: 15 out. 2020.

existe incentivo do governo para que as organizações sem fins lucrativos assumam maior responsabilidade por meio de práticas autorregulatórias e corregulatórias. No entanto, em vez de fluir em direções diferentes, pode-se argumentar que as ondas regulatórias estão simplesmente em pontos diferentes em um ciclo de evolução progressiva. Assim, a Inglaterra está evoluindo em direção à corregulação contra o alicerce de um regime de estado bem estabelecido. De qualquer forma, as direções regulatórias em direção às quais as duas jurisdições inglesas estão se movendo são um produto claro de seu contexto histórico e político.

3.3 Formação das entidades de caridade

Uma entidade de caridade é uma espécie de organização que tem como objeto social uma atividade de interesse público e cumpre os requisitos estabelecidos da *Charity Act 2011*.

Para ser qualificada como uma entidade de caridade, os objetivos da organização devem ser exclusivamente de caridade (*charitable purposes*)[44] e devem estar voltados ao benefício público (não pode beneficiar apenas alguns indivíduos ou grupo seleto de pessoas).[45]

Devem registrar-se na *Charity Commission* as entidades que cumprirem os requisitos acima e estarem sediadas na Inglaterra ou País de Gales, bem como não devem distribuir lucros na forma de dividendos ou qualquer outra forma, devendo todos os bens e valores serem aplicados no objeto social (um dos propósitos de caridade acima citados).

Há quatro formas jurídicas mais comuns adotadas pelas *charities* (instituições de caridade) inglesas, quais sejam, *Charitable Company Limited by Guarantee*, *Charitable Incorporated Organisation* (CIO), *Charitable Trust* e *Unincorporated Charitable Association*.

---

[44] Não pode haver mistura entre propósitos caritativos e não caritativos. Os *"charitable purposes"* são listados no site oficial do governo inglês, disponível em: https://www.gov.uk/setting-up-charity/charitable-purposes. Acesso em 20 jan.2021.

[45] O site oficial do governo inglês (disponível em: https://www.gov.uk/guidance/public-benefit-rules-for-charities. Acesso em 20 jan.2021) especifica o que seria benefício público e como cumprí-lo.

A *Charitable Company* ou *Companies Limited by Guarantee* são entidades nas quais os administradores e sócios possuem responsabilidade limitada. Nessa estrutura jurídica, os administradores têm responsabilidade limitada ou nenhuma responsabilidade pelas dívidas ou passivos de uma empresa de caridade. Aline Gonçalves de Souza (2015, p. 56), ao analisar as pessoas jurídicas na Inglaterra, dispõe que as *Companies Limited by Guarantee* são organizações sem fins lucrativos, com personalidade jurídica, na qual a responsabilidade do sócio é limitada a algum valor nominal. A autora relata que "a participação dos membros pode ser ilimitada, ou pode ser limitada pelos trustes" e, nesse último caso, o órgão denominado *Companies House* é o responsável pelo registro da entidade.

A *Charitable Incorporated Organisation* (CIO) é uma estrutura incorporada projetada para instituições de caridade, na qual há também responsabilidade limitada e, para criá-la, basta a inscrição na *Charity Commission*. Cabe notar que, se a entidade de caridade for uma *Charitable Incorporated Organisation* (CIO), ela deve registrar qualquer que seja sua receita.

O *Trust* é uma entidade criada para gerenciar ativos para consecução de atividades de interesse público. Via de regra, o *Trust* não adquire personalidade jurídica. Todavia, a *Charitie Act 2011* prevê hipótese de um *Trust* solicitar um certificado de incorporação que irá permitir que o *Trust* adquira personalidade jurídica, o que permite o exercício de direitos previstos na legislação (tais como possuir propriedades, celebrar contratos e ter capacidade para processar e ser processado), bem como exige o cumprimento de alguns deveres previamente estabelecidos. O procedimento para pleitear o certificado de constituição como entidade de caridade, bem como os direitos e deveres da entidade, estão previstos na Parte 12 da *Charitie Act 201.*[46] Assim, as *Charitable Trust* são organizações encarregadas da gestão de um patrimônio, dotadas de gestores nomeados para mandatos sem duração fixa, os denominados *trustees*. É uma maneira de um grupo de pessoas (gestores) administrar ativos como dinheiro, investimentos, terrenos ou edifícios.

---

[46] Disponível no site oficial do governo inglês: https://www.legislation.gov.uk/ukpga/2011/25/part/12. Acesso em: 20 set. 2021.

E, por fim, as *Unincorporated Associations* "não têm responsabilidade limitada e os seus membros são solidariamente responsáveis pelos débitos que contraírem" (Instituto Pro Bono; Oliveira, 2009a, p. 56), sendo uma maneira simplificada de um grupo de voluntários administrar uma instituição de caridade com um objetivo comum. É uma maneira simples de um grupo de pessoas administrar uma instituição de caridade com um propósito comum. Nessa estrutura jurídica, a entidade não pode empregar funcionários ou ter instalações próprias. Aline Souza (2015, p. 56) aponta que a entidade não possui personalidade jurídica e "geralmente é uma forma utilizada por instituições de caridade e organizações sem fins lucrativos como clubes esportivos e clubes sociais". Nas *Unincorporated Associations*, os membros e diretores são solidariamente responsáveis pelas dívidas da entidade.

Independentemente do tamanho, as instituições de caridade podem se registrar no órgão britânico equivalente à Receita Federal, o "Her Majesty's Revenue and Customs" (HMRC), para fins fiscais. O processo envolve a demonstração dos objetivos de caridade da organização e o registro pode dar legitimidade adicional à organização. Na declaração, deve constar que é uma organização voluntária reconhecida como beneficente pelo HMRC para fins fiscais.

Aline Gonçalves de Souza (2015, p. 59-60) traz algumas considerações acerca das entidades de caridade, apontando que, para as entidades que estão sujeitas à auditoria anual, os salários dos funcionários são limitados e variam entre as faixas de £60.000 a £80.000. A autora relata que na Inglaterra todos os pagamentos aos administradores, incluindo as despesas deles decorrentes, devem ser divulgados nas contas anuais das entidades. Outrossim, os curadores das entidades de caridade, via de regra, não podem receber pagamento por serem administradores ou empregados da entidade, ao menos que os documentos estatutários permitam.

Souza (2015, p. 60) aponta que os ativos de uma *charity*, após a sua dissolução, devem ser transferidos para outra entidade de caridade que persiga propósitos similares. Já no caso das entidades que não possuem o *status* de *charity*, os bens remanescentes não precisam ser transferidos a outra entidade com fins estatutários semelhantes, no caso de dissolução, devendo obedecer ao previsto no estatuto social.

Aline Souza aponta que, com relação às questões tributárias (2015, p. 60), as entidades que se cadastrarem como *charities* estão isentas de imposto de renda sobre as subvenções, doações e demais fontes que incidam sobre suas rendas, podendo as isenções abarcarem outras hipóteses de incidência, como no caso de tributos sobre as atividades comerciais. A autora elucida abordando que o Imposto de Valor Acrescentado (IVA) só é devido para as organizações cujo volume de recursos seja superior a £77.000 anuais. Já no caso das entidades de caridade, o percentual de IVA é de 20%, podendo ser reduzido a 5% em alguns casos e em outros ter o imposto zerado, como no caso de construção de novos edifícios para a consecução de fins caritativos.

A autora (2015, p. 60) observa que as atividades econômicas e comerciais não podem ser realizadas diretamente pela entidade de caridade, devendo ser conduzidas por meio de subsidiária com finalidade lucrativa, na qual os rendimentos obtidos serão transferidos livre de impostos para a *charity*. Souza aponta que, em razão dessa regra, muitas entidades de caridade inglesas possuem filiais comerciais para fins de captação de recursos.

As entidades de caridade, via de regra, precisam ser registradas na *Charity Commission*. No entanto, há entidades que são isentas de registro.[47] As entidades isentas que não precisam ser registradas estão no anexo 3 da *Charities Act 2011*, tais como museus, galerias e instituições educacionais de nível superior, a exemplo da Universidade de Oxford, a Universidade de Cambridge e a Universidade de Londres. Até recentemente, instituições de caridade isentas não tinham permissão para se registrar na Comissão de Caridade porque se pensava que eram supervisionadas adequadamente por outros órgãos públicos, como a Autoridade de Serviços Financeiros (*Financial Services Authority*).[48] Há também algumas organizações que foram excluídas do registro como instituições de caridade. Isso inclui algumas organizações religiosas, organizações de escoteiros e organizações das forças armadas.

---

[47] Instituições isentas previstas no site oficial do governo inglês em: https://www.gov.uk/government/publications/exempt-charities-cc23/exempt-charities. Acesso em: 20 abr. 2020.

[48] Informação disponível no site oficial do governo inglês: https://knowhow.ncvo.org.uk/setting-up/charitable-status/what-is-a-charity-ncvo. Acesso em: 20 maio 2021.

3.4 Funções regulatórias do Terceiro Setor inglês

A partir de uma análise do ordenamento jurídico inglês e a regulação do Terceiro Setor, será possível analisar boas práticas com o intuito de aperfeiçoar as competências regulatórias no Brasil, a partir das funções de regulamentação, fiscalização, fomento e judicante. Assim, a partir do diagnóstico dos problemas regulatórios brasileiros e do estudo do arcabouço regulatório do setor na Inglaterra, será possível analisar os avanços e desafios do exercício das competências regulatórias no Brasil.

A regulação pela Administração Pública do Terceiro Setor inglês é coordenada por uma entidade denominada *Charity Commission*, criada em 1853 pelo *Charitable Trusts Act*, que foi modificado e atualizado pelos *Charities Acts* de 2006, 2011 e 2016.

Atualmente, a *Charity Commission* possui um Comitê formado por um presidente (*chair*) e, no máximo, oito outros membros responsáveis pelas funções estatutárias. Os membros são nomeados pelo Ministro da Cultura e cada nomeação é supervisionada pelo Gabinete de Nomeações Públicas (*the Office of the Commissioner for Public Appointments*), sendo que antes da nomeação do presidente, a pessoa estará sujeita a uma audiência pré-nomeação (espécie de sabatina) perante o Comitê de Seleção Digital, Cultura, Mídia e Esporte.[49]

Assim, o exercício da função regulatória no ordenamento inglês é realizado precipuamente pela *Charity Commission*, que pode ser identificada como uma agência reguladora[50] das entidades do Terceiro Setor, conceituada como departamento integrante do Poder Público, não submissa à atuação ministerial, atuando de forma

---

[49] Informação disponível no site oficial do governo inglês dedicado à *"Charity Commission"*: https://www.gov.uk/government/publications/charity-commission-governance-framework/governance-framework#the-board---constitution-conduct-and-meetings. Acesso em: 02 jul. 2020.

[50] A denominação "agência reguladora" é muito utilizada no direito brasileiro, sobretudo pela influência dos ordenamentos anglo-saxônicos. Odete Medauar (2015, p. 94) relata que "na Inglaterra, a partir de 1834, floresceram entes autônomos criados pelo Parlamento para concretizar medidas previstas em lei e para decidir controvérsias resultantes desses textos; a cada lei que disciplinasse um assunto de relevo, criava-se um ente para aplicar a lei". A *"Charity Commission"* é essencialmente um ente autônomo criado para regular as entidades do Terceiro Setor inglês, podendo ser considerada uma agência reguladora.

independente, com autonomia financeira e decisória, que atua como órgão regulador do setor sem fins lucrativos.

O *Charities Act 2011* em sua seção 13 estabelece que "no exercício das suas funções, a Comissão não está sujeita à direção nem ao controle de qualquer Ministro da Coroa ou de outro departamento governamental".[51]

Cabe notar que a *Charity Commission* é um arranjo institucional atuante nos cinco eixos de regulação. Dessa forma, ela não será alocada em um eixo específico de regulação, visto que a Comissão é responsável por (i) registrar organizações elegíveis na Inglaterra, criadas apenas para fins da caridade; (ii) executar medidas coercitivas quando houver negligência ou má conduta; (iii) garantir que as instituições de caridade atendam aos seus requisitos legais; (iv) disponibilizar informações apropriadas sobre cada instituição de caridade registrada ao público e fornecer orientação para ajudar instituições de caridade a funcionar da maneira mais eficaz; e (v) prestar serviços *online* para instituições de caridade (disponibilizando orientações e informações).[52]

Assim, a *Charity Commission* trata-se de um arranjo institucional que tem uma série de funções de supervisão, administrativa e judicante desde o seu início em sua forma atual em 1853, embora muitos de seus poderes foram instituídos ou aumentados pelo *Charities Act 1960*. Este diploma ampliou suas funções prevendo a manutenção de um registro e a tentativa de identificar, controlar e remediar o abuso em instituições de caridade individuais.

A Comissão traz em seu âmbito de atuação um interessante arcabouço regulatório, tais como seus relatórios informacionais, o registro das entidades (*charity register*), o *Regulatory and Risk Framework*, o *Statement of Recommended Practice* (*SORP*), os fundos patrimoniais ingleses (*endowments*), dentre outros. Assim, foi analisado como tais mecanismos podem auxiliar no aperfeiçoamento da regulação brasileira a partir de cinco eixos regulatórios.

---

[51] Tradução livre a partir do texto do *"Charities Act 2011"*. INGLATERRA. *Charities Act 2011*. Altera a *"Charities Act 1993"* e traz outras disposições relacionadas às instituições de caridade. 14 dez. 2011. Disponível em: https://www.legislation.gov.uk/ukpga/2011/25/enacted/data.pdf. Acesso em: 15 mar. 2020.

[52] Disponível no site oficial do governo inglês: https://www.gov.uk/government/organisations/charity-commission/about. Acesso em: 07 nov. 2019.

3.4.1 Regulamentação

As *Charities Acts* em especial as que estão atualmente em vigor (dos anos de 2011 e 2016), são diplomas normativos que preveem e disciplinam os objetivos, os arranjos institucionais, as ferramentas e a vocalização de demandas para a regulação pela Administração Pública da atividade do Terceiro Setor inglês.

Os guias e relatórios disponibilizados pela *Charity Commission* para a formação e execução das atividades pelas entidades do setor[53] também definem objetivos a serem perseguidos no exercício das atividades do Terceiro Setor inglês.

É possível identificar no ordenamento inglês um instrumento direcionado aos objetivos e a vocalização de demandas, qual seja, o *Operational Guidance*,[54] encontrado no site oficial da *Charity Commission* e elaborado pela própria Comissão. Trata-se de uma orientação de atuação para os integrantes do setor (tais como advogados, administradores das organizações e gestores públicos). A Comissão o utiliza ao considerar como lidar com uma solicitação de determinada entidade, sendo possível oferecer respostas específicas às orientações, em um trabalho conjunto da Comissão com os atuantes no Terceiro Setor.

O *Governance Code*,[55] espécie de Código de Governança das entidades de caridade, foi elaborado por mais de 200 instituições de caridade e revisado frequentemente por consultas públicas. A *Charity Commission* não elaborou tal documento, mas apoia as entidades que elaboraram, sendo um documento de importante referência na atuação das entidades. Apesar de o código basear-se nas normas aplicáveis ao setor, ele não traz requisitos legais ou regulamentares a serem obrigatoriamente cumpridos pelas

---

[53] O site oficial do governo inglês para a *"Charity Commission"* possui links para uma ampla gama de orientações para os administradores das entidades, a exemplo do link: https://www.gov.uk/guidance/charity-commission-guidance. Acesso em: 18 jun. 2020, no qual há orientações para os seguintes tópicos: regras para administradores e conselho; dinheiro, impostos e contas; gerenciando sua instituição de caridade; funcionários e voluntários; formando uma instituição de caridade e; fechando uma instituição de caridade.

[54] Disponível no site oficial do governo inglês em: http://ogs.charitycommission.gov.uk/. Acesso em: 15 jun. 2020.

[55] Disponível no site oficial do *"Governance Code"*: https://www.charitygovernancecode.org/en/front-page. Acesso em: 20 jun. 2020.

entidades. O Código serve para fixar objetivos, pois traz diretrizes para as instituições, mas também atua como vocalizador de demandas das instituições de caridade, por prever mecanismos de deliberação, participação, consulta, colaboração e decisão conjunta. Importante notar que não se trata do exercício da função de regulamentação pela Administração Pública, mas pode ser um mecanismo interessante de ser analisado a partir da experiência inglesa. Eventualmente, no caso brasileiro, poderá servir como base para a implementação de um "Código de Boas Práticas" a partir da elaboração pelas entidades do setor e fomento do Poder Público, em um esforço de corregulação.

Destarte, a obra objetiva verificar se no Brasil seria interessante que um órgão ou entidade administrativa, com competência regulatória, pudesse oferecer parâmetros para o exercício das atividades do setor, além de permitir a participação das entidades na formulação de normas. Assim, poderiam contribuir com o diálogo entre as instituições (e entre elas e o Poder Público) e auxiliar na interpretação para a adequada aplicação de normas na execução das atividades do setor.

3.4.2 Fiscalização

Para a fiscalização das entidades, a *Charity Commission* utilizará algumas ferramentas específicas que auxiliarão na execução de tarefas-meio conectadas aos objetivos do setor. Exemplos dessas ferramentas que auxiliam na fiscalização são os relatórios de atividades e o *charity register*.

As instituições de caridade e seus administradores precisam entregar anualmente à *Charity Commission* relatórios de suas atividades. As informações a serem prestadas dependerão se a entidade for de pequeno, médio e grande porte. Por exemplo, as entidades que possuírem naquele ano uma renda superior a £25,000 (grande porte), além de prestarem informações através de perguntas predefinidas (relacionadas às suas contas, parcerias com o Governo e pagamento de administradores e funcionários),[56] precisarão fornecer

---

[56] Disponível no site oficial do governo inglês: https://www.gov.uk/guidance/prepare-a-charity-annual-return#ar-questions. Acesso em: 20 jun. 2020.

cópias em PDF do relatório anual do administrador, das contas e do relatório do examinador independente (*independent examiner's report*).[57]

Outra ferramenta que auxilia a fiscalização das entidades do Terceiro Setor na Inglaterra é o *charity register*,[58] mantido pela *Charity Commission* através dos dados repassados pelas instituições de caridade no momento de sua constituição e anualmente através dos relatórios que precisam ser enviados. O registro permite identificar se as organizações são enquadradas como *charities* e se devem ser adicionadas ou mantidas no registro de instituições de caridade. O papel da Comissão é garantir que cada organização registrada satisfaça os requisitos legais estabelecidos na *Charity Act* em vigor e verificar se a instituição está funcionando com os propósitos de caridade. Cabe notar que as entidades que possuem renda abaixo de 5.000 libras e as isentas[59] não precisam ser registradas.

A Comissão é responsável por manter um registro preciso e atualizado de instituições de caridade.[60] O registro inclui o nome, endereço, finanças, administradores e trabalhadores da entidade e permite a pesquisa das instituições por renda, fonte de custeio e atividades desenvolvidas, possibilitando uma visão geral do Terceiro Setor na Inglaterra.

No que tange à prestação de contas pelas entidades e sua fiscalização pela Comissão, anualmente é disponibilizado o *Statement of Recommended Practice*[61] que traz um conjunto de regras

---

[57] Disponível no site oficial do governo inglês: https://www.gov.uk/guidance/prepare-a-charity-annual-return. Acesso em: 20 jun. 2020.

[58] Disponível no site oficial do governo inglês: https://www.gov.uk/setting-up-charity/register-your-charity. Acesso em: 20 maio 2020.

[59] Instituições isentas previstas no site oficial do governo inglês em: https://www.gov.uk/government/publications/exempt-charities-cc23/exempt-charities. Acesso em: 20 abr. 2020. As entidades isentas que não precisam ser registradas estão no anexo 3 da "*Charities Act 2011*", tais como museus, galerias e instituições educacionais de nível superior, a exemplo da Universidade de Oxford, a Universidade de Cambridge e a Universidade de Londres.

[60] Disponível no site oficial do governo inglês: https://www.gov.uk/government/organisations/charity-commission/about. Acesso em: 10 out. 2018.

[61] Disponível no site oficial do governo inglês: https://assets.publishing.service.gov.uk/government/uploads/system/uploads/attachment_data/file/870619/charities-sorp-frs102-2019a.pdf. Acesso em: 31 jan. 2020.

de contabilidade que auxiliam as instituições de caridade na compreensão do regular exercício das suas atividades, através da elaboração de relatórios, recomendação de boas práticas e auxílio às entidades no gerenciamento de riscos. O *SORP* fixa objetivos e traz orientações atualizadas acerca da prestação de contas pelas entidades, favorecendo a compreensão adequada das informações que precisam ser disponibilizadas anualmente pelas entidades. A *Charity Commission* e o *Office of the Scottish Charities Regulator* são responsáveis pela emissão da Declaração de Prática Recomendada (SORP) para instituições de caridade.

O *SORP* é atualizado periodicamente para considerar as alterações nos padrões contábeis e as leis de caridades vigentes, sendo que as entidades de caridade precisarão seguir as orientações que constam no documento, essencialmente no que se refere às prestações de contas. O instrumento foi projetado para ajudar os administradores das instituições a cumprirem os requisitos legais das prestações de contas, incentivar a compatibilidade aos padrões de contabilidade e dar recomendações para relatórios anuais. O "*SORP*" é aplicável a todas as *charities* inglesas, exceto aquelas que tenham um regulamento específico, tais como as aplicáveis ao ensino superior e pós-universitário e aos "*registered social landlords*" (pessoas que auxiliam o acesso à habitação às pessoas de baixa renda).

Com a análise do *SORP*, é possível verificar como é realizada a prestação de contas na Inglaterra, os métodos utilizados e ponderar eventuais aperfeiçoamentos no ordenamento pátrio.

O *Regulatory and Risk Framework*[62] tem como enfoque os objetivos, mas também atua como ferramenta. Trata-se de uma ferramenta que auxilia na fiscalização e gerenciamento de riscos e serve de ponto de partida para o trabalho proativo e reativo da Comissão. O *Regulatory and Risk Framework* almeja permitir que a Comissão funcione como reguladora de riscos, decidindo como atuar e consolidando os resultados de sua atuação. As entidades do Terceiro Setor têm um papel importante na implementação

---

[62] Disponível no site oficial do governo inglês: https://www.gov.uk/government/publications/risk-framework-charity-commission/regulatory-and-risk-framework. Acesso em: 05 out. 2018.

das políticas públicas no Brasil e no mundo, sendo organizações essenciais para que a sociedade alcance e possa exercer a cidadania em sua plenitude, nos aspectos civil, político e social. O *Regulatory and Risk Framework*[63] permite o desenvolvimento de políticas e orientações, bem como o envolvimento regulatório individual com as instituições de caridade.

A importância prática da análise de riscos das atividades filantrópicas é verificada na atuação dos governos (nas diversas fases do ciclo de várias políticas públicas) e das entidades do Terceiro Setor (na realização de seus objetivos institucionais e na composição de suas fontes de financiamento).

No Terceiro Setor há diversos fatores de natureza financeira, operacional e estratégica que podem gerar riscos na atuação das entidades. Dessa forma, é importante a gestão de riscos para a estruturação, implementação e manutenção de sistemas eficazes de controle interno.

O *"Regulatory and Risk Framewor"* é uma agenda regulatória para o trabalho da *"Charity Commission"*, delineando a atuação da Comissão como reguladora de riscos e estabelecendo parâmetros para a fiscalização das entidades.

Para averiguar quais mecanismos encontrados poderiam auxiliar no ordenamento brasileiro na solução dos problemas regulatórios, é necessário investigar se a fiscalização e a disponibilização de informações pelas entidades precisariam ser diferenciadas a partir do porte de cada entidade (que dependerá da quantidade de dinheiro que a organização teve acesso através de renda própria, doações ou parcerias com o Poder Público). Outrossim, mecanismos como as perguntas anuais predefinidas a serem respondidas pelas entidades em seus relatórios, além de uma agenda regulatória de riscos (a exemplo do *Regulatory and Risk Framework*) poderiam ser incorporados no ordenamento pátrio com o fim de facilitar a fiscalização das entidades e favorecer o fornecimento de informações pelos gestores das organizações que, muitas vezes, não compreendem as normais aplicáveis a sua entidade.

---

[63] Disponível no site oficial do governo inglês: https://www.gov.uk/government/publications/risk-framework-charity-commission/regulatory-and-risk-framework. Acesso em: 05 out. 2018.

3.4.3 Fomento

O fomento, como uma função administrativa, pode ser entendido como uma ferramenta de intervenção estatal indireta caracterizada pela consensualidade, com a finalidade de conduzir os integrantes do setor à consecução de atividades de interesse público. Trata-se do exercício da função administrativa com o intuito de promover um objetivo predeterminado, sendo importante para que o Poder Público consiga estimular os agentes privados à consecução de metas predefinidas para o setor.

O fomento pode ocorrer de diversas formas, podendo o Poder Público atuar de forma positiva (a exemplo de concessão de vantagens ou outorga de bens) ou negativa (impondo obstáculos para dificultar, por meios indiretos, atividades não desejadas pela Administração Pública).

No direito inglês, há um fomento positivo ao Terceiro Setor para que as entidades de caridade se inscrevam no *charity register*, visto que sendo uma entidade registrada poderá ter direito a fundos e verbas específicas para a execução de suas finalidades. Recentemente, o Governo inglês anunciou o investimento de £750 milhões de libras para as entidades de caridade e empresas sociais que atuem em áreas específicas (por exemplo, violência sexual, moradores de rua, trabalho escravo e saúde).[64]

Uma ferramenta de fomento das entidades inglesas são os *endowments* (fundos patrimoniais) que são fontes de financiamento para as organizações, com regulação específica pela *Charity Act 2016*. A Lei de Caridade de 2016 trouxe regulamentação própria acerca do assunto, definindo *social investment*[65] e também prevê que a aplicação

---

[64] Disponível no site oficial do governo inglês: https://www.gov.uk/guidance/financial-support-for-voluntary-community-and-social-enterprise-vcse-organisations-to-respond-to-coronavirus-covid-19#sector-specific-funds. Acesso em: 10 jul. 2020.

65 INGLATERRA. *Charities (Protection and Social Investment) Act 2016*. Altera a "*Charities Act 1992*" e a "*Charities Act 2011*" e traz outras disposições relacionadas às instituições de caridade. 16 mar. 2016. Disponível em: https://www.legislation.gov.uk/ukpga/2016/4/enacted/data.pdf. Acesso em: 15 mar. 2020:
"*PART 14A SOCIAL INVESTMENTS 292A Meaning of 'social investment' (...) '(2) A social investment is made when a relevant act of a charity is carried outwith a view to both— (a) directly furthering the charity's purposes; and (b) achieving a financial return for the charity*". (Tradução livre: Significado de "investimento social" (...) (2) Um investimento social é feito quando um ato relevante de uma instituição de caridade é realizado com vistas a, simultaneamente:

de recursos de entidades filantrópicas não inclui a autorização para a realização de investimentos que coloquem em risco o patrimônio de *permanent endowment*.[66]

Os fundos patrimoniais podem ser definidos como uma fonte de renda perene para as organizações realizarem seus objetivos institucionais. Na publicação acerca dos "Fundos Patrimoniais e Organizações da Sociedade Civil" (Hirata *et al.*, 2019, p. 20), a definição de fundos patrimoniais é "patrimônio destinado a produzir renda a ser aplicada em um propósito de interesse social previamente determinado".

O estudo dos *endowments* ingleses é interessante para a introdução de mecanismos atuais de investimento na atuação das entidades do Terceiro Setor, em especial quando há destinação de recursos públicos através desses fundos, permitindo um aperfeiçoamento dos fundos patrimoniais brasileiros.

No Brasil, os fundos patrimoniais passaram a ter uma nova abordagem a partir da Medida Provisória nº 851/2018, convertida na Lei nº 13.800/2019, que possui a seguinte ementa: "autoriza a administração pública a firmar instrumentos de parceria e termos de execução de programas, projetos e demais finalidades de interesse público com organizações gestoras de fundos patrimoniais". A lei propõe a criação de uma figura jurídica específica – podendo ser uma associação ou uma fundação – para a gestão dos recursos.

A análise dos fundos patrimoniais ingleses poderia auxiliar na compreensão adequada do sistema brasileiro e aperfeiçoar mecanismos de fomento ao Terceiro Setor.

(a) promover diretamente os objetivos da instituição; e (b) alcançar um retorno financeiro para a caridade).

[66] INGLATERRA. *Charities (Protection and Social Investment) Act 2016*. Altera a *"Charities Act 1992"* e a *"Charities Act 2011"* e traz outras disposições relacionadas às instituições de caridade. 16 mar. 2016. Disponível em: https://www.legislation.gov.uk/ukpga/2016/4/enacted/data.pdf. Acesso em: 15 mar. 2020:

"*292B General power to make social investments: (1) An incorporated charity has, and the charity trustees of an unincorporated charity have, power to make social investments. (2) The power conferred by this section may not be used to make a social investment involving – (a) the application or use of permanent endowment, or (b) taking on a commitment mentioned in section 292A(4)(b) that puts permanent endowment at risk of being applied or used, unless the charity trustees expect that making the social investment will not contravene any restriction with respect to expenditure that applies to the permanent endowment in question*".

Há também, na Inglaterra, o mecanismo denominado *trust*, que é muito utilizado para o fomento das entidades de caridade. Trata-se de uma forma de administrar ativos (dinheiro, investimentos, terrenos ou edifícios) para as pessoas. Para a existência de um *trust* há três figuras essenciais: o *settlor* (instituidor – pessoa que deposita ativos em um *trust*), o *trustee* (administrador – pessoa que gerencia o *trust*) e o *beneficiary* (beneficiário – a pessoa que se beneficia do *trust*).[67]

3.4.4 Função judicante

Na Inglaterra foi constituído em 2008, através do *The Charity Tribunal Rules 2008*,[68] um tribunal jurisdicional especializado no julgamento das demandas do Terceiro Setor, em especial para a revisão das decisões da *Charity Commission*, denominado *Charity Tribunal*. Trata-se de um arranjo institucional basilar para o exercício da função judicante no âmbito do Terceiro Setor inglês.

Antes da criação do *Charity Tribunal*, os *Charity Commissioners* atuavam em um papel duplo, em nome do Tribunal Superior (*High Court*) em questões jurídicas e em nome do Parlamento (como qualquer outro departamento do governo) em questões administrativas, sempre salvaguardando os ativos de caridade e a confiança do público nas instituições de caridade e seus curadores.

O *Charity Tribunal*[69] integra o Poder Judiciário inglês e tem como embasamento a *Charity Act 2006*. A Lei de 2006 foi um grande avanço no assunto, visto que a *Charity Act 1993* exigia que as decisões da Comissão tivessem os recursos direcionados à *High Court* (e apenas nos casos em que a própria Comissão disponibilizasse um certificado que declarasse que a decisão era um caso apropriado para ser reanalisado pela *High Court*),[70] sendo um mecanismo demorado

---

[67] Conceito disponível no site oficial do governo: https://www.gov.uk/trusts-taxes. Acesso em: 29 ago. 2021.

[68] INGLATERRA. *The Charity Tribunal Rules 2008*. Cria o "*Charity Tribunal*" e dá outras disposições. 27 fev. 2008. Disponível em: https://www.legislation.gov.uk/uksi/2008/221/contents/made. Acesso em: 10 jul. 2020.

[69] Disponível no site oficial do governo inglês: https://www.lawworks.org.uk/introduction-charity-tribunal. Acesso em: 01 jul. 2020.

[70] Apenas poderiam ser reanalisadas decisões as quais a "*Charity Commission*" certificasse que possuíam questões passíveis de reexame, tal como decisões acerca da suspensão

e caro para a reanálise das decisões. A partir da criação do *Charity Tribunal* em 2008 foi possível que as decisões da *Charity Commission* fossem contestadas e reanalisadas por um tribunal especializado no assunto.

As funções do *Charity Tribunal* eram realizadas pelo Tribunal de Primeira Instância (Câmara Reguladora Geral ou *General Regulatory Chamber*) e pelo Tribunal Superior (Câmara de Impostos e Chancelarias ou *Tax and Chancery Chamber*).

As decisões do *Charity Tribunal* poderão ser alvo de *Judicial Review* (revisão judicial) nos casos específicos previstos no anexo 6 do *Charities Act 2011*.[71] Tais disposições preveem as decisões que podem ser alvo de revisão, as pessoas que podem recorrer (*e.g.* os curadores das instituições) quais poderes podem ser exercidos na reanalise de tais decisões (por exemplo, determinar a reanálise da decisão ou que seja reintegrado o curador de uma instituição de caridade que havia sido retirado pela *Charity Comission*).

No Brasil, não há um tribunal (jurisdicional ou administrativo) especializado na temática e há diversos obstáculos (constitucionais e legais) acerca da sua criação que precisam ser analisados, sendo possível citar os princípios da inafastabilidade e unidade da jurisdição. Mas e se, a exemplo da Justiça Desportiva preexistente no ordenamento pátrio, fossem criados órgãos administrativos capazes de aplicar a legislação do Terceiro Setor? Na Justiça Desportiva, por exemplo, os casos somente poderão ser levados ao Poder Judiciário após o esgotamento das vias administrativas, conforme dispõe o artigo 217, §1º, da Constituição Federal de 1988.

Observa-se que no caso brasileiro a solução mais viável seria a criação de um órgão administrativo para disciplinar assuntos ligados ao Terceiro Setor, com a observância das disposições constitucionais. Cabe lembrar que, segundo a Constituição Federal (art. 61, §1º, II, "e"), são de iniciativa do Presidente da República as leis que

---

ou remoção de um administrador da instituição de caridade, a nomeação de gerente provisório de uma instituição de caridade e a recusa em registrar uma instituição de caridade.

[71] INGLATERRA. *Charities Act 2011*. Altera a "*Charities Act 1993*" e traz outras disposições relacionadas às instituições de caridade. 14 dez. 2011. Disponível em: https://www.legislation.gov.uk/ukpga/2011/25/enacted/data.pdf. Acesso em: 15 mar. 2020.

disponham sobre "criação e extinção de Ministérios e órgãos da Administração Pública", havendo necessidade de interesse estatal e cumprimento das normas de responsabilidade fiscal.

3.4.5 Função sancionadora

Ao tratar dos Poderes da Comissão de Caridade, o capítulo 6 do *Charity Act 2011* traz os "poderes da Comissão para agir em prol da proteção de instituições de caridade" (tradução livre de *"powers of Commission to act for protection of charities"*), estabelecendo que a Comissão tem poderes sancionatórios, tais como emitir advertências oficiais; suspender administradores; nomear administradores interinos, entre outros.

Segundo o Manual de *Compliance* das entidades de caridade,[72] a Comissão de Caridade tomará medidas sempre que for identificada uma atividade de *non-compliance*, a fim de ajudar a corrigir ou garantir que não haja mais riscos para a instituição de caridade. Essa ação pode assumir várias formas, quais sejam: visita à instituição de caridade; emissão de orientação autorregulatória ou regulatória; condução de uma investigação; denúncia da organização a outra autoridade ou ente regulador e; notificação ao público por meio do registro de instituições de caridade.

Em algumas circunstâncias, o *non-compliance* indicará riscos ou preocupações graves com a instituição de caridade e o assunto será encaminhado para a equipe de inquérito da Comissão para investigação. Isso pode resultar na abertura de um inquérito legal, permitindo que a Comissão use seus poderes mais rigorosos nos termos da *Charity Act*, por exemplo, suspensão ou remoção de um administrador de caridade; restrição das transações de uma instituição de caridade; nomeação de administradores de caridade adicionais e/ou; nomeação de um gerente interino.

No caso de exercício de autorregulação, a execução e a imposição de sanções geralmente carecem de permissão do Poder Público e podem depender de uma base contratual de execução. Exemplo

---

[72] Informações disponibilizadas no site oficial: https://www.charitycommissionni.org.uk/concerns-and-decisions/monitoring-and-compliance-guidance/. Acesso em: 28 ago. 2021.

de mecanismo autorregulador capaz de impor sanções é através do descumprimento do *Governance Code*, no qual a entidade poderá ser descadastrada, o que gerará indiretamente diminuição dos recursos destinados à instituição.

3.5 Arcabouço regulatório inglês

A partir de parâmetros de comparação propostos pela divisão em objetivos, arranjos institucionais, ferramentas e vocalizador de demandas, foi apresentado o arcabouço regulatório inglês, com o intuito de verificar se é possível a adaptação e aperfeiçoamento do arcabouço regulatório brasileiro existente, (*e.g.* criação de instância participativa e de coordenação que possa compilar dados, introdução de mecanismos de auxílio ao financiamento público e privado, divulgação de boas práticas, auxílio na confiabilidade da sociedade nas entidades do Terceiro Setor).

A pretensão é apresentar proposta de implementação dos benefícios trazidos pelo arcabouço regulatório analisado, mapear os desafios enfrentados para as propostas apresentadas e analisar as limitações trazidas pela legislação e pelo cenário atual da sociedade, com a apresentação de tendências, problemas e debates trazidos pelo tema.

Para atingir seus objetivos, em 04 de outubro de 2018 a *Charity Commission* publicou um documento denominado *Charity Commission Strategy 2018-2023*[73] que aborda o contexto em que estão e as propostas e estratégia para atingir os objetivos supracitados.

No documento apresentado, foram relatados dados que demonstram a importante atuação das instituições de caridade: na Inglaterra e País de Gales existem cerca de 168.000 instituições de caridade que movimentaram em 2017 uma renda anual de 76,7 bilhões de libras (aproximadamente 376,93 bilhões de reais); mais de 11 milhões de pessoas na Inglaterra e no País de Gales voluntariam-se pelo menos uma vez por mês, incluindo cerca de 700.000 administradores registrados.

---

[73] Disponível no site oficial do governo inglês em: https://www.gov.uk/government/publications/charity-commission-strategy-2018-2023 Acesso em: 10 out. 2018.

A *Charity Commission* possui cinco objetivos estratégicos, que são os propósitos da instituição, que são:[74] assegurar a prestação de contas das instituições de caridade; lidar com irregularidades e danos; informar e orientar a escolha do público (para saberem qual instituição é confiável); dar às instituições de caridade o conhecimento e as ferramentas de que precisam para ter sucesso e; manter a caridade relevante para o mundo de hoje.

Para assegurar a prestação de contas das instituições de caridade, a Comissão deve certificar se estão sendo observados os propósitos para que as entidades foram criadas. Assim, além de cumprir os requisitos legais mínimos, a prestação de contas é necessária para o *status* de instituição de caridade e para a administração dos recursos recebidos.

A Comissão fornece às instituições as ferramentas necessárias para se protegerem contra o abuso ou a má administração e, quando estas se revelem insuficientes, realizam intervenções objetivas e oportunas. Qualquer um que tenha sérias preocupações sobre a forma como uma instituição de caridade está sendo administrada e queira denunciar deve dirigir-se à *Charity Commission*.

O objetivo/propósito de informar e auxiliar na escolha da instituição de caridade pelo público tem relação com dar à sociedade as informações necessárias para tomar decisões informadas sobre onde e como apoiar uma instituição, ou seja, diretamente relacionado com o dever de transparência da instituição. Como agente regulador, é responsabilidade da *Charity Commission* garantir que as instituições de caridade ofereçam informações precisas, atualizadas e relevantes sobre si mesmas. Esta informação deve ser de fácil acesso e uso pela sociedade. Deve-se permitir que as instituições demonstrem quão efetivas e eficientes são.

Para dar às instituições de caridade o conhecimento e as ferramentas de que precisam para ter sucesso (quarto propósito da Comissão), é necessária a regulamentação eficaz e a oferta de orientação e apoio para que as instituições possam maximizar seu impacto coletivo. A *Charity Commission* deve oferecer orientações aos

---

[74] Disponível no site oficial do governo inglês em: https://www.gov.uk/government/organisations/charity-commission/about. Acesso em: 15 jan. 2020.

administradores das instituições e dar-lhes autonomia para agir em circunstâncias apropriadas. A Comissão pode incentivar instituições de caridade que operam em esferas semelhantes a colaborarem entre si, ou mesmo a se fundirem, se isso aumentar o benefício social. Assim, o intuito seria ajudar as entidades a cumprir os propósitos para os quais foram criadas, trabalhando com elas e monitorando-as.

Por fim, o último propósito está relacionado à manutenção da importância da caridade. Para tanto, as organizações registradas devem levar em conta que a sociedade está mudando e quais forças que impulsionam essas mudanças. Faz parte do trabalho da Comissão, como reguladora, entender o contexto mais amplo em que funcionam as instituições de caridade. Assim, a Comissão deve auxiliar as entidades para que possam prosperar em um mundo em constante transformação, ajudando a moldar e atualizar o ambiente em que operam e debater as atividades futuras.

Sabendo da importância da confiabilidade do público para o financiamento privado, a Comissão faz pesquisas para que as instituições façam jus ao alto padrão de exigência da sociedade. A *Charity Commission* é encarregada de alguns objetivos estatutários, dentre os quais está a obrigação de aumentar a confiança do público.

A Comissão tem como desafio demonstrar que a sua abordagem está proporcionando um benefício social. Para tanto, deve proteger seus beneficiários (particularmente os vulneráveis), promover o uso efetivo dos seus recursos e demonstrar o benefício social da atuação das entidades.

Como agenda dos próximos 5 (cinco) anos, a *Charity Commission* (a partir do "*Charity Commission Strategy 2018-2023*")[75] pretende fornecer uma regulamentação eficaz com o propósito de assegurar que as instituições de caridade sejam capazes de inspirar níveis ainda maiores de confiabilidade pública. Para o público ter maior confiança, suas preocupações devem ser entendidas e levadas a sério e os benefícios da boa regulamentação devem estar aparentes na vida das pessoas.

Ademais, a Comissão almeja trabalhar em cooperação com as instituições e com a sociedade para compartilhamento de conhecimentos. Para que as instituições de caridade prosperem e

---

[75] Disponível no site oficial do governo inglês em: https://www.gov.uk/government/publications/charity-commission-strategy-2018-2023. Acesso em 10 out. 2018

inspirem a confiança do público, é necessária a atuação conjunta dos seus administradores, das próprias instituições e de organismos em todos os setores da sociedade. Assim, como estratégia, a Comissão pretende maximizar e evidenciar o benefício das instituições de caridade para a sociedade.

O Parlamento Britânico atribuiu à *Charity Commission* 5 (cinco) objetivos estatutários,[76] quais sejam: aumentar a confiança do público em instituições de caridade; promover a conscientização e a compreensão do funcionamento dos benefícios de interesse social; promover o cumprimento por parte de administradores das instituições de caridade com suas obrigações legais no exercício do controle e gestão de suas instituições; promover o uso efetivo de recursos; melhorar a prestação de contas das instituições de caridade aos doadores, beneficiários e público em geral.

A *Charity Commission* que determinará se uma questão está dentro de sua competência reguladora, verificando se está dentro de seus objetivos e funções estatutárias. Antes de a Comissão decidir se tem um papel regulador em questões que afetam uma instituição de caridade em particular, ou o setor mais amplo, ela precisa identificar as questões regulatórias relevantes.

A Comissão não pode agir como administradora da instituição, realizando decisões não pertinentes à administração de uma instituição de caridade. A Comissão deve, portanto, procurar fornecer orientação apropriada e acessível para ajudar os administradores a cumprir seus deveres e responsabilidades.

Como regra, não cabe à *Charity Commission* analisar questões relativas à falha no serviço prestado pelas instituições e questões trabalhistas das entidades.

O papel regulador da Comissão tem como intuito aperfeiçoar a atuação dos administradores das entidades. A Comissão espera que os administradores gerenciem os riscos que a instituição enfrenta, com o fim de evitar expô-la a riscos indevidos.

A Comissão levará em conta ao decidir qual ação tomar: orientações vigentes; se o envolvimento da Comissão terá um

---

[76] Disponível no site oficial do governo inglês em: https://www.gov.uk/government/publications/risk-framework-charity-commission/regulatory-and-risk-framework. Acesso 25 jan. 2020.

impacto significativo na resolução do problema; qual será o impacto se a Comissão não agir (visto que a *Charity Commission* que decidirá em quais questões deve atuar); e as implicações de recursos para a Comissão e para o setor de caridade.

Se a Comissão estiver convencida de que os administradores já tomaram as medidas adequadas para abordar as questões de interesse, poderá decidir que não precisará atuar no caso. Em circunstâncias graves, a abertura de um inquérito ou o exercício dos poderes estatutários da Comissão podem ser exercidos, como remover, desqualificar ou emitir uma advertência oficial aos administradores; publicar relatórios sobre as consultas; e determinar a restituição de fundos que foram desviados ou perdidos para a instituição. A *Charity Commission* vem acompanhando a confiança da sociedade no setor de caridade verificando-se alguns concretos problemas e falhas sistêmicas.[77]

É possível notar que a Inglaterra possui um formato de regulação das *charities* diferenciado, na qual há uma entidade reguladora (*Charity Commission*) com amplos poderes, com a incumbência de registrar, fiscalizar, elaborar orientações e aplicar sanções. No Brasil, não há uma entidade de coordenação entre os diversos níveis federativos para aplicação conjunta e ordenada de políticas públicas e facilitar o diálogo entre as entidades.

Para o aperfeiçoamento da análise de risco, o estudo do direito inglês traz em evidência o *Regulatory and Risk Framework*,[78] disponibilizado anualmente pela *Charity Commission*. Trata-se de um documento focado nas diretrizes acerca da análise de riscos das instituições de caridade, permitindo verificar: como identificar e avaliar o risco, como agir no caso de algum risco for detectado e como rever e adaptar a abordagem.

Os riscos sobre os quais a *Charity Commission* tem como prioridade de atuação são: fraude e abuso financeiro; salvaguarda (irregularidades nas instituições – há regulamentação própria sobre

---

[77] Tais como: corrupção, improbidade na atuação dos administradores e baixa confiança da sociedade nas instituições.

[78] Disponível no site oficial do governo inglês em: https://www.gov.uk/government/publications/risk-framework-charity-commission/regulatory-and-risk-framework. Acesso em: 30 abr. 2020.

o assunto na Comissão); terrorismo e; diminuição da confiança pública nas instituições. Para solucionar e prevenir tais riscos, é possível que a Comissão aplique sanções, como a exclusão de diretores por um período, colocando um "gerente provisório".

O *Regulatory and Risk Framework* é para o público em geral, mas direcionado a algumas pessoas especificamente, tais como: as instituições de caridade, para que possam compreender a abordagem da Comissão em relação à regulamentação baseada no risco; os integrantes da *Charity Commission*, que são obrigados a aplicar este quadro regulamentar e de risco no seu trabalho; os auditores e examinadores independentes, ao considerarem a prestação de informações à Comissão; os funcionários das instituições de caridade, ao considerar a divulgação de denúncias à Comissão e; consultores jurídicos e outros profissionais.

A natureza e o nível de risco a ser abordado implicam na relação da Comissão com o problema e as medidas que serão adotadas para resolvê-lo. Ao avaliar e gerir os riscos nas instituições de caridade, a Comissão tem como pressuposto que os administradores das instituições de caridade são publicamente responsáveis pelos fundos que recebem e pelos privilégios de que gozam; a responsabilidade pela administração e gestão de instituições de caridade é dos administradores; a maioria dos administradores está fazendo um bom trabalho ao administrar suas instituições de caridade e realizar atividades que favorecem seus objetivos para o benefício público (não criminalização das instituições).

A Comissão tem como enfoque a prevenção de problemas pelo seu trabalho proativo para identificar e gerenciar riscos. A fim de apoiar esta abordagem, a Comissão pode solicitar que instituições de caridade forneçam dados adicionais (por exemplo, como parte do retorno anual ou no registro) que serão analisados para determinar se ele auxilia na compreensão do risco pela Comissão dentro do setor.

A natureza e o nível de risco podem ser afetados por vários fatores, tais como: o problema e sua gravidade; se é atual ou já aconteceu; por qual fonte a Comissão foi alertada para a questão; as provas que comprovam o problema; o impacto sobre os beneficiários, os ativos ou a confiança do público no setor de caridade; o perfil, tamanho e área de atuação da instituição beneficente; o registro da instituição de caridade; a capacidade e a disposição dos administradores para remediar a questão em si e o risco residual se não; o que é necessário para resolver o problema. Haverá casos em que a Comissão determina que uma matéria é da sua competência reguladora, mas decide não se envolver após a sua avaliação da natureza e nível de risco relacionado com a(s) questão(s) envolvida(s).

As entidades inglesas possuem um registro próprio, visto que precisam ser registradas no *charity register* para receberem recursos e atuarem em conformidade com as normas do setor, devendo informar os nomes, os administradores, as atividades, os objetivos e as finanças.

Dados mais recentes apontam que na Inglaterra e País de Gales as instituições de caridade movimentaram até 2019 uma renda anual de 80,53 bilhões de libras (aproximadamente 563,71 bilhões de reais).[79] Nota-se, no entanto, que não há uma separação acerca do investimento público e o privado nas instituições de caridade, sendo que as doações privadas e os repasses públicos são contabilizados dentre renda voluntária (*voluntary income*), negócios para angariar fundos (*trading to raise funds*), investimento (*investment income*) e rendimento das atividades de beneficência (*charitable activities income*).[80]

O Terceiro Setor inglês movimenta grandes valores quando comparado ao brasileiro, sendo interessante o estudo para influenciar o maior investimento (tanto público como privado) nas entidades brasileiras integrantes do setor.

Na Inglaterra, há um tribunal especializado (*Charity Tribunal*) para lidar com a atuação das *charities*, sendo órgão autônomo e podendo rever decisões e sanções da *Charity Commission*. No Brasil, devido à unidade de jurisdição, toda lesão ou ameaça de lesão a algum direito poderá ser analisado pelo Poder Judiciário (artigo 5º, XXXV, CF). Ocorre que na análise pelo Poder Judiciário em questões atinentes ao Terceiro Setor poderá haver prejuízo com relação às especificidades que envolvem o setor (finanças, controle, atos de improbidade, repasses através de parcerias etc.), sendo interessante

---

[79] Disponível no site oficial do governo inglês para a Charity Commission em: http://apps.charitycommission.gov.uk/ShowCharity/RegisterOfCharities/SectorData/SectorOverview.aspx. Acesso em: 10 jul. 2020.
[80] *Idem*.

a análise inicial por um órgão administrativo para uma análise técnica adequada.

No ordenamento brasileiro, devido às leis esparsas, diversas entidades que regulam o setor e atuação sem coordenação em diversos níveis federativos, não há uma uniformização dos entendimentos acerca da aplicação das normas e nem uma coordenação para a execução das políticas públicas planejadas. Na Inglaterra, há leis específicas (as *Charities Acts*) que disciplinam a temática e divulgação de orientações[81] para as entidades para o registro, administração e execução de suas atividades.

No ordenamento inglês, a *Charity Commission* é a responsável pela divulgação de informação, através de relatórios e guias de atuação. Ademais, as pessoas podem fazer elogios, reclamações e denúncias através da *Charity Commission*, havendo um diálogo com a entidade e a sociedade. A Comissão também disponibiliza uma plataforma online para diálogo com as entidades cadastradas, permitindo a realização de diversas atividades,[82] *e.g.*, tirar dúvidas acerca de aplicação de uma norma, realização da prestação de contas e execução de suas atividades.

No ordenamento pátrio, não há sistema correlato de divulgação de informações, nem de diálogo com a sociedade e com as entidades. Há dificuldade para acessar informações consolidadas sobre o setor, visto que as iniciativas independentes são escassas (mas existente, a exemplo do Mapa das OSC pelo IPEA e a pesquisa FASFIL) e as pessoas e entidades precisam complementar informações em diversos órgãos e instituições que regulam o setor no Brasil (Tribunais de Contas, Ministérios e Secretarias em suas respectivas pastas, Ministério Público, Defensoria Pública etc.), através da Lei de Acesso à Informação (Lei nº 12.527/2011)[83] ou

---

[81] A exemplo do *Charity Commission guidance*, disponível em: https://www.gov.uk/guidance/charity-commission-guidance. Acesso em: 30 abr. 2020.

[82] Disponível no site oficial do governo inglês em: https://www.gov.uk/government/organisations/charity-commission/about-our-services. Acesso em: 30 jan. 2020.

[83] Exemplo da dificuldade de acesso à informação no Brasil pode ser visualizado através da publicação da Coordenadoria de Pesquisa Jurídica Aplicada da Fundação Getúlio Vargas (Direito/SP), da qual participei (a pesquisa preliminar foi divulgada através de um *Key Facts* apresentado na Cinemateca na Jornada ISP (disponível em: https://sinapse.gife.org.br/download/destaques-sustentabilidade-economica-das-organizacoes-da-sociedade-civil. Acesso em: 25 fev. 2020). Foi possível notar que os levantamentos preliminares da

mecanismos de transparência ativa. No mais, não há uma entidade centralizada para coordenar o diálogo entre a sociedade e as entidades do setor, não permitindo uma uniformização na aplicação das normas e execução das atividades.

O *Monitoring and Compliance Guidance* ou Manual de Monitoramento e *Compliance*[84] é um guia para auxiliar as entidades de caridade para realizarem *compliance* e cumprirem as obrigações legais e também explica como a *Charity Commission* identifica e aborda o *non-compliance* (o não atendimento às regras de *compliance*).

O intuito do Manual é oferecer parceria entre os *stakeholders* (agentes interessados) do setor de caridade e torná-lo um "um setor de caridade dinâmico e bem administrado no qual o público tem confiança, sustentado pela execução eficaz da Comissão de seu papel regulador". O Manual foi elaborado primeiramente pela *Charity Commission* da Irlanda, mas também é aplicável pela *Charity Commission* inglesa.

Um setor de instituições de caridade dinâmico e bem administrado, no qual o público tem confiança, exige que os administradores das instituições de caridade conheçam e cumpram suas obrigações legais e os requisitos das melhores práticas. As instituições de caridade desempenham um papel vital na sociedade e o papel de um administrador traz grande responsabilidade. A intenção do Manual é apoiar os administradores de instituições de caridade no entendimento de suas responsabilidades.

É importante ressaltar que a lei protege as instituições de caridade quando eles cumprem seus deveres legais. No entanto, existem consequências para as instituições de caridade e seus administradores quando agem de forma negligente ou

---

pesquisa apontam para um baixo grau de informação sistematizada por parcela relevante dos Tribunais de Contas sobre valores e modalidades de parcerias nos diversos entes federativos. Quando indagados acerca dos dados consolidados dos repasses públicos às OSC's, apenas cinco Tribunais de Contas responderam satisfatoriamente, com apresentação consolidada de dados (TCE BA, TCE PA, TCE PI, TCE RN e TCE SP). Outros cinco (TCE PB, TCE RJ, TCE RO, TCE TO, TCM SP) indicaram mecanismos de busca dos dados. O número de Tribunais de Contas que não forneceram dados sobre repasses para OSC via LAI é muito mais expressivo: 11 tribunais de contas, no total (TCU, TC DF, TCE ES, TCE GO, TCE MA, TCE MT, TCE PE, TCE PR, TCM RJ, TCM GO, TCM PA).

[84] Informações disponibilizadas no site oficial: https://www.charitycommissionni.org.uk/concerns-and-decisions/monitoring-and-compliance-guidance/. Acesso em: 28 ago. 2021.

intencionalmente deixam de cumprir suas obrigações legais ou requisitos de melhores práticas. Juntamente com a gama de orientações e relatórios temáticos produzidos pela Comissão de Caridade, o Manual é um recurso fundamental para ajudar a apoiar as instituições de caridade no cumprimento de suas obrigações legais, ao divulgar informações sobre a gama de obrigações legais e requisitos de melhores práticas aos quais as instituições de caridade estão sujeitas.

A Comissão tem como objetivos promover o cumprimento por parte das instituições de caridade de suas obrigações legais e promover a confiança do público. O Manual também fornece informações sobre como a Comissão monitora identifica o descumprimento das normas e as consequências para as instituições de caridade quando o descumprimento é identificado.

Além do Manual, a *Charity Commission* possui o documento denominado *Protecting charities from harm: compliance toolkit*,[85] que traz orientações para a aplicação das ferramentas de *compliance*. O documento possui cinco capítulos, quais sejam: 1) *Charities and Terrorism* (Caridade e Terrorismo em tradução livre, lembrando que o combate ao terrorismo é um dos objetivos da *Charity Commission*); 2) *Charities: due diligence, monitoring and verifying the end use of charitable funds* (Instituições de caridade: *due diligence*, monitoramento e verificação do uso final dos recursos); 3) *Protect your charity from fraud and cyber crime* (proteja sua instituição de caridade contra fraudes e crimes cibernéticos); 4) *Charities: holding, moving and receiving funds safely* (Instituições de caridade: detenção, movimentação e recebimento seguro de fundos) e; 5) *Protecting charities from abuse for extremist purposes* (Protegendo instituições de caridade contra abusos para fins extremistas).

O *National Audit Office* (NAO) é um órgão auxiliar do Poder Legislativo inglês responsável pelo controle de qualidade das avaliações conduzidas pelas agências reguladoras e departamentos não governamentais (inclusive a *Charity Commission*) e realiza algumas análises de impacto regulatório (Valente, 2010, p. 41). Trata-

---

[85] Disponível no site oficial do governo inglês: https://www.gov.uk/government/collections/protecting-charities-from-harm-compliance-toolkit. Acesso em: 20 set. 2021.

se de um arcabouço regulatório que tem a incumbência de fiscalizar a *"Charity Commission"* e expedir relatórios sobre a atividade da Comissão de Caridade,[86] bem como analisar a efetividade da sua regulação.[87]

3.6 Economia Social inglesa

Marilyn Taylor (2004, p. 123), ao abordar o Terceiro Setor no Reino Unido no livro de Adalbert Evers (2004) denominado *The Third Sector in Europe*, relata que as fronteiras entre o Terceiro Setor e as Empresas Sociais estão cada vez mais confusas, podendo o Terceiro Sector ser caracterizado como um *Welfare Mix*.

A autora aponta que o futuro do Terceiro Setor no Reino Unido necessita ser avaliada a partir da diversidade do setor e da participação dos diferentes atores da sociedade, em especial com o olhar voltado ao *Welfare Mix* no qual o Terceiro Setor atua ao lado das empresas sociais (2004, p. 137).

Marilyn relata que esse modelo nos afasta de qualquer análise baseada na retomada da superioridade de um setor sobre outro, para uma compreensão de sua interdependência. A análise proposta pela autora desencoraja a divisão simplista do Terceiro Setor, contrastando as virtudes das organizações comunitárias menores com a cooptação das instituições de caridade maiores, permitindo uma análise mais sofisticada das variações entre as organizações, as diferentes pressões que enfrentam e a forma como se desenvolvem ao longo do tempo. Por fim, esse modelo aponta que a maneira como as instituições tradicionalmente associadas ao Estado (Primeiro Setor) e ao mercado (Segundo Setor) estão se deslocando para um local mais neutro e central, sem uma subdivisão clara dos setores (Taylor, 2014, p. 137).

O estudo da autora proporciona uma análise diferenciada do Terceiro Setor, tendo em vista que as entidades privadas sem fins lucrativos podem auferir renda com suas atividades, mas devem

---

[86] Disponível no site oficial do governo inglês: https://www.nao.org.uk/wp-content/uploads/2017/11/Charity-Commission-progress-report.pdf. Acesso em: 17 out. 2021.

[87] Disponível no site oficial do governo inglês: https://www.nao.org.uk/report/regulatory-effectiveness-charity-commission-2/. Acesso em: 17 out. 2021.

destinar o lucro para o objeto de seu estatuto social. Assim, as atividades desenvolvidas podem sofrer tensões que são também verificadas no mercado e Poder Público.

Reinaldo Pacheco da Costa, no artigo denominado "Economia Social da Inglaterra e Economia Solidária do Brasil", afirma que a Economia Social abrange as empresas sociais e o "seguimento do Terceiro Setor que participa do mercado, produzindo e comercializando bens e serviços" (Costa, 2018. p. 2). Reinaldo dispõe que outro segmento do Terceiro Setor inclui instituições filantrópicas, religiosas e de suporte social financiadas por políticas públicas e doações privadas não está incluído no contexto da economia social.

O autor tenta explicar a economia social a partir da seguinte figura que traz os três sistemas da economia:

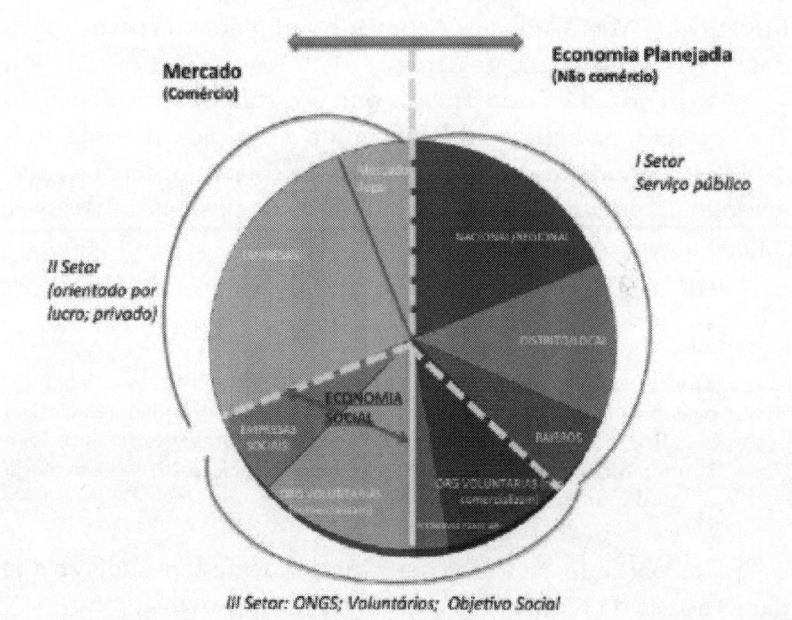

Gráfico 1 – Economia Social da Inglaterra

Fonte: Costa, 2018, p. 5.

Estão na faixa da Economia Social as empresas sociais, as empresas comunitárias, as cooperativas de vários tipos (habitação, consumo etc.) e as fundações e associações (incluídas as instituições de caridade – *charities*) que, de alguma maneira, participam da economia de mercado comercializando bens e serviços.

O autor esclarece que não participam da economia social o outro seguimento do Terceiro Setor que:

> destina-se especificamente às atividades sociais voluntárias e assistencialistas, que não participam do mercado, como igrejas, clubes sociais, sindicatos, associações eminentemente de apoio social, toda(o)s dependentes totalmente de doações – do setor privado e de famílias – e/ou de isenções de impostos e de outras receitas proporcionadas por políticas instituídas pelo Primeiro Setor.

Costa (2018, p. 1) aponta que no Reino Unido, constituído por quatro nações (Inglaterra, Escócia, País de Gales e Irlanda do Norte) e um parlamento, o sistema de Economia Social transcende o conceito restrito utilizado – cooperativas, mútuas, associações e fundações (CMAF) – diante do aumento vertiginoso da participação das ONGs na economia da nação.

Reinaldo da Costa aponta que a escala das entidades do Terceiro Setor na Inglaterra chama muito a atenção, "pois são mais de 176 mil entidades, com 35 milhões de cooperados/associados, gerando emprego direto para 4,7 milhões de pessoas e mais de 1 milhão de voluntários" (2018, p. 2).

No entanto, Costa apresenta um problema, relatando que (2018, p. 2):

> as estimativas econômicas desse setor são muitas vezes destoantes, bastando citar que para Spear (2010) a receita total das associações beneficientes envolve mais de 90 bilhões de libras esterlinas (British Pounds-BP) por ano, enquanto para Crowson et al. (2010) elas têm renda de 26 BP por ano e um ativo de 66 BP.

Há, portanto, na Inglaterra, dificuldade de consolidação dos dados acerca da receita total que as entidades movimentam.

O autor apresenta outros dados que demonstram a relevância atual da Economia Social (2018, p. 2):

> A relevância atual da Economia Social é também mostrada pelos dados da European Union (EU – União Européia), segundo os quais existem

dois milhões de empresas sociais naquele bloco, o que representa 10% de todos os negócios; emprega mais de 19 milhões de trabalhadores, incluindo empregados remunerados, e mais de 82,8 milhões de voluntários, equivalendo a 5,5 milhões de trabalhadores em tempo integral; envolve mais de 232 milhões de membros de cooperativas, mútuas e entidades afins – as sociedades mútuas representam 25% do mercado europeu atual de seguros.

O estudo acerca da economia social permite a subdivisão das entidades do Terceiro Setor em dois tópicos, quais sejam, aquelas que participam do mercado, produzindo e comercializando bens e serviços (integrantes, portanto, da denominada economia social) e aquelas que não participam do mercado. O estudo específico sobre cada escopo permite uma diferente abordagem diante das particularidades das entidades que prestam atividade lucrativa, mesmo que os lucros sejam destinados ao objeto social.

3.7 Problemas regulatórios ingleses

O intuito deste item é detectar os problemas da regulação do Terceiro Setor inglês, com o propósito de diagnosticar experiências que não foram boas e que não seriam interessantes de serem implementadas no Brasil para o aperfeiçoamento das competências regulatórias, observando-se que o escopo da obra é auxiliar nos problemas regulatórios brasileiros.

Cabe notar que se trata de uma elucidação acerca dos problemas encontrados na Inglaterra que poderá elucidar (ainda mais) as diferenças de tratamentos da regulação no ordenamento pátrio e no ordenamento inglês.

O *National Audit Office* publicou em 2013 um relatório para a análise da eficiência da regulação realizada pela *Charity Commission*. No relatório (*National Audit Office*, 2013, p. 6-9) os principais achados foram:

> (i) O setor de caridade é uma importante contribuição para a sociedade e a Comissão de Caridade desempenha um papel fundamental no aumento da confiança e da segurança no setor;
> (ii) O orçamento da Comissão diminuiu, mas a dimensão do setor (e a quantidade de instituições) permaneceu estável;

(iii) Existe uma lacuna entre o que o público espera da Comissão e o que ela realmente faz (neste item cabe uma breve explicação: o relatório dispõe Comissão não consegue examinar todos os casos apresentados pelas pessoas, devido aos seus recursos limitados. Ademais, a admissão ao registro de instituições de caridade não significa que uma organização realiza suas atividades com qualidade, embora, com o registro, o público possa entender que sim. Além disso, a Comissão só pode investigar a má gestão e má conduta e não pode lidar com ineficiências operacionais ou litígios entre administradores);

(iv) A Comissão tem um amplo leque de responsabilidades;

(v) Em resposta aos cortes no orçamento, a Comissão reviu o seu funcionamento e reduziu a demanda dos seus serviços, mas não identificou qual orçamento seria necessário para regular com eficiência;

(vi) A Comissão continua a fazer pouco uso dos seus poderes para induzir/forçar a aplicação das normas;

(vii) A Comissão pode demorar a agir quando investiga questões regulatórias;

(viii) A Comissão não toma medidas suficientemente duras em alguns dos casos regulamentares mais graves (o relatório aponta que foram encontrados casos em que a Comissão demorou a reconhecer a gravidade do caso; deu conselho regulatório (*regulatory advice*) aos administradores em casos graves, em vez de abrir um inquérito (*statutory inquiry*); e permitiu a falta de cooperação por parte dos administradores para atrasar investigações legais e operações casos por períodos superiores a um ano);

(ix) A Comissão é mais reativa do que proativa, fazendo uso insuficiente das informações de que dispõe para identificar o risco;

(x) Existem desafios para a eficiência da Comissão;

(xi) Os indicadores de desempenho da Comissão não estão suficientemente associados aos seus objetivos estatutários;

(xxi) Para se tornar um regulador mais eficaz, a Comissão precisa da ajuda de outros *stakeholders*.

O relatório traz conclusões críticas acerca da atuação da Comissão de Caridade, afirmando que ela não está regulando com eficiência (National Audit Office, 2013, p. 9). O relatório dispõe que a Comissão realiza um trabalho importante, necessário e valorizado, mas não faz o suficiente para identificar e combater o abuso do *status* de caridade. Afirma, ainda, que a Comissão usa suas informações de maneira inadequada para avaliar riscos e, muitas vezes, depende apenas das garantias e análises dos administradores para as avaliações. Aduz que nas oportunidades que a Comissão identifica interesses das instituições de caridade, faz pouco uso de seus poderes e falha em tomar medidas duras em alguns dos casos mais graves. Conclui que a atuação prejudica a capacidade da Comissão de cumprir seu objetivo estatutário de aumentar a confiança do público nas instituições de caridade.

O relatório aponta que a Comissão é demasiadamente passiva na perseguição dos seus objetivos, deixando que as barreiras práticas e jurídicas impeçam a ação, em vez de considerar formas alternativas de prevenir os abusos (National Audit Office, 2013, p. 9).

Com relação à redução orçamentária, o relatório aduz que a Comissão tentou se adaptar aos seus recursos reduzidos, mas, ao fazê-lo, não deu ênfase suficiente ao rigor de seu processo de registro e à investigação de irregularidades em instituições de caridade. A sua reestruturação não foi informada por uma avaliação dos custos, benefícios e riscos dos diferentes modelos de regulação das instituições de caridade, e não identificou os recursos de que necessita para cumprir os seus objetivos estatutários. (National Audit Office, 2013, p. 9).

A título de recomendação, o relatório do *National Audit Office* (2013, p. 10-11) afirma que a Comissão de Caridade deveria realizar as seguintes ações:

> (i) Revisitar seu modelo de regulação e pensar radicalmente sobre maneiras alternativas de atingir seus objetivos com recursos limitados;
> (ii) Desenvolver formas de medir e relatar a eficiência de sua atividade regulatória;
> (iii) Utilizar melhor os seus poderes estatutários em consonância com o objetivo de manter a confiança no setor;
> (iv) Desenvolver uma abordagem para identificar e lidar com as instituições que abusam deliberadamente do *status* de caridade;
> (v) Introduzir verificações de amostra das informações e garantias fornecidas pelos administradores;
> (vi) Ser mais proativa na avaliação de risco.

Em 2017, o *National Audit Office* publicou um novo relatório para analisar o progresso da *Charity Commission*. No relatório (2017, p. 6-7), o NAO aponta que:

> (i) A Comissão progrediu ao estabelecer uma estratégia que fornece mais clareza sobre como alcançará seus objetivos (*The Commission's strategic plan for 2015-2018*);

(ii) A ligação entre os indicadores-chave de desempenho (*Key performance indicators* – KPIs) e os objetivos estatutários melhorou, mas os relatórios poderiam ser melhores;
(iii) Os KPIs têm um bom desempenho em relação aos critérios de boas práticas, mas a Comissão deve procurar medidas de estabilização;
(iv) A governança da Comissão melhorou;
(v) O âmbito de atuação da Comissão alargou-se para se tornar mais proativa;
(vi) O progresso com a transformação digital tem sido bom e maiores oportunidades existem no futuro;
(vii) A abordagem da Comissão para gerir a mudança melhorou. No futuro, o foco na melhoria contínua (especialmente na transformação digital) é crucial;
(viii) A Comissão realiza abordagem baseada na análise de risco, mas os sistemas legados e a falta de dados utilizáveis são barreiras à melhoria;
(ix) A Comissão fez alguns progressos no desenvolvimento de seu *software* para avaliar o risco de instituições de caridade registradas;
(x) A Comissão está a utilizar os seus novos poderes estatutários, mas tem de gerir o risco de os seus poderes não serem suficientes no futuro;
(xi) À medida que a abordagem baseada na análise de risco se desenvolve, a Comissão deve considerar o impacto nas expectativas das partes interessadas;
(xii) A Comissão tomou uma série de medidas para acelerar os registos, incluindo a melhoria dos processos de avaliação de riscos dos pedidos;
(xiii) A Comissão está compartilhando mais informações e conhecimentos com outras organizações;
(xiv) O impacto de um maior compartilhamento de informações na eficiência da regulação da Comissão e nos organismos com os quais partilha as informações não é claro;
(xv) Garantir o nível ideal de financiamento em longo prazo dentro de um modelo de financiamento sustentável é crucial para a transformação contínua da Comissão e sua capacidade de reagir à evolução do setor;
(xvi) Os modelos de financiamento propostos para a Comissão mudaram significativamente ao longo do tempo;
(xvii) As mudanças na política impactaram a atuação da Comissão.

É possível notar que apesar das dificuldades detectadas pelo *National Audit Office*, houve uma melhora na eficiência da regulação realizada pela Comissão entre 2013 a 2017. Assim, apesar de a Comissão de Caridade ter dificuldades para o exercício da regulação em 2013, alguns avanços foram detectados, como a progressão ao estabelecer uma estratégia que fornece mais clareza sobre como alcançará seus objetivos, a melhora da ligação entre os indicadores-chave de desempenho (*Key performance indicators* – KPIs) e os objetivos estatutários, a governança, a proatividade, a avaliação de riscos (através do desenvolvimento de seu *software* e dos processos de avaliação), o registro e o compartilhamento de informações.

Como recomendações para a melhora na efetividade da regulação da *Charity Commission*, o *National Audit Office* propõe (2017, p. 9) que:

> (i) A Comissão precisa encontrar um equilíbrio entre manter os seus KPIs atualizados e garantir que pode fornecer dados de desempenho consistentes ao longo do tempo;
> (ii) A Comissão deve continuar a desenvolver a sua compreensão de seus custos para prever o orçamento necessário;
> (iii) O governo precisa se comprometer com um cronograma para explorar opções futuras para o financiamento futuro da Comissão, incluindo consulta pública, se necessário;
> (iv) A Comissão deve prever cenários de financiamento baseados em evidências para identificar o nível ideal de financiamento necessário para concretizar a sua estratégia e planos;
> (v) A Comissão deve manter o foco na melhoria contínua (digital e não digital);
> (vi) A Comissão deve manter o ímpeto de transformação, em particular ao melhorar a sua arquitetura de dados, TI e modelo de risco. Isso significa continuar investindo em sua infraestrutura;
> (vii) A Comissão precisa ser ambiciosa quanto às informações que exige de terceiros para alimentar seu Mecanismo de Risco (*Risk Engine*) com os dados corretos. Terá de deixar claro aos seus parceiros as informações de que necessita e os benefícios ou riscos para o setor, caso não receba essas informações;
> (viii) A Comissão deve continuar seus planos para melhorar seu sistema de inscrição para registrar uma instituição de caridade, incluindo, por exemplo, o desenvolvimento de perguntas mais personalizadas para ajudar a orientar as instituições de caridade durante o processo, dependendo da categoria de instituição de caridade identificada;
> (ix) A Comissão deve continuar a monitorar a utilização e a influência da informação partilhada para garantir que está utilizando os seus recursos de forma a obter o máximo benefício;
> (x) A Comissão deve melhorar o seu envolvimento com outras entidades governamentais para garantir que tem mais influência sobre as mudanças de política que a afetarão;
> (xi) A Comissão necessita desenvolver uma melhor compreensão das expectativas do setor e das suas organizações.

Dentre as recomendações, destacam-se: (i) o cronograma para futuras opções de financiamento para a Comissão, com consulta pública aos envolvidos, tendo em vista que o financiamento público vem diminuindo nos últimos anos; (ii) aperfeiçoamento de seu sistema de inscrição para registrar uma instituição de caridade, incluindo, por exemplo, o desenvolvimento de perguntas personalizadas para ajudar a orientar as instituições de caridade durante o processo, dependendo da categoria de instituição de caridade identificada e (iii) aperfeiçoamento do diálogo com outras instituições, bem como o desenvolvimento da compreensão das expectativas do setor e de suas organizações.

CAPÍTULO 4

PROPOSTAS DE APERFEIÇOAMENTO DA REGULAÇÃO DO TERCEIRO SETOR A PARTIR DA EXPERIÊNCIA INGLESA

O presente capítulo propõe reflexões e sugestões para solução dos problemas regulatórios brasileiros, sem a intenção de esgotar a matéria, tendo em vista que o objeto da obra teve como enfoque a análise da experiência brasileira e inglesa do setor. Assim, a partir do diagnóstico de boas práticas detectadas no direito pátrio e no direito estrangeiro (especificamente da Inglaterra), é possível o enfrentamento dos problemas regulatórios do Terceiro Setor, conforme analisado a seguir.

4.1 Tendências regulatórias

No livro *Regulatory Waves: Comparative Perspectives on State Regulation and Self-Regulation Policies in the Nonprofit Sector* (2016, p. 11 e ss) os autores apontam três tendências comuns nos estudos de caso acerca da regulação do Terceiro Setor, quais sejam: (i) ampliação do regime de autorregulação para combater a regulação estatal exacerbada; (ii) importância do papel dos doadores para a proteção do setor e (iii) a correlação positiva entre a existência de amparo estatal para a autorregulação e o provável sucesso dessa autorregulação.

A primeira tendência do Terceiro Setor propõe que o regime de autorregulação, na maioria das vezes, é uma resposta ao regime regulatório estatal exacerbado.

Os autores trazem como exemplo (2016, p. 11) alguns países da África (nomeadamente, Etiópia, Uganda e Quénia), nos quais há exemplos de autorregulação sendo desencadeados por movimentos contrários ao Governo, que exerce uma regulação estatal exacerbada sem a consulta da sociedade civil. A autorregulação como mecanismo de enfrentamento ao controle e forte regulação estatal também é uma característica importante em estados com regimes regulatórios autoritários, como China e Vietnã.

Os autores apontam que os países desenvolvidos, no entanto, também respondem ao estímulo da ameaça de reforma do governo, com a ameaça de regulação estatal da arrecadação de fundos, estimulando regimes autorregulatórios nacionais na Irlanda, na Grã-Bretanha e a Austrália (2016, p. 12). Continuam (2016, p. 12), afirmando que, nos Estados Unidos, o Comitê de Finanças do Senado incentivou a formação de um "Painel sobre o Setor Sem Fins Lucrativos", com o intuito examinar e fazer recomendações para melhorar a governança no setor. As recomendações finais do painel em junho de 2005 traziam sugestões não estatais, dando ao setor a oportunidade de propor o que considerava medidas proporcionais e razoáveis (Breen; Dunn; Sidel, 2016, p. 12).

Em contraste, o livro *Regulatory Waves* traz a experiência do governo australiano de, em 2014, abolir seu ente regulador federal recém-estabelecido (a Comissão de Caridade e Organizações Sem Fins Lucrativos australiana) e de substituí-lo por uma forma indefinida de autorregulação. Tal formação trouxe insatisfação, com a maioria dos entrevistados no processo de consulta pública indicando sua satisfação com o novo regulador central (que havia sido abolido) e indicando oposição ao retorno à supervisão unicamente tributária pelo ente estatal (Breen; Dunn; Sidel, 2016, p. 12).

Além da ameaça de ação governamental, um motivador complementar para os esforços de autorregulação é a sub-regulação, muitas vezes provocada pela falta de ação governamental para regular. Segundo os autores (2016, p. 13), essa lacuna regulatória é evidente principalmente na Escócia, onde, em face de uma estrutura regulatória inadequada e da falta de ação do governo, o setor sem fins lucrativos iniciou autorregulação para conter a queda da confiança e da segurança como resultado de vários escândalos de governança do setor. Isso, por sua vez, levou o setor sem fins lucrativos a pressionar o governo para fornecer um regime regulatório estatal específico para o Terceiro Setor, demonstrando como uma iniciativa regulatória impulsiona a próxima onda regulatória.

Outro catalisador no movimento em direção à autorregulação, particularmente no contexto dos países em desenvolvimento, tem sido o papel da influência dos doadores. O apoio dos doadores tem desempenhado um papel crucial ao subscrever a ação coletiva e criar um espaço de proteção para a atividade associativa. Os doadores internacionais, estimulados pelo temor de que as reformas democráticas possam ser ameaçadas, tendem a ser os mais propensos a agir, com o intuito de auxiliar na proteção à democracia e temor de que uma regulação estatal coarcte a iniciativa privada de interesse público ou a liberdade de associação civil organizada.

No livro *Regulatory Waves Regulatory Waves: Comparative Perspectives on State Regulation and Self-Regulation Policies in the Nonprofit Sector* (2016, p. 13), os autores apontam que um maior envolvimento de doadores está correlacionado a uma forte coesão sem fins lucrativos, criando assim um ambiente fértil para que ocorra a autorregulação. Em contraste, o menor envolvimento dos doadores estava causalmente relacionado ao enfraquecimento do setor por meio da fragmentação de associações de organizações não governamentais (ONGs).

Segundo os autores (Breen; Dunn; Sidel, 2016, p. 13), padrões semelhantes surgem no Brasil, onde o desligamento dos financiadores internacionais em meados da década de 1990 levou a uma maior dependência das organizações sem fins lucrativos ao financiamento público o que, para os autores, eliminou o espaço para esforços de autorregulação e encorajou uma maior dependência do Governo e menos autonomia das organizações sem fins lucrativos.

Cabe notar que, até a década de 1990, a legislação brasileira que era aplicada para as parcerias do Estado com o Terceiro Setor era defasada e antiga frente à complexidade e as relações atuais desses tipos de parceria. Não havia uma delimitação sobre o que eram entidades do Terceiro Setor e os instrumentos jurídicos que deveriam ser aplicados e como se davam as parcerias.

Nesse período, intensificou-se as rodadas de debate da Comunidade Solidária e houve incentivo ao debate sobre o Terceiro Setor, com o enfoque no fomento estatal, e o Estado passou a atuar como regulador e direcionador de atividades públicas, dando apoio ao setor público não estatal para prestação de atividades de interesse público. Nesse período, foram criados marcos institucionais ao setor com a Lei das Organizações Sociais (Lei da OS ou Lei nº 9.637/1998) e a Lei das Organizações da Sociedade Civil de Interesse Público (Lei da OSCIP ou Lei nº 9.790/1999), surgindo novos instrumentos para pactuação das parcerias com o Poder Público, respectivamente, o contrato de gestão e o termo de parceria, visando à superação do modelo convenial, pois o convênio, apesar do pouco aprofundamento legislativo e doutrinário, era ordinariamente utilizado no cotidiano da Administração Pública.

Dentre as inovações trazidas pela Lei de OSCIPs, a mais importante tem relação com a transparência, sendo obrigadas a submeterem-se anualmente a auditorias internas e externas, e a tornarem públicas suas demonstrações financeiras e seus relatórios de atividades (Mendonça; Falcão, 2016, p. 46).

Nota-se que houve amplo impacto das agendas políticas no Brasil, em que a extensão da regulação estatal, em grande medida, deixou de lado as iniciativas de autorregulação das organizações do Terceiro Setor e daquelas que se concentram em uma melhor coordenação das organizações sem fins lucrativos e compartilhamento de informações. O envolvimento do setor sem fins lucrativos com o Governo tem se concentrado predominantemente na melhoria da regulação estatal das organizações do Terceiro Setor, em vez de qualquer agenda independente para promover a autorregulação.

O fracasso do Estado em cumprir suas promessas regulatórias, no entanto, levou ao crescimento de entidades autorregulatórias e a uma maior revolta pública contra o Governo, a exemplo das manifestações de 2013 que ocorreram no país, ainda que sem relação direta com o setor sem fins lucrativos. A reação inesperada desta seção mais ampla da sociedade civil pressionou o governo brasileiro a apresentar seu novo Marco Regulatório Para As Organizações Da Sociedade Civil (MROSC) em 2014, focado em garantir melhores parcerias entre as Organizações da Sociedade Civil e o Estado, caindo mais no domínio da cooptação do que da colaboração.

Por fim, a terceira tendência é a correlação positiva entre a existência de um amparo estatal para a autorregulação e o provável sucesso dessa autorregulação. Um bom exemplo a esse respeito é o desenvolvimento do regime de autorregulação para arrecadação de fundos na Inglaterra. Motivado principalmente como uma alternativa à intervenção estatal, o governo apoiou o estabelecimento de um regime de autorregulação quando reconheceu e experimentou as deficiências anteriores da regulação estatal no controle da arrecadação de fundos de caridade. O esquema não estatal recebeu financiamento do Estado em seus anos de formação, e suas taxas de sucesso foram medidas em relação aos padrões de desempenho desenvolvidos pelo governo.

Segundo os autores de *Regulatory Waves* (2016, p. 13), a experiência inglesa pode ser contrastada com a experiência regulatória não estatal de arrecadação de fundos irlandesa, que, inicialmente gerada por iniciativa do setor sem fins lucrativos e apoiada pelo estado, foi posteriormente cooptada pelo governo. O Estado irlandês também deu o tom, resultando em última análise na permanência de um maior desenvolvimento do regime, a pedido específico do estado, em um momento crítico da infância do regime não estatal, fazendo com que o experimento fracassasse, principalmente como uma consequência.

Na ausência de um amparo estatal, o desenvolvimento de instituições de autorregulação entre as organizações do Terceiro Setor parece exigir alguma forma de incentivo seletivo subscrito por patrocinadores externos ou amplo acordo setorial sobre a necessidade de alguma ação autorreguladora ou semiautônoma para fortalecer a qualidade, transparência e responsabilidade no setor.

As três tendências abordadas também são encontradas no Brasil. As correntes atuais de autorregulação são respostas a uma regulação estatal que não responde aos anseios do setor. Ademais, apesar da grande importância do financiamento público direto e das parcerias do Estado com o Terceiro Setor, a sustentabilidade econômica das entidades é amplamente adquirida através de incentivos privados. Destarte, a experiência inglesa mostra a importância do incentivo estatal às iniciativas de autorregulação e o possível sucesso dessa autorregulação.

4.2 Boas práticas da experiência inglesa

Com o enfoque nos problemas regulatórios enfrentados (quais sejam: (i) falta de sistematização e estruturação da regulação do setor; (ii) falta de confiabilidade da sociedade na atuação das entidades; e (iii) inexistência de análise acerca da qualidade da regulação oferecida através do arcabouço regulatório existente), o arcabouço regulatório inglês trouxe as seguintes boas práticas:

O *Charity Commission Strategy 2018-2023* é um documento apresentado pela entidade reguladora inglesa com o objetivo de detectar os riscos do Terceiro Setor inglês e auxiliar a regulação do Setor, fornecendo informações ao público e às instituições e propondo uma agenda para os próximos anos. Tal documento poderia ser elaborado em um esforço de corregulação entre as entidades do setor e a Administração Pública, com o intuito de fornecer uma agenda de regulação para os próximos anos, o que auxiliaria no desenvolvimento dos problemas regulatórios destacados.

Cabe destacar que a recente Lei das Agências Reguladoras (Lei nº 13.848/2019) trouxe em seu bojo que a agência reguladora deverá elaborar relatório anual circunstanciado de suas atividades, no qual destacará o cumprimento da política do setor e o cumprimento do plano estratégico e do plano de gestão anual (artigo 15 da Lei das Agências Reguladoras). Os objetivos dos mencionados planos são (artigo 15, §1º, da Lei das Agências Reguladoras): (i) aperfeiçoar o acompanhamento das ações da agência reguladora, inclusive de sua gestão, promovendo maior transparência e controle social; (ii) aperfeiçoar as relações de cooperação da agência reguladora com o Poder Público, em particular no cumprimento das políticas públicas definidas em lei; (iii) promover o aumento da eficiência e da qualidade dos serviços da agência reguladora de forma a melhorar o seu desempenho, bem como incrementar a satisfação dos interesses da sociedade, com foco nos resultados e; (iv) permitir o acompanhamento da atuação administrativa e a avaliação da gestão da agência.

Alinhada aos objetivos do plano estratégico, a Lei Geral das Agências Reguladoras (artigo 21) dispõe que deverá ser implementada uma agenda regulatória, ou seja, um instrumento de planejamento da atividade normativa que conterá o conjunto dos temas prioritários a serem regulamentados pela agência durante sua vigência.

As disposições da Lei Geral das Agências Reguladoras trazem boas práticas e os relatórios e agenda regulatório a serem implementados pelas agências reguladoras possuem semelhanças com o *Charity Commission Strategy 2018-2023*, sendo adequados para implementação no contexto do Terceiro Setor brasileiro, a despeito da inexistência de uma agência reguladora no setor.

O *Regulatory and Risk Framework* é um documento focado nas diretrizes acerca da análise de riscos das instituições de caridade, permitindo verificar: como identificar e avaliar o risco, como agir no caso de algum risco for detectado e como rever e adaptar a abordagem.

A Comissão de Caridade disponibiliza e revisa anualmente o *Regulatory and Risk Framework* que serve de ponto de partida para o trabalho proativo e reativo da Comissão. Isso inclui o desenvolvimento de políticas públicas e orientações para as entidades do Terceiro Setor. O quadro de riscos tem o objetivo de descrever como a Comissão de Caridade funciona como reguladora de riscos, como decide atuar e os resultados de sua atuação.

O *Regulatory and Risk Framework* serve como ponto estratégico para o trabalho da Comissão de Caridade, delineando como a Comissão atuará como reguladora de riscos e como será o seu envolvimento. A regulamentação baseada no risco exige que a Comissão de Caridade desenvolva uma compreensão da natureza e do nível de risco do setor. A natureza e o nível de risco a ser abordado implicam na relação da Comissão com o problema e as medidas que serão adotadas para resolvê-lo. Ao avaliar e gerir os riscos nas instituições de caridade, a Comissão tem como pressuposto que os administradores das instituições de caridade são publicamente responsáveis pelos fundos que recebem e pelos privilégios de que gozam; a responsabilidade pela administração e gestão de instituições de caridade é dos administradores; a maioria dos administradores está fazendo um bom trabalho ao administrar suas instituições de caridade e realizar atividades que favorecem seus objetivos para o benefício público (não criminalização das instituições).

Tal documento poderia ser elaborado através da autorregulação ou corregulação entre as entidades e Poder Estatal, com o intuito de detectar os riscos do setor no Brasil. É possível observar que três dos riscos citados no documento também são encontrados no ordenamento pátrio, quais sejam, fraude e abuso financeiro, irregularidades nas instituições e diminuição da confiança pública nas instituições. No entanto, é possível notar que na Inglaterra não há diferenciação entre a utilização inadequada de recursos públicos e de recursos privados, havendo uma perceptível diferença de abordagem, tendo em vista que no Brasil os atos normativos são, via de regra, direcionados à adequada utilização dos recursos públicos.

O *charity register* é um mecanismo interessante de implementação no ordenamento pátrio, tendo em vista que facilitaria a compilação dos dados existentes sobre as entidades do Terceiro Setor (número de entidades, atividades que desenvolve e recursos que movimenta). No entanto, não há, na Inglaterra, uma separação acerca do investimento público e o privado, o que seria adequado que houvesse no Brasil.

No ordenamento pátrio não há sistema correlato de divulgação de informações, nem de diálogo com a sociedade e com as entidades. Há esforços de registros, a exemplo do Mapa das OSC pelo IPEA e a pesquisa FASFIL, no entanto, os registros apresentaram dados destoantes. Assim, há dificuldade para acessar informações consolidadas sobre o setor, visto que as iniciativas independentes são escassas e as pessoas e entidades precisam complementar informações em diversos órgãos e instituições que regulam o setor no Brasil (a exemplo dos Tribunais de Contas, Ministérios e Secretarias em suas respectivas pastas, Ministério Público, Defensoria Pública etc.), com a utilização da Lei de Acesso à Informação (Lei nº 12.527/2011)[88] ou mecanismos de transparência ativa. No mais, não há uma entidade centralizada para coordenar o diálogo entre a sociedade e as

---

[88] Exemplo da dificuldade de acesso à informação no Brasil pode ser visualizado através da publicação da Coordenadoria de Pesquisa Jurídica Aplicada da Fundação Getúlio Vargas (Direito/SP), da qual participei (a pesquisa preliminar foi divulgada através de um *Key Facts* apresentado na Cinemateca na Jornada ISP (disponível em: https://sinapse.gife.org.br/download/destaques-sustentabilidade-economica-das-organizacoes-da-sociedade-civil. Acesso em: 25 fev. 2020). Foi possível notar que os levantamentos preliminares da pesquisa apontam para um baixo grau de informação sistematizada por parcela relevante dos Tribunais de Contas sobre valores e modalidades de parcerias nos diversos entes federativos. Quando indagados acerca dos dados consolidados dos repasses públicos às OSC's. apenas cinco Tribunais de Contas responderam satisfatoriamente, com apresentação consolidada de dados (TCE BA, TCE PA, TCE PI, TCE RN e TCE SP). Outros cinco (TCE PB, TCE RJ, TCE RO, TCE TO, TCM SP) indicaram mecanismos de busca dos dados. O número de Tribunais de Contas que não forneceram dados sobre repasses para OSC via LAI é muito mais expressivo: 11 tribunais de contas, no total (TCU, TC DF, TCE ES, TCE GO, TCE MA, TCE MT, TCE PE, TCE PR, TCM RJ, TCM GO, TCM PA).

entidades do setor, não permitindo uma uniformização na aplicação das normas e execução das atividades.

O *Governance Code*[89] (Código de Governança das entidades de caridade) é um exemplo de corregulação do governo inglês, visto que foi elaborado por mais de 200 instituições de caridade, é revisado frequentemente por consultas públicas às entidades e à sociedade, bem como a "*Charity Commission*" apoia a iniciativa, sendo um documento de importante referência na atuação das entidades. O Código serve para fixar objetivos, pois traz diretrizes para as instituições, mas também atua como vocalizador de demandas das instituições de caridade, por prever mecanismos de deliberação, participação, consulta, colaboração e decisão conjunta. Importante notar que não se trata do exercício da função de regulamentação pela Administração Pública, mas pode ser um mecanismo interessante de ser analisado a partir da experiência inglesa.

O *Governance Code* aplica-se igualmente a todas as instituições de caridade, independentemente de seu tamanho ou atividades que desenvolvem. As boas práticas recomendadas pelo *Governance Code* diferenciam-se entre entidades menores e a instituições de caridade maiores ou mais complexas, sendo que a prática de governança pode parecer significativamente diferente dependendo do tamanho, renda, atividades ou complexidade de uma instituição de caridade. Assim, *o Governance Code*, utilizado por mais de 200 instituições de caridade da Inglaterra, traz diferentes versões de boas práticas direcionadas às diferentes entidades.

Há sete princípios do *Governance Code*[90] que devem ser seguidos para que a entidade esteja em conformidade com as diretrizes estabelecidas: 1) Propósito Organizacional: os objetivos da instituição de caridade devem ser claros e a entidade deve garantir que eles sejam entregues de forma eficaz e sustentável; 2) Liderança: cada instituição de caridade deve ser liderada por um conselho eficaz que fornece liderança estratégica em linha com os objetivos e valores da instituição de caridade; 3) Integridade: a

---

[89] Disponível no site oficial do "*Governance Code*": https://www.charitygovernancecode.org/en/front-page. Acesso em: 20 jun. 2020.
[90] Disponível em: https://www.charitygovernancecode.org/en/about-the-code-1. Acesso em: 12 set. 2021.

entidade deve atuar com integridade, adotando valores e criando uma cultura que ajuda a alcançar os objetivos caritativos. Deve-se estar ciente da importância da confiança do público e da confiança nas instituições de caridade; 4) Tomada de decisão, risco e controle: a entidade certifica-se de que os seus processos de tomada de decisão são informados, rigorosos e oportunos e que os sistemas de delegação, controle e avaliação de risco e gestão eficazes são implementados e monitorizados; 5) Eficácia: a entidade deve trabalhar como uma equipe eficaz, usando o equilíbrio apropriado de habilidades, experiências e conhecimento para tomar decisões informadas; 6) Igualdade, diversidade e inclusão: a abordagem deve almejar a diversidade; 7) Abertura e responsabilidade: organização deve ser transparente e responsável.

No Brasil, a experiência inglesa poderá embasar a implementação de um "Código de Boas Práticas" ou "Código de Conduta" em um esforço das entidades do Terceiro Setor, com o incentivo do Poder Público.

O *Monitoring and Compliance Guidance*, bem como o documento *Protecting charities from harm: compliance toolkit*, são ferramentas que auxiliam a implementação de mecanismos de *compliance*, além de fornecerem informações acerca da correta aplicação dos institutos pelas organizações do Terceiro Setor. Por serem expedidas pelo ente regulador das instituições de caridade, são encontradas e seguidas com mais facilidade.

Especificamente com relação ao *Monitoring and Compliance Guidance* das entidades de caridade, neste documento é possível verificar as regras de *compliance* das entidades de caridade, elaboradas pela *Charity Commission*. O Manual possui cinco seções: seção 1, denominada *overview*; seção 2, denominada *about this guidance*; seção 3, denominada *getting it right by complying with your legal obligations and best practice*; seção 4, denominada *how is non-compliance identified*? e seção 5, denominada *what are the possible outcomes of non-compliance?*.

O *Protecting charities from harm: compliance toolkit*[91] traz orientações para a aplicação das ferramentas de *compliance*. O documento possui cinco capítulos, quais sejam: 1) *Charities and*

---

[91] Disponível no site oficial do governo inglês: https://www.gov.uk/government/collections/protecting-charities-from-harm-compliance-toolkit. Acesso em: 20 set. 2021.

Terrorism (Caridade e Terrorismo em tradução livre, lembrando que o combate ao terrorismo é um dos objetivos da *Charity Commission*); 2) *Charities: due diligence, monitoring and verifying the end use of charitable funds* (Instituições de caridade: due diligence, monitoramento e verificação do uso final dos recursos); 3) *Protect your charity from fraud and cyber crime* (proteja sua instituição de caridade contra fraudes e crimes cibernéticos); 4) *Charities: holding, moving and receiving funds safely* (Instituições de caridade: detenção, movimentação e recebimento seguro de fundos) e; 5) *Protecting charities from abuse for extremist purposes* (Protegendo instituições de caridade contra abusos para fins extremistas).

No Brasil, é possível verificar que há esforços para a consolidação do *compliance* no setor,[92] no entanto, seria interessante que os manuais fossem divulgados através de um ente regulador centralizado que tratasse dos temas relacionados ao setor e servisse de guia para todas as entidades.

O *National Audit Office* é um arranjo institucional semelhante ao Tribunal de Contas no ordenamento pátrio. No entanto, na Inglaterra, o NAO traz ferramentas que auxiliam especificamente na regulação do Terceiro Setor, tal como o *The regulatory effectiveness of the Charity Commission* (NAO, 2013) e o *Charity Commission: Progress report* (NAO, 2017).

A pesquisa acerca da efetividade da regulação no Terceiro Setor deveria ser realizada pelos tribunais de contas no Brasil, no exercício de sua atribuição constitucional de julgar as contas dos administradores e demais responsáveis por dinheiros, bens e valores públicos da administração direta e indireta, incluídas as fundações e sociedades instituídas e mantidas pelo Poder Público federal, e as contas daqueles que derem causa a perda, extravio ou outra irregularidade de que resulte prejuízo ao erário público (artigo 71, II, da Constituição Federal), no entanto essa não é a realidade, tendo em vista a dificuldade até mesmo na consolidação de dados de repasses públicos.[93]

---

[92] A exemplo da Associação Paulista de Fundações (APF) que divulgou o Manual de *Compliance* no Terceiro Setor (disponível em: http://www.apf.org.br/fundacoes/index.php/noticias/todas-as-noticias/3739-acesso-ao-manual-de-compliance-no-terceiro-setor.html. Acesso em: 20 nov. 2021).

[93] Em pesquisa que participei entre os anos de 2017 e 2019, publicada pela Coordenadoria de Pesquisa Jurídica Aplicada da Fundação Getúlio Vargas (Direito/SP) e Grupo de Institutos

Todavia, há que se notar que há iniciativas elogiáveis dos tribunais de contas em expedição de manuais e informações para os interessados no Terceiro Setor. No estado de São Paulo, o Tribunal de Contas do Estado (TCE-SP) possui dados consolidados dos municípios que possuem decretos regulamentadores da Lei nº 13.019/2014, bem como disponibiliza manuais com orientações e recomendações acerca dos repasses públicos às entidades.[94] Assim, os tribunais de contas podem (e devem) divulgar recomendações e orientações para os agentes do Terceiro Setor.

Outros mecanismos, no entanto, apesar de serem importantes no ordenamento inglês, seriam de difícil implementação no Brasil, pois demandariam esforços estruturais, legais e financeiros difíceis de consolidar. Assim, no ordenamento pátrio, vislumbra-se dificuldade na implementação dos seguintes instrumentos ingleses:

A *Charity Commission* é uma entidade reguladora muito importante no ordenamento jurídico inglês. Pode ser identificada como uma agência reguladora[95] das entidades do Terceiro Setor, conceituada como departamento integrante do Poder Público, não submissa à atuação ministerial, exercendo sua atividade de forma independente, como órgão regulador do setor sem fins lucrativos. No entanto, no Brasil, a sua implementação demandaria um esforço estatal de criação de uma agência reguladora, o que implicaria

---

Fundações e Empresas (GIFE), foi possível notar que os levantamentos preliminares da pesquisa apontam a dificuldade de consolidação de dados pelos tribunais de contas. Ao serem indagados acerca dos dados consolidados dos repasses públicos às OSC's. apenas cinco Tribunais de Contas responderam satisfatoriamente, com apresentação consolidada de dados (TCE BA, TCE PA, TCE PI, TCE RN e TCE SP). Outros cinco (TCE PB, TCE RJ, TCE RO, TCE TO, TCM SP) indicaram mecanismos de busca dos dados. O número de Tribunais de Contas que não forneceram dados sobre repasses para OSC via LAI é muito mais expressivo: 11 tribunais de contas, no total (TCU, TC DF, TCE ES, TCE GO, TCE MA, TCE MT, TCE PE, TCE PR, TCM RJ, TCM GO, TCM PA). A pesquisa preliminar foi divulgada através de um Key Facts apresentado na Cinemateca na Jornada ISP (disponível em: https://sinapse.gife.org.br/download/destaques-sustentabilidade-economica-das-organizacoes-da-sociedade-civil. Acesso em: 25 nov. 2021).

94 Disponível em: https://www.tce.sp.gov.br/sites/default/files/publicacoes/repasses_publicos_terceiro_setor.pdf. Acesso em: 19 jan. 2021.

95 A denominação "agência reguladora" é muito utilizada no direito brasileiro, sobretudo pela influência dos ordenamentos anglo-saxônicos. Odete Medauar (2015, p. 94) relata que "na Inglaterra, a partir de 1834, floresceram entes autônomos criados pelo Parlamento para concretizar medidas previstas em lei e para decidir controvérsias resultantes desses textos; a cada lei que disciplinasse um assunto de relevo, criava-se um ente para aplicar a lei". A *"Charity Commission"* é essencialmente um ente autônomo criado para regular as entidades do Terceiro Setor inglês, podendo ser considerada uma agência reguladora.

em investimento (que vem diminuindo nos últimos anos) e estrutura organizacional (que demandaria estudos para sua correta sistematização).

Em contrapartida, alguns entes autorreguladores (como o GIFE e a FASFIL) favorecem o desenvolvimento das funções regulatórias do setor. Nesse sentido, seria interessante um exercício de corregulação entre as entidades reguladoras e o Poder Estatal para favorecer ainda mais a regulação do setor. Desse modo, em que pese seja possível observar as diversas vantagens da existência de um ente regulador independente, a estrutura de uma agência reguladora no Brasil para o setor demandaria incentivos que não foram observados nos últimos anos e, por isso, o esforço de autorregulação e corregulação é uma tendência para o exercício das funções regulatórias.

Cabe observar que a existência de um único órgão administrativo para regular todo o Terceiro Setor brasileiro não seria uma solução para os problemas regulatórios brasileiros. No entanto, com a existência de órgãos articulados, em diversos níveis federativos e com enfoque em diversas áreas de atuação, uma coordenação central poderia auxiliar no desenvolvimento de políticas públicas adequadas, oferecer orientações às entidades, seus administradores e aos órgãos espalhados no território, além de favorecer o diálogo entre a sociedade, Poder Público e entidades integrantes do Terceiro Setor.

Pensando em um ambiente político e econômico ideal, superado os entraves narrados, a criação de uma agência reguladora independente capaz de regular o Terceiro Setor poderia proporcionar a implementação de mecanismos de *compliance*, transparência, divulgação de boas práticas e orientações aos agentes públicos e privados do setor.

A agência reguladora, caso instituída, deve implementar os mecanismos já previstos na Lei das Agências Reguladoras, tais como o plano estratégico e o plano de gestão, bem como a agenda regulatória para o Terceiro Setor.

Caso seja implementada, a agência reguladora do Terceiro Setor deve atuar conjuntamente com as entidades do setor, em um esforço de corregulação, além de utilizar mecanismos de participação popular (tal como previsto no artigo 9º da Lei das Agências Reguladoras). Outrossim, deve haver um esforço de descentralização para a interação operacional entre as agências reguladoras federais e as agências reguladoras ou os órgãos de regulação estaduais, distritais e municipais (a exemplo do que já prevê o capítulo VI da Lei das Agências Reguladoras).[96]

Os *Charities Acts* são atos normativos expedidos pelo Poder Legislativo inglês que disciplinam a temática e divulgação de orientações para os agentes atuantes do setor. No Brasil, já possuímos diversos diplomas normativos focados nas parcerias do Estado com as organizações do Terceiro Setor. Dessa forma, novas leis expedidas pelo Poder Legislativo não seriam propriamente eficazes para a regulação do setor, visto que demandaria tempo e influência no Legislativo. A dificuldade para implementação de novos marcos regulatórios através de um processo legislativo também acentua a dificuldade de implementação de novos atos legais para disciplinar o Terceiro Setor no Brasil. A função regulatória de regulamentação, no caso brasileiro, deveria ter como enfoque o desenvolvimento do poder normativo por parte do Poder Executivo, bem como esforços de autorregulação nos quais as entidades de submetessem (*soft* law, a exemplo de Códigos de Ética e de Conduta), focados na atuação setorial, para disciplinar, através de atos normativos infralegais, a atuação das diferentes atividades exercidas pelas múltiplas entidades.

Na Inglaterra, há um tribunal especializado (*Charity Tribunal*) para lidar com a atuação das *charities*, sendo órgão autônomo e podendo rever decisões e sanções da *Charity Commission*. Conforme analisado no capítulo anterior, o *Charity Tribunal*[97] integra o Poder Judiciário inglês e tem como embasamento a *Charity Act 2006* e a partir de sua criação em 2008 foi possível que as decisões da *Charity Commission* fossem contestadas e reanalisadas por um tribunal especializado no assunto.

---

[96] O artigo 34 da Lei das Agências Reguladoras prevê a interação operacional entre as agências reguladoras federais e as agências reguladoras ou os órgãos de regulação estaduais, distritais e municipais, *in verbis*:
Art. 34. As agências reguladoras de que trata esta Lei poderão promover a articulação de suas atividades com as de agências reguladoras ou órgãos de regulação dos Estados, do Distrito Federal e dos Municípios, nas respectivas áreas de competência, implementando, a seu critério e mediante acordo de cooperação, a descentralização de suas atividades fiscalizatórias, sancionatórias e arbitrais, exceto quanto a atividades do Sistema Único de Saúde (SUS), que observarão o disposto em legislação própria.

[97] Disponível no site oficial do governo inglês: https://www.lawworks.org.uk/introduction-charity-tribunal. Acesso em: 01 jul. 2020.

No entanto, no Brasil, há dificuldade para implementação de um tribunal especializado com enfoque na atividade das entidades do Terceiro Setor. Além do desafio estrutural, tendo em vista que demandaria previsão legal e orçamentária para sua criação, tem-se as dificuldades constitucionais, tendo em vista que na Inglaterra apenas alguns assuntos poderiam ser levados ao *Charity Tribunal* (e não toda lesão ou ameaça de direito, conforme o princípio constitucional da inafastabilidade de jurisdição), bem como necessitaria de uma análise prévia pela *Charity Commission*.

4.3 Meios e procedimentos para atingir o objetivo da regulação do Terceiro Setor no Brasil

Segundo Egon Bockmann Moreira (2014, p. 112), os meios e procedimentos para atingir os objetivos da regulação no Brasil são de cinco espécies, quais sejam: (i) técnicas regulamentares; (ii) sujeitos reguladores; (iii) fontes da regulação; (iv) objeto da regulação; e (v) intensidade da regulação.

Dessa forma, a partir dessa subdivisão, pretende-se verificar como é a "futurologia" da regulação do Terceiro Setor brasileiro, a partir de uma análise do estudo de Moreira (2014) e adaptação à regulação do Terceiro Setor brasileiro.

Sob a perspectiva das técnicas regulamentares, Bockmann Moreira subdividi-as em duas categorias: de gestão e normativa (2014, p. 112). No primeiro caso, também denominada endorregulação, trata-se de uma atuação que ocorre dentro do setor, com o intuito de instalar parâmetros comportamentais ou criar externalidades positivas à atividade. Já a regulação normativa envolve a edição (*ex ante*) de normas que almejam disciplinar as condutas dos agentes regulados, que irão aferir as potenciais consequências de descumprir a regra e, assim, adaptaram seu comportamento (Moreira, 2014, p. 112-113).

No Brasil, pelas tendências acima apontadas e pelas vantagens da autorregulação e corregulação do Terceiro Setor, é conveniente que a técnica regulamentar de endorregulação prevaleça, com a atuação primordial dentro do próprio setor e a instalação de parâmetros comportamentais positivos.

No que tange aos sujeitos reguladores, a análise traz o enfoque em quem poderá (ou deverá) concretizar as ações e normas que disciplinam as condutas do setor. No Brasil, caberão às pessoas de direito público (entidades da Administração Pública com competência para regular o setor) ou de direito privado (entidades constituídas por lei ou contrato responsáveis por disciplinar as condutas de seus associados, que vão desde a institucionalização de barreiras de entrada para o exercício da atividade até a regulação de parâmetros éticos, transparecendo o exercício da autorregulação) (Moreira, 2014, p. 113).

Na esteira do analisado, é possível inferir que os sujeitos reguladores mais adequados ao setor seriam os de direito privado, direcionados à regulação dos parâmetros éticos do setor, em um exercício de autorregulação. O que não excluiria o arcabouço regulatório já existente no país, com a regulação por pessoas de direito público (ministérios, secretarias, tribunais de contas, Ministério Público e Defensoria Pública etc.), o que dependeria da atividade desenvolvida e eventual parceria firmada com o Poder Público.

Bockmann Moreira aborda que o direito da regulação pode ter origem nos mais variados diplomas legais (Constituição, leis, regulamentos administrativos, códigos de conduta, códigos de boas práticas, contratos), bem como decorrer de atos de vontade dos agentes regulados (2014, p. 114).

A partir das categorias acima analisadas, já é possível analisar a multiplicidade de fontes para o exercício da regulação. O que os diferenciam seriam os níveis de densidade normativo-regulatória, a depender da hierarquia da fonte: normas constitucionais, leis gerais e abstratas, leis setoriais, regulamentos administrativos, códigos de ética e de conduta, contratos administrativos (bem como os demais instrumentos de formalização de parcerias com o Terceiro Setor), bem como contratos privados firmados no setor.

Bockmann Moreira esclarece que "o regime estatutário da regulação é essencialmente dinâmico, com fontes que devem obedecer a parâmetros fixados no nível superior" (2014, p. 112). Assim, o autor relata que as fontes podem produzir normas transversais (que atingem vários setores e de níveis diferentes, a exemplo das normas ambientais), bem como normas setoriais (que incidem apenas no setor regulado).

O panorama apontado pelo autor é também encontrado no ambiente da regulação do Terceiro Setor, tendo em vista que encontramos diversos diplomas legais, de diversas hierarquias, disciplinando as atividades do setor. Assim, devido à multidisciplinariedade das atividades executadas pelas entidades do setor, bem como as especificidades de cada subsetor regulado, seria adequado a elaboração de normas setoriais adaptadas à realizada de cada subsetor.

Com relação ao objeto da regulação, Bockmann Moreira (2014, p. 114-116), aponta que ele pode ser compreendido sob quatro perspectivas: (i) funcionamento da Administração Pública (que envolve a edição dos regulamentos que visam completar o sentido das leis, com o intuído de instruir a execução de tarefas); (ii) o comportamento econômico de pessoas de direito privado (para disciplinar, de modo igualitário, geral e abstrato, a conduta econômica do agente regulado no setor); (iii) o comportamento ético de pessoas de direito privado ou agentes públicos (normas derivadas de entidades de autorregulação do setor e normas oriundas de comissões de ética, com o intuito de conferir parâmetros morais para a conduta dos agentes regulados); e (iv) os parâmetros técnicos que devem ser atendidos no exercício de determinadas atividades (regulação técnica, realizada por normas infralegais, emanadas por ente público ou privado, que buscam estabelecer os parâmetros técnicos que devem ser atendidos).

Para a regulação das entidades do Terceiro Setor, o objeto primordial deve ser o comportamento ético das entidades e dos agentes reguladores, com elaboração de normas derivadas de entidades de autorregulação do setor e normas oriundas de comissões de ética, com o intuito de conferir parâmetros morais para a conduta dos agentes regulados.

No que diz respeito à intensidade da regulação, Bockmann Moreira (2014, p. 117) aponta que ela poderá ser *soft* (através de incentivos, estímulos e sanções premiais, em atividade de fomento à determinada conduta, havendo liberdade do agente regulado em optar por adotar ou não determinada conduta) ou *hard regulation*, na qual a autoridade competente (pública ou privada) estabelece normas cogentes que devem ser obedecidas pelo ente regulado.

Bockmann Moreira relata que nenhuma das modalidades apontadas incidem soberanamente (a não ser em modelos analíticos), bem como a mesma autoridade pode exercer mais de uma espécie regulatória. O autor aponta que não existe um único direito da regulação, mas sim "vários níveis de especialização, dinamicidade, fragmentação, diversificação e fluidez" (2014, p. 118).

A *soft regulation* deve ser a utilizada com preponderância nas atividades do Terceiro Setor, tendo em vista que de incentivos, estímulos e sanções premiais, em atividade de fomento à determinada conduta, havendo liberdade do agente regulado em optar por adotar ou não determinada conduta. Ademais, haverá um estímulo ao exercício da autorregulação ou corregulação do setor.

4.4 Processo administrativo como mecanismo de ação regulatória

A processualização da regulação do Terceiro Setor pode permitir que a decisão regulatória final seja uma decisão construída, objeto de detida reflexão e discussão no curso de um processo, permitindo o aumento da qualidade da regulação.

O processo administrativo como mecanismo de ação regulatória favorece o aumento da qualidade regulatória, bem como favorece a segurança jurídica do ente regulado.

Juliana Bonacorsi de Palma aponta que o processo administrativo foi elevado à condição de mecanismo básico de funcionamento da Agência Nacional de Telecomunicações (ANATEL) (2014, p. 205). A realização de um processo administrativo é obrigatória no manejo do poder disciplinar, bem como no exercício de poderes exorbitantes nas relações travadas com os regulados, condicionando o ato de intervenção, a caducidade de concessão e a extinção da autorização a prévio processo administrativo. A autora afirma que o processo administrativo no âmbito da ANATEL é o instrumento de viabilização da regulação, em consonância com os ideais de permeabilidade (Palma, 2014, p. 206).

Entre os motivos para a afirmação acima, a autora aponta que o processo administrativo (i) é o meio de exercício das competências assumidas, sendo o caminho para se alcançar as finalidades de interesse público que direcionam a ação regulatória, como as metas de universalização e de modicidade tarifária; (ii) consiste no foro de diálogo entre regulador e regulado na elaboração de normas setoriais, especialmente diante da obrigatoriedade de participação administrativa em todo e qualquer processo administrativo normativo; (iii) é um mecanismo de controle e serviu de resposta à consternação que se colocou com relação à autonomia das Agências Reguladoras (Palma, 2014, p. 206-207).

Mesmo que não haja, no Brasil, uma agência reguladora do Terceiro Setor, tal como no governo inglês, é necessário que os entes públicos participantes do arcabouço regulatório brasileiro realizem um processo administrativo, em especial em razão do exercício da função sancionadora. Outrossim, os motivos apontados acima também favorecem a afirmativa supracitada, visto que o processo administrativo no âmbito da regulação do setor é o meio de exercício das competências assumidas, consiste no foro de diálogo entre regulador e regulado na elaboração de normas setoriais e é um mecanismo de controle.

Juliana de Palma aponta que a necessária relação entre Agências Reguladoras e processo administrativo não é uma inovação jurídica nacional, mas solução jurídica já acatada nos sistemas que influenciaram a criação de Agências Reguladoras no Brasil, especialmente o sistema norte-americano. Por um lado, os administrativistas incumbidos de desenhar o modelo de agências reguladoras no Brasil eram sensíveis à importância do processo administrativo e, desse modo, buscaram fazer da regulação uma dinâmica processual. Por outro, a comparação com outros sistemas jurídicos, com destaque para o sistema norte-americano, lançou luzes ao processo administrativo: se a estrutura desenvolvida no Brasil era análoga à norte-americana – Agências Reguladoras –, também a função deveria ser, o que seria crucial para a adoção do processo administrativo como mecanismo de ação regulatória (2014, p. 207-208).

Marcos Augusto Perez (2018, p. 200) aponta que a maioria dos autores brasileiros não considera o processo de tomada de decisão – ou o processo administrativo – um elemento estruturante da formação dos atos administrativos, no entanto:

> ninguém mais levanta dúvida quanto à importância assumida mais recentemente pelo processo (chamado por alguns de processo ou procedimento administrativo não contencioso) no âmbito do

direito administrativo e, especialmente, na formação das decisões administrativas em geral.

Perez (2018, p. 200) ainda relata que a importância do processo administrativo inspirou a edição da Lei nº 9.784/1999 (Lei de Processo Administrativo Federal), a qual, por sua vez, deu azo a uma série de leis estaduais e municipais regulamentando-o, tento como intuito o modo pelo qual devem ser produzidas as decisões administrativas.

O autor ressalta a importância das normas gerais de instrução na dinâmica do processo de construção da decisão administrativa, em especial o disposto no artigo 29 e seguintes da Lei nº 9.784/1999, destacando o *caput* do artigo 29 que estabelece textualmente que a finalidade da instrução é "averiguar e comprovar os dados necessários à tomada de decisão" (Perez, 2018, p. 208). Marcos Perez aponta ainda que a norma parece simples, mas relaciona de forma indissociável o processo administrativo e os motivos enquanto elementos estruturadores da legalidade externa e interna da decisão administrativa (2018, p. 208).

Assim, ele aduz que (2018, p. 208):

> O art. 29 estabelece, em outros dizeres, que é obrigação das autoridades administrativas coletar as evidências necessárias que forneçam lastro ou motivos de fato para a que a decisão administrativa seja editada. Ou seja, no ambiente jurídico formado pelo processo administrativo, os fundamentos de fato da decisão são tratados como prova, como evidências. Ademais, nesse ambiente, compete às autoridades administrativas responsáveis pela decisão dar o impulso oficial à correta instrução do processo, ou, caso se prefira, compete a essas autoridades realizar, de ofício, a completa coleta das provas enquanto ingredientes factuais imprescindíveis à legalidade da decisão a ser tomada.

Juliana de Palma (2014, p. 203) aponta que "o processo administrativo é indicado como um dos pontos de confluência entre os sistemas de civil law e de common law, especialmente com a edição da Lei Federal de Processo Administrativo" (Lei nº 9.784/1999) e que o contexto de reforma regulatória seria, nessa linha de entendimento, o cenário propício à edição de leis gerais de processo administrativo.

A autora relata que ao comparar o panorama de desenvolvimento das Agências Reguladoras no Brasil e nos Estados Unidos, diversos administrativistas sustentam que (2014, p. 212):

apesar da similitude de diversos aspectos das Agências brasileiras com o modelo norte-americano, haveria uma substancial diferença entre ambos os sistemas: enquanto a criação das Agências reguladoras se daria no contexto de incremento da regulação nos Estados Unidos, com expressivo aumento das normas estatais de disciplina da iniciativa privada, no caso brasileiro as Agências Reguladoras seriam criadas em um contexto de deslegalização.

No entanto, assim como nos Estados Unidos, as leis de processo administrativo surgem em um momento de intensificação da atividade normativa estatal, seja com a edição de significativa quantidade de novas leis pelo Legislativo, seja com a intensificação do movimento de edição de regulamentos pela Administração Pública, que passaria a contar com uma estrutura especializada para tanto em alguns mercados regulados, qual seja, a estrutura das Agências Reguladoras.

A autora relata que "a codificação do processo administrativo no Brasil esteve diretamente relacionada à redemocratização após longo período de ditadura, como mais uma medida de garantia de direitos individuais frente ao Poder Público". Mas ressalta: "contudo, não se pode negar a conveniência da existirem leis gerais de processo administrativo para afirmação da reforma regulatória no Brasil" (2014, p. 213).

Bonacorsi de Palma aduz que uma lei geral de processo administrativo contribuiria ao menos em três aspectos para o incremento da dinâmica regulatória no caso norte-americano (2014, p. 213): "(i) controle do exercício de poderes públicos pelo regulador; (ii) racionalização da tomada de decisão regulatória; e (iii) permeabilidade da regulação, com a previsão de instrumentos de participação administrativa".

Bonacorsi de Palma afirma que "as leis gerais de processo administrativo reforçariam o controle da regulação, sem que as garantias dos regulados e dos usuários em geral se limitassem à previsão em lei específica" (2014, p. 214) que ocorreria com a lei de criação das Agências Reguladoras, por exemplo.

A autora sustenta que (2014, p.214) "a projeção das leis gerais de processo administrativo às Agências Reguladoras acresce, portanto, direitos oponíveis ao regulador". E defende que as leis gerais de processo administrativo conferem uniformização na atuação do ente regulador, o que facilitaria e daria maior efetividade na defesa de direitos individuais (2014, p. 214).

Bonacorsi de Palma aponta que (2014, p. 214) "a processualização determina que a decisão final seja uma decisão construída, objeto de detida reflexão e discussão no curso de um processo". E acrescenta (2014, p. 214):

> Formada por uma sucessão de atos administrativos, a instrução processual volta-se a discutir estudos técnicos, interpretações de fatos, normas jurídicas, efeitos esperados e alternativas de modelagem da regulação (e.g., regulação por ato individual e concreto vs. regulação por contrato) e, nessa dinâmica, qualifica a tomada de decisão pelo regulador. Potencialmente, uma decisão tomada nessas circunstâncias tende a apresentar melhor qualidade, mostrando-se mais efetiva no alcance das finalidades setoriais. Em outros termos, a regulação se torna mais racional. Por esta razão se afirmar ser inválida uma decisão final absolutamente destoante do processo administrativo, por vício de motivação.

Juliana de Palma aponta que "o desenho do sistema processual administrativo em uma lei geral determina a composição dos múltiplos interesses que se pode apresentar no âmbito do processo administrativo" (2014, p.215). A autora acrescenta, relatando que "o comportamento da Administração Pública será de arbitramento de interesses, buscando conciliar todos os interesses legítimos processualizados" (2014, p. 215).

Acerca da dinâmica de definição de *standards* legais para ensejar ampla disciplina normativa pelas autoridades públicas no exercício de competência discricionária, Juliana Bonacorsi de Palma (2014, p. 217) relata que:

> a Administração Pública se autovincula aos comandos normativos que ela mesma cria, abrindo-se o dever de observar não apenas os preceitos constitucionais e legais contemplados no bloco de legalidade, mas também os diversos atos normativos que orientam a atuação administrativa

Javier Barnes (2016, p. 2-3) apresenta três gerações de processo administrativo e sintetiza o seu movimento de transformação. A primeira geração utiliza procedimentos de implementação para a tomada de decisões individuais (seja decisão inicial ou reconsideração administrativa), na qual a coleta e o processamento da informação são realizados principalmente pela própria administração. O procedimento funciona como uma ferramenta de aplicação da lei e é o procedimento padrão para as decisões iniciais tomadas de acordo com critérios substantivos anteriores estabelecidos na lei. Tem por finalidade proteger os direitos individuais, controlar a discricionariedade administrativa e aplicar a lei no caso concreto (Barnes, 2016, p. 2).

A segunda geração emprega processos de coleta e informação com participação e consulta limitadas, ou sem um verdadeiro diálogo entre as partes interessadas nos procedimentos de regulamentação, ou seja, o procedimento de regulamentação é baseado principalmente em informações fornecidas pela autoridade responsável. A regulamentação é principalmente uma parte de um processo regulatório centralizado e hierarquizado, assim, desloca o foco da decisão da aplicação concreta da lei, estruturada em soluções individuais e concretas, para soluções gerais e abstratas (Barnes, 2016, p. 2).

A terceira geração consiste em um método colaborativo para a tomada de decisões individuais e para regras e regulamentos, em que outros atores públicos ou privados não apenas colaboram em graus variados no processo de coleta de informações relevantes, mas também participam em uma ou mais das fases processuais, em que esses procedimentos estão abertos ao desenvolvimento de novas soluções que não estejam previamente previstas na lei (ou seja, avaliação de impacto ambiental, procedimentos de avaliação ambiental estratégica, ou procedimentos de licenciamento ambiental). As normas e decisões a serem feitas não são encontradas na lei, mas sim no procedimento adotado. Requisitos processuais podem ser impostos às partes privadas que participam da cascata regulatória. Assim, o intuito principal não é a tomada de decisão pela Administração Pública – individual e concreta ou geral e abstrata – mas estabelecer uma permanente comunicação entre órgãos e entes administrativos, bem como Poder Público e particulares na dinâmica de governança pública (Barnes, 2016, p. 3).

Segundo Juliana de Palma (2014, p. 220), os dois principais modelos de lei geral de processo administrativo no Brasil (Lei federal nº 9.784/1999 e Lei paulista nº 10.177/1998) aproximam-se da primeira geração de processo administrativo abordada por Javier Barnes, tendo em vista que a principal preocupação dos legisladores era a garantia de direitos. No entanto, por já estar em um contexto posterior ao da primeira geração, já apresenta mecanismos das segunda e terceira gerações (tais como o dever de motivar e a intervenção dos terceiros interessados).

Os estudos citados não estão direcionados especificamente ao Terceiro Setor, mas podem auxiliar nos problemas regulatórios que estão sendo enfrentados, tendo em vista que os agentes reguladores de direito público devem consolidar o exercício de um processo administrativo como um mecanismo de ação regulatória. Assim, a utilização do processo administrativo favorece o aumento da qualidade da tomada de decisão regulatória, além de impor o dever de motivação.

Cabe notar que, em 30 de setembro de 2021, a Lei nº 14.210/2021 implementou no artigo 49-A e seguintes da Lei nº 9.784/1999 a decisão coordenada, que se trata de instância de natureza interinstitucional ou intersetorial que atua de forma compartilhada com a finalidade de simplificar o processo administrativo mediante participação concomitante de todas as autoridades e agentes decisórios e dos responsáveis pela instrução técnico-jurídica, observada a natureza do objeto e a compatibilidade do procedimento e de sua formalização com a legislação pertinente (artigo 49-A, §1º da Lei nº 14.210/2021). Tal mecanismo poderia auxiliar na tomada de decisões regulatórias complexas no Terceiro Setor.

Outrossim, cabe lembrar que foi recentemente sumulado que a Lei nº 9.784/99 pode ser aplicada, de forma subsidiária, aos estados e municípios, se inexistente norma local e específica que regule a matéria (Súmula nº 633 do Superior Tribunal de Justiça).

Os ensinamentos apontados convergem na medida em que o processo administrativo de tomada de decisão é um aspecto importante para a qualidade da regulação no setor. Assim, os gestores públicos e privados que pertencem ao Terceiro Setor devem ser capacitados para utilização de um método colaborativo de escolha de determinada decisão, confluindo para uma autorregulação ou corregulação do setor.

4.5 Qualidade da regulação

Conforme relatado, dentre os problemas regulatórios que estão sendo enfrentados, estão a inexistência de análise acerca da qualidade da regulação oferecida através do arcabouço regulatório existente e a falta de confiabilidade da sociedade na atuação das entidades.

Os relatórios expedidos pela *National Audit Office*, a exemplo do *The regulatory effectiveness of the Charity Commission* (NAO, 2013) e o *Charity Commission: Progress report* (NAO, 2017), acerca das atividades da *Charity Commission* são ferramentas importantes para o controle da regulação na Inglaterra, além de favorecer na análise de impacto regulatório, na medida que listam as dificuldades da regulação no setor e apontam ações que poderiam auxiliar na resolução dos problemas, conforme já apontado no item 3.7. Os documentos citados analisam a atuação da *Charity Commission* e indicam as boas práticas e as atividades que precisam de uma melhor regulação e trazem recomendações para o ente regulador e os agentes atuantes do setor.

Segundo Patrícia Valente (2010, p.71), objeto da Análise de Impacto Regulatório (AIR) é a decisão regulatória "como manifestação da política regulatória emanada pelos agentes reguladores de cada setor com vista a introduzir as agendas de interesse geral contidas nas políticas públicas".

De acordo com a autora (2010, p. 74), o próprio agente regulador que é responsável pela realização do AIR, "na forma de um procedimento administrativo prévio para a tomada de decisão manifestada na forma de um ato administrativo".

Patrícia Valente relata, em suma, que a AIR deve ser feita após as fases de identificação do problema, levantamento de hipóteses para solução, consulta ao público. Posteriormente, contabiliza-se benefícios e custos para adoção da medida, além de considerar dificuldades de implementação (2010, p. 196).

Após a análise de custo-benefício, deve ser averiguada quais decisões regulatórias devem ser submetidas à AIR, tendo em vista que é um procedimento, via de regra, custoso (Valente, 2010, p. 196). Assim, deve-se realizar um julgamento a respeito de seu custo, razoabilidade e impacto da intervenção regulatória.

Os mecanismos propostos pela autora também podem ser aplicados ao Terceiro Setor, na medida em que é necessário detectar se já houve definição do problema e dos objetivos, seleção das opções e levantamentos de dados, análise e consulta da minuta dos documentos de AIR e da decisão a ser adotada, bem como a posterior implementação e monitoramento da decisão (*vide* Apêndice A). Ademais, há decisões que não precisam ser alvo de AIR, por envolverem poucos riscos, pelo fato de serem custosas ou devido à urgência que demandem. Assim, no Terceiro Setor, exemplos de decisões que não precisaria AIR (mas que ainda sim precisariam de uma decisão motivada do órgão regulador para as razões de sua dispensa), são: (i) decisões de baixo impacto; (ii) decisões que não permitam outra alternativa regulatória; (iii) decisão que reduza exigências, obrigações, restrições, requerimentos ou especificações com o objetivo de diminuir os custos regulatórios; (iv) além dos casos urgentes.

Acerca da Análise de Impacto Regulatório (AIR), Alexandre Santos de Aragão aponta três pressupostos (2010, p. 11-12), quais sejam: (i) necessidade de coordenação, para evitar insegurança jurídica, contradição entre normas, conflitos internos e atraso nas tomadas de decisões e para o atendimento do princípio da eficiência, evitando o desperdício de tempo, dinheiro e pessoal (a exemplo da realização de um estudo estatístico para análise de um mesmo objeto entre dois órgãos diferentes); (ii) manutenção da independência das instâncias reguladoras que tenham recebido autonomia reforçada (o autor relata que "o grande desafio é coordenar se tirar a independência") e (iii) abrangência da AIR, visto que a necessidade de se realizar AIR deve contar com a participação de todas as instâncias regulatórias.

Assim, a AIR deve partir de um esforço de corregulação e abranger todo o Terceiro Setor, com o intuito de oferecer análise adequada da regulação a ser exercida, bem como ações a serem implementadas para o aumento da qualidade da regulação.

Aragão aponta três desafios da AIR (2010, p. 13), eles são: (i) conciliar a coordenação com a independência; (ii) evitar retrabalho e (iii) necessidade de autolimitação do órgão central encarregado das AIR.

No caso do Terceiro Setor brasileiro, não há uma entidade reguladora centralizada para o desenvolvimento do AIR, mas sim diversos entes reguladores que atuam em diferentes oportunidades. Isso não significa que os desafios apontados acimas não se aplicam ao setor, tendo em vista que a falta de coordenação pode gerar retrabalhos na tomada de decisão regulatória, bem como decisões conflitantes em uma mesma área.

Como possíveis soluções aos desafios supracitados, o autor apresenta (2010, p. 14), em um primeiro momento, a possibilidade de imposição voluntária do órgão responsável pela realização da AIR, por meio de consenso entre as entidades reguladoras (seria uma espécie de *soft law*). O autor relata que (2010, p. 14) "precisamos de um ambiente cultural para que os objetivos dessas entidades sejam atingidos. A lei e as instituições têm limites em seu papel de mudança da realidade". Uma segunda solução apresentada por Aragão é o aumento e a qualificação da participação popular (2010, p. 14-15).

Por fim, a terceira solução seria o pluralismo, independência e a qualificação técnica do próprio órgão competente para coordenar a realização da AIR, com participação de representantes dos entes reguladores em sua direção (2010, p. 15).

As soluções apontadas pelo autor também podem favorecer na regulação do Terceiro Setor. A possibilidade de imposição voluntária do órgão responsável pela realização da AIR poderia ser realizada através de um esforço de corregulação entre o ente público responsável pela regulação estatal e as entidades reguladas do setor. Ademais, a participação social qualificada no desenvolvimento da tomada de decisão regulatória pode favorecer o aumento da qualidade da regulação, na medida em que as atividades exercidas pelas entidades do setor, bem como as políticas públicas elaboradas pelos entes estatais, seriam direcionadas aos anseios da população.

A Organização para a Cooperação e Desenvolvimento (OCDE ou OECD – *Organisation for Economic Co-operation and Development*) divulgou um documento com orientações para a realização da Análise de Impacto Regulatório, denominado "Building an Institutional Framework for Regulatory Impact Analysis (RIA): Guidance for Policy Makers" (OECD, 2008).

No mencionado documento, sugere-se que para a realização AIR sejam avaliados os seguintes questionamentos prévios (OECD, 2008, p. 12-14): (i) o problema foi corretamente definido?; (ii) a ação estatal é justificada?; (iii) a regulação é a melhor forma de ação estatal?; (iv) há base legal para a regulação?; (v) qual é o nível adequado de intervenção estatal?; (vi) os benefícios da regulação justificam os seus custos?; (vii) as distribuições dos efeitos (positivos e negativos) da regulação são pautadas pela transparência?; (viii) a regulação é clara, consistente, compreensível e acessível aos regulados?; (ix) todas as partes interessadas tiveram a oportunidade de apresentar seus pontos de vista?; e (x) como o *compliance* será alcançado?.

As perguntas acima elaboradas, bem como o "Checklist para a tomada de decisão regulatória" (Apêndice A), trazem um parâmetro para a análise da decisão regulatória e da qualidade da regulação no setor.

Pode-se dizer que há relação entre o desenho jurídico institucional do processo normativo e a qualidade da regulação. Alguns elementos desse processo normativo parecem estar mais ligados a uma produção normativa de maior qualidade: procedimentos mais democráticos, consultas públicas, audiências com importantes atores do setor, medidas de avaliação e análise do impacto regulatório, por exemplo, são elementos do processo que podem implementar uma melhor qualidade.

4.6 *Compliance* no Terceiro Setor

A expressão *Compliance* advém do verbo em inglês *to comply*, que em português pode ser traduzido como conformidade ou integridade. Assim, a prática do *compliance* pode ser entendida como atividade preventiva que visa à atuação de forma ética, honesta e adequada as normas e regulamentos vigentes.

De acordo com Gustavo Justino de Oliveira e André Castro Carvalho (2018), é provável que o termo *compliance* tenha sido o que mais se popularizou nos últimos anos. Os autores apontam que o termo é (2018):

> Fruto de uma evolução social, política e legislativa, a maior intolerância da sociedade a desvios fraudulentos e corrupção fez com que as empresas passassem a incluir o compliance no rol das principais preocupações em uma organização.

Gustavo Justino e André Carvalho (2018) apontam que outros países estão dedicados há muitos anos a desenvolver mecanismos e estudos sobre *compliance,* mas no Brasil "programas de formação ainda carecem de um rigor metodológico e profundidade acadêmica tal como encontrados nas experiências estrangeiras" (2018).[98]

Segundo Nailton Cazumbá (2019), o *compliance* tem a ver com a "construção de uma cultura organizacional ética, tendo como principais objetivos evitar a ocorrência de erros, fraudes e corrupção, além de garantir a eficiência, a eficácia e a confiabilidade da instituição". Para que ocorra o *compliance*, é necessária a atuação conjunta de todas as pessoas envolvidas no desenvolvimento da atividade, em especial os administradores e pessoas que ocupam cargos de gestão da pessoa jurídica.

Acerca da aplicação do *compliance* às entidades do Terceiro Setor, Thiago Marrara em artigo intitulado "Quem precisa de programa de integridade?" (2019) aponta que as entidades do Terceiro Setor necessitam de programas de *compliance*, especialmente porque muitas delas firmam parcerias com o Poder Público.

Mesmo que não firmem parcerias com o Poder Público, as entidades do Terceiro Setor atuam em atividades de interesse público e precisam demonstrar transparência, integridade e confiabilidade no desenvolvimento de suas atividades, em especial quando recebem recursos (públicos ou privados). Assim, o *compliance* é algo essencial para as entidades do Terceiro Setor, em especial para a solução do problema de falta de confiabilidade da sociedade na atuação das entidades, bem como a falta de incentivo e coordenação para a implementação e sistematização dos mecanismos de *compliance*.

---

[98] Os autores trazem como experiência estrangeira no desenvolvimento do sistema de *compliance* (Justino; Carvalho, 2018):
Movimento semelhante ocorreu no passado nos Estados Unidos, há mais de 40 anos, com o surgimento do *Foreign Corrupt Practices Act* – FCPA (1977), lei que iniciou um processo intenso de mudanças na forma como as empresas norte-americanas, sobretudo multinacionais, faziam negócios fora do território americano. A partir daí, a legislação mundial passou a seguir essa tendência de maneira quase que inexorável – cite-se, por exemplo, o *United Kingdom Bribery Act* de 2010, a *Loi Sapin II* na França e a *Prevention of Bribery Ordinance* de Hong Kong.
No exterior, houve uma maturação nesse período, tanto nas práticas jurídicas como na academia, de maneira que hoje há uma farta literatura e opções de cursos para aqueles que queiram se especializar no FCPA, por exemplo. Ademais, algumas entidades criadas ao longo desse tempo passaram a certificar o conhecimento de pessoas físicas nos temas de *compliance*, dentro de uma metodologia pré-estabelecida, credenciando tais pessoas a ocuparem cargos relevantes como o de *chief compliance officer* (CCO). Nesse sentido, desponta a atividade da *International Compliance Association* – ICA, *Association of Certified Anti-Money Laundering Specialists* – ACAMS e *Society of Corporate Compliance and Ethics* – SCCE na educação executiva.

Cazumbá (2019) resume que *compliance* no Terceiro Setor refere-se ao "conjunto de procedimentos que buscam garantir que as pessoas dentro das organizações ajam com ética, moral e de acordo com as normas estabelecidas".

Nailton Cazumbá (2019) apontou ainda que a operacionalização do *compliance* no Terceiro Setor deve ocorrer com o auxílio de ferramentas e técnicas administrativas que permitem a compreensão e aplicabilidade. O autor aponta como exemplos: análise dos riscos operacionais; fortalecimento dos controles internos; estabelecimento de um código de conduta para os administradores e colaboradores; abertura de canal para denúncias e apuração delas quando ocorrerem; e interpretação e cumprimento das leis e normas.

A utilização das ferramentas que auxiliam na conformidade deve ser aplicada antes, durante e depois do desenvolvimento das atividades, em especial para captação de recursos, divulgação das iniciativas e prestação de contas.

Em *paper* enviado à 8ª Conferência Internacional Anticorrupção (ou *International Anti-Corruption Conference*, mais conhecida pela sigla IACC) Richard Holloway define a corrupção em ONG's como *"behaviour for personal gain, or for the benefit of another person or organisation on the part of people who claim to represent an independent, not for profit, public benefit organization"*[99] (2010, p. 2).

O autor também faz uma análise acerca de muitas entidades serem equivocadamente vistas com desconfiança pela sociedade, e aborda três sugestões que facilitariam a ampliação da confiança da sociedade nas entidades: (i) criação de órgãos autorregulatórios; (ii) melhora no ambiente legal e regulatório e (iii) aperfeiçoar e treinar os profissionais atuantes no setor (2010, p. 13).

No que tange à criação dos órgãos autorregulatórios, Holloway aponta que os órgãos devem estabelecer padrões para atuar e adentrar no Terceiro Setor, padrões para administrar as entidades e sanções que podem ser aplicadas àqueles que infringirem os padrões (2010, p. 13).

Com relação à melhora no ambiente legal e regulatório, Richard Holloway (2013, p. 13) sublinha a importância do diálogo entre as

---

[99] Tradução livre: "Comportamento para ganho pessoal ou em benefício de outra pessoa ou organização por parte de pessoas que afirmam representar uma organização independente, sem fins lucrativos, de utilidade pública".

entidades e o Poder Público, visto que, infelizmente, a mudança e aperfeiçoamento no ambiente legal pode vir conjuntamente com a preocupação de maior controle governamental das organizações.

Os estudos de Holloway apontam que, para o desenvolvimento de um ambiente regulatório adequado, a autorregulação deve ser potencializada, com o intuito de fixar padrões de comportamento das entidades, no exercício de suas atividades e na administração interna da organização.

São exemplos de boas práticas de autorregulação para a conformidade e a integridade das entidades do Terceiro Setor: a Associação Brasileira de ONG´s (ABONG),[100] que conta hoje com mais de 200 organizações afiliadas em todo o Brasil, são organizações da sociedade civil que atuam nos mais diversos âmbitos pela defesa e promoção dos direitos humanos e dos bens comuns e possui uma análise para a filiação das entidades; a concessão do Selo Doar,[101] certificado disponibilizado pelo Instituto Doar para as entidades que observem o procedimento estabelecido pelo instituto e; o Selo ISO (Organização Internacional de Estandardização – *International Organization for Standardization*, em inglês), a exemplo da ISO 9.000 que trata de gestão de qualidade das organizações. Cabe notar que a Norma Internacional ISO 26.000 que traz Diretrizes sobre Responsabilidade Social não é certificável, ou seja, serve apenas como um guia de diretrizes e não para conseguir selos e certificados de Responsabilidade Socioambiental pelas organizações, tratando-se de uma ISO de Responsabilidade Social (RS).[102]

Ademais, no Brasil, há esforços para elaboração de um manual de *compliance* do Terceiro Setor,[103] mas vislumbra-se dificuldade

---

[100] Normas para o procedimentos de associação à ABONG disponível em: https://abong.org.br/wp-content/uploads/dlm_uploads/2021/02/Venha-fortalecer-a-sua-luta.pdf. Acesso em: 10 set. 2021.

[101] Procedimento para o Selo Doar em https://www.institutodoar.org/selo-doar/procedimentos/. Acesso em 10. set. 2021.

[102] Informação disponível em:https://www.ipea.gov.br/acaosocial/articlef5d8.html?id_article=448. Acesso em: 11 set. 2021.

[103] A exemplo do Manual de *Compliance* no Terceiro Setor, elaborado e desenvolvido por representantes da Associação Paulista de Fundações (APF), Confederação Brasileira de Fundações (CEBRAF), Comissão do Terceiro Setor da Ordem dos Advogados do Brasil no DF (OAB-DF) e Federação das Fundações Privadas do Distrito Federal (FUNP-DF) (disponível em: http://www.apf.org.br/fundacoes/index.php/noticias/todas-as-noticias/3739-acesso-ao-manual-de-compliance-no-terceiro-setor.html. Acesso em: 20 nov. 2021), bem como o livro

para que sejam utilizados, tendo em vista que são divulgados por diversos órgãos e entidades de diferentes entes federados. Recentemente, a Estratégia Nacional de Combate à Corrupção e à Lavagem de Dinheiro (ENCCLA) apresentou o resultado da ação 12, que teve como intuito acompanhar a implementação do MROSC e seus efeitos sobre desvios de finalidade. O objetivo estratégico do estudo é aumentar a efetividade do sistema preventivo da lavagem de dinheiro e da corrupção (ENCCLA, 2022).[104] Segundo o relatório: "não se trata de documento vinculante, mas sim orientador de boas práticas e das condutas a serem evitadas nas três esferas da federação".

O relatório do ENCCLA trata-se de um exemplo de corregulação no ordenamento pátrio e traz recomendações para a gestão das parcerias das OSC com o Poder Público. No entanto, há recomendações que também podem ser utilizadas para as organizações que não necessariamente realizem parcerias com o Poder Público, dentre elas, é possível destacar como recomendações para Administração Pública (ENCCLA, 2022, p. 8 e ss):

> Usar dados disponíveis no Mapa das OSCs (mapaosc.ipea.gov.br), Siconv e outras bases de informações para reconhecer características institucionais das organizações da sociedade civil que atuam no território onde se pretende implementar a política ou programa (ENCCLA, 2022, p.08);
> Instalar em todos os entes federados os Conselhos de Fomento e Cola-

---

Compliance no Terceiro Setor – Controle e Integridade nas Organizações da Sociedade Civil (Ed. Elevação), de Airton Grazzioli e José Eduardo Sabo Paes.

[104] O relatório teve como colaboradores Organizações da Sociedade Civil e órgãos públicos, com coordenação da Secretaria de Governo da Presidência da República (SEGOV/PR). Foram colaboradores: Associação Brasileira de Organizações Não Governamentais – Abong; Associação dos Juízes Federais do Brasil – Ajufe; Associação Nacional dos Delegados da Polícia Federal – ADPF; Associação Nacional dos Procuradores da República – ANPR; Banco Central do Brasil – BCB; Comissão de Valores Mobiliários – CVM; Conselho de Controle de Atividades Financeiras do Ministério da Fazenda – Coaf; Conselho Nacional do Ministério Público – CNMP; Departamento de Polícia Federal do Ministério da Justiça e Cidadania – DPF/MJC; Federação Brasileira dos Bancos – Febraban; Fundação Grupo Esquel Brasil – FGEB; Grupo de Institutos, Fundações e Empresas – Gife; Grupo Nacional de Combate a Organizações Criminosas– Gncoc; Instituto de Pesquisa Econômica Aplicada – Ipea; Ministério da Justiça e Cidadania – MJC; Ministério da Transparência, Fiscalização e Controladoria Geral da União– CGU; Ministério do Planejamento, Desenvolvimento e Gestão – MP; Ministério Público do Estado de São Paulo – MPE-SP; Ministério Público do Estado do Paraná – MPE – PR; Ministério Público Federal – MPF; Receita Federal do Brasil – RFB; Tribunal de Contas da União – TCU.

boração, com eleições para a composição paritária prevista na lei entre representantes do governo e da sociedade civil (ENCCLA, 2022, p. 11);
Garantir eleições no processo de escolha dos integrantes das OSCs para os Conselhos de Fomento e Colaboração, com a presença da própria sociedade civil na Comissão Eleitoral, possibilitando o controle social do processo, além da participação do Ministério Público ou da Defensoria Pública no acompanhamento dos procedimentos (ENCCLA, 2022, p. 11);
Utilizar ferramentas tecnológicas como blogs, grupos em redes sociais, consultas públicas online, entre outras, como forma auxiliar ao acompanhamento dos dados na plataforma eletrônica (ENCCLA, 2022, p. 19);

Com relação às recomendações para as Organizações da Sociedade Civil constantes no relatório do ENCCLA que favorecem os mecanismos de *compliance*, é possível destacar (ENCCLA, 2022, p. 8 e ss):

Manter atualizados seus documentos e certidões negativas de débito, em especial o seu estatuto social com as finalidades que reflitam as atividades e projetos da sua área de atuação, endereço atual e forma de governança (ENCCLA, 2022, p. 8);
Sistematizar sua experiência prévia em relatórios de atividades que permitam a identificação da área de atuação, público beneficiário, forma e/ou metodologia de execução das ações e resultados alcançados, incluindo os aprendizados, independente da fonte de financiamento, se pública ou privada (ENCCLA, 2022, p. 9);
Inserir os dados dos beneficiários finais das despesas na plataforma eletrônica, inclusive no caso de saques em espécie, checando as informações e buscando mecanismos que confirmem a idoneidade dessas, como, por exemplo, a compatibilidade entre o produto adquirido e a nota fiscal ou recibo apresentado ou a identidade do recebedor (ENCCLA, 2022, p. 18);
Divulgação, no seu sítio eletrônico na internet ou em local visível em sua sede, do valor total da remuneração de seus dirigentes e contratados com recursos da parceria, incluindo os eventuais pagamentos de diárias, com a respectiva função e parceria a qual o pagamento está vinculado, além da provisão para o exercício (ENCCLA, 2022, p. 18);

Outro exemplo de corregulação no ordenamento brasileiro que poderia favorecer no desenvolvimento de aplicação dos instrumentos de *compliance* seria o CONFOCO, nos moldes do já implementado CONFOCO-BA que possui colaboradores públicos e privados (Plataforma MROSC-BA, Procuradoria Geral do Estado, Defensoria Geral do Estado, Auditoria Geral do Estado,

Secretaria da Administração do Estado e Universidade Federal da Bahia).[105] No Terceiro Setor há diversos fatores de natureza financeira, operacional e estratégica que podem gerar riscos na atuação das entidades (tais como os já apontados: fraude e abuso financeiro; irregularidades nas instituições e diminuição da confiança pública nas instituições). Dessa forma, é importante a gestão de riscos para a estruturação, implementação e manutenção de sistemas eficazes de controle interno. A Administração Pública, as próprias entidades e a sociedade civil precisam identificar os riscos rapidamente e estabelecer a adequação de suas políticas públicas que estão sendo implementadas e os procedimentos internos.

As entidades podem estar expostas a diversas formas de riscos, havendo muitos meios de cometer irregularidades, havendo ou não intenção. Ao atuar, por exemplo, nas áreas de direitos sociais e direitos humanos, poderá haver riscos na aplicação de leis trabalhistas ou fiscais, em especial para os administradores que recebem os recursos públicos, pois muitas vezes é encontrada dificuldade com as prestações de contas.

No direito brasileiro, a capacitação de gestores públicos e de gestores de Organizações da Sociedade Civil é importante para a geração de informações e relatórios capazes de transmitir as reais necessidades das instituições e os riscos que enfrentam.

As parcerias das OSC com o Poder Público foram recentemente regulamentadas com a Lei nº 13.019/2014 (Marco Regulatório das Organizações da Sociedade Civil – MROSC), em especial após as mudanças trazidas pela Lei nº 13.204/2015, com as obrigações de transparência nos projetos, controle de resultados e monitoramento das atividades que estão sendo executadas. O MROSC apenas entrou integralmente em vigor em 2017.

Segundo Thiago Marrara, a Lei nº 13.019/2014 trouxe avanços para evitar a corrupção no setor, especialmente em termos repressivos (2019, p. 16-17). No entanto, o autor aponta que sob a perspectiva preventiva, a lei avançou apenas parcialmente, e justifica (2019, p. 17):

---

[105] Disponível em: http://www.confoco.serin.ba.gov.br/tag/carta-2-anos/. Acesso em: 14 set. 2021.

ainda que se note na lei uma preocupação em se selecionar entidades mais idôneas e experientes com base no procedimento de "chamamento público", bem como em se monitorar e controlar os resultados da parceria, não se vislumbra, no seu texto, qualquer meio para o desafio de se universalizar o compliance no âmbito das entidades privadas atuantes em áreas de interesse público por meio de contratos administrativos de cooperação.

Com relação à organização interna das entidades, Airton Grazzioli aponta que seria interessante que as organizações tenham renovação periódica dos cargos de comando, órgãos de controle mútuos na própria estrutura da entidade e evitem que haja acúmulo de funções, por exemplo, no conselho fiscal e na diretoria executiva (Rocha, 2017). Ademais, seria necessário fortalecer o sistema de controle e integridade da instituição, implementando políticas internas contra desvios comportamentais, mantendo o poder descentralizado e estimulando a existência de um conselho fiscal, um controle independente, uma ouvidoria e uma auditoria externa e a capacitação contínua dos dirigentes e conselheiros. Outros mecanismos que podem evitar os riscos das atividades das entidades do Terceiro Setor seriam os canais de denúncia, tanto em organizações grandes como nas pequenas.

De fato, o ordenamento interno das entidades e fortalecimento do sistema de controle e *compliance* favorece a integridade das instituições, bem como evita desvios comportamentais.

Há que se destacar a necessidade de controle interno efetivo e impessoal para contribuir com a fiscalização dos agentes, direcionar adequadamente os trabalhos a serem realizados pelas entidades e garantir eficiência das atividades desenvolvidas.

Especificamente com relação às parcerias das entidades do Terceiro Setor com o Poder Público, Thiago Doninni (2018, p. 309 e 310) aponta três desafios para a conformidade das parcerias sociais, quais sejam, (i) os Tribunais de Contas tendem à interpretação e aplicação retrospectiva da Lei nº 13.019/2014; (ii) dificuldade do redesenho das parcerias, tendo em vista o estágio de dependência em que se encontrem e (iii) disputas corporativas com a banalização oportunista das parcerias. Dessa forma, o autor propõe (2018, p. 310) que "o critério básico de verificação da conformidade das parcerias sociais seja sua pertinência e essencialidade como ação de fomento público".

No que tange às doações privadas às entidades do Terceiro Setor, Mona Clayton (2013) traz alguns fatores que podem ser levados em consideração nas políticas anticorrupção das doações das empresas às entidades do Terceiro Setor.

Assim, a autora traz as seguintes indagações (Clayton, 2013, p. 164):[106] (i) sua empresa possui controles e procedimentos para garantir que os registros das doações sejam claros, precisos, justificáveis e rastreáveis?; (ii) a empresa realizou *Due Diligences* para conhecer melhor a entidade beneficiada pelas doações?; (iii) as doações filantrópicas são registradas como tais?; (iv) sua empresa formaliza as doações filantrópicas em contrato, explicitando o valor, a qualificação completa do donatário e condições de pagamento?; (v) as doações são feitas diretamente ao beneficiário ou por meio de intermediários?; (vi) algum cliente, fornecedor ou terceiro indica as entidades que devem receber doações, como parte dos negócios realizados?; (vii) as doações são feitas de acordo com as normas vigentes?.

No Brasil, diversos diplomas normativos foram elaborados no decorrer dos anos para a proteção da probidade administrativa e transparência, quais sejam, Lei nº 4.717/1965 (Lei de ação popular, a qual dispõe que qualquer cidadão será parte legítima para pleitear a anulação ou a declaração de nulidade de atos lesivos ao patrimônio público), Lei nº 8.429/1992 (Lei de Improbidade Administrativa, a qual dispõe sobre as sanções aplicáveis aos agentes públicos nos casos de enriquecimento ilícito no exercício de mandato, cargo, emprego ou função na Administração Pública),[107] Leis nº 9.613/1998 (Lei de Lavagem de Dinheiro), Lei Complementar nº101, de 2000 (Lei de Responsabilidade Fiscal) e Lei nº 12.529/2011 (Lei Antitruste), Lei nº 12.846/2013 (Lei Anticorrupção) e Lei nº 13.019/2014 (Lei das parcerias com as Organizações da Sociedade Civil).

---

[106] Com pequenas adaptações para abranger apenas as entidades do Terceiro Setor.

[107] Cabe notar recentemente que a Lei de Improbidade Administrativa (Lei nº 8.429/1992) sofreu diversas modificações pela Lei nº 14.230 de 25 de outubro de 2021, dentre elas: os atos de improbidade agora são cometidos apenas por condutas dolosas (não há mais previsão de ato de improbidade por culpa); determinação de que os atos de improbidade administrativa que lesem os princípios da Administração Pública, somente serão passíveis de sanção em caso de "lesividade relevante" e a ação movida para que as sanções sejam devidamente aplicadas tem o prazo único de oito anos para prescrever, sendo estes contados a partir do momento em que o fato ocorreu.

A utilização de programas de *compliance*, com a "existência de mecanismos e procedimentos internos de integridade, auditoria e incentivo à denúncia de irregularidades e a aplicação efetiva de códigos de ética e de conduta no âmbito da pessoa jurídica" (art. 7, VIII, da Lei Anticorrupção), pode auxiliar o Terceiro Setor a: (i) mitigar riscos que as entidades podem correr em virtude da aplicação da Lei Anticorrupção; (ii) mitigar a exposição dos administradores e funcionários das entidades; (iii) analisar antecipadamente as irregularidades para aplicação prévia de correções e ajustes; (iv) prevenir o dispêndio de recursos pela má utilização ou má conduta dos administradores e (v) demonstrar as transparências e integridade da instituição, favorecendo a futura captação de recursos públicos e privados.

O Decreto nº 4.820/2015 regulamenta a Lei nº 12.846/2013 (Lei Anticorrupção), estabelecendo parâmetros de avaliação do programa de *compliance* das entidades, entre eles:

(i) o comprometimento da alta direção da pessoa jurídica com o programa;
(ii) padrões de conduta, código de ética, políticas e procedimentos de integridade, aplicáveis a todos igualmente, inclusive estendidos a terceiros quando necessário;
(iii) treinamentos periódicos sobre o programa de integridade;
(iv) análise periódica de riscos para realizar adaptações necessárias ao programa de integridade;
(v) registros contábeis que reflitam de forma completa e precisa as transações da pessoa jurídica;
(vi) controles internos que assegurem a pronta elaboração e confiabilidade de relatórios e demonstrações financeiros da pessoa jurídica;
(vii) procedimentos específicos para prevenir fraudes e ilícitos no âmbito de processos licitatórios, na execução de contratos administrativos ou em qualquer interação com o setor público;
(viii) independência, estrutura e autoridade da instância interna responsável pela aplicação do programa de integridade e fiscalização de seu cumprimento;
(ix) canais de denúncia de irregularidades, abertos e amplamente divulgados a funcionários e terceiros, e de mecanismos destinados à proteção de denunciantes de boa-fé;
(x) medidas disciplinares em caso de violação do programa de integridade;
(xi) procedimentos que assegurem a pronta interrupção de irregularidades ou infrações detectadas e a tempestiva remediação dos danos gerados;

(xii) diligências apropriadas para contratação e, conforme o caso, supervisão, de terceiros, tais como, fornecedores, prestadores de serviço, agentes intermediários e associados;
(xiii) verificação, durante os processos de fusões, aquisições e reestruturações societárias, do cometimento de irregularidades ou ilícitos ou da existência de vulnerabilidades nas pessoas jurídicas envolvidas; e
(xiv) monitoramento contínuo do programa de integridade visando a seu aperfeiçoamento na prevenção, detecção e combate à ocorrência dos atos lesivos.

Theresa Nóbrega e Anna Malta (2021, p. 17) apontam que a Lei nº 13.019/2014 "também representa parte dessa política anticorrupção na medida em que impõe parâmetro de transparência e compliance nas relações de parceria do Estado com entidades do Terceiro Setor".

As autoras, ao analisarem a necessidade de controle das entidades do Terceiro Setor, relatam que as entidades integrantes do Terceiro Setor necessitam de controle com adequada regulação, "pois se de um lado é possível observar parâmetros sancionatórios bem alinhavados no ordenamento jurídico, por outro falta profilaxia e medidas voltadas para a construção de um protocolo seguro de compliance para evitar o desvio de finalidade" (2021, p. 12 a 14).

As autoras também trazem a importância dos órgãos reguladores na tutela do Terceiro Setor, ressaltando que deve haver uma reflexão do seu papel, bem como " a construção de um protocolo setorial de compliance, passando pela capacitação dos multiplicadores, assistência técnica e verificação da efetividade da prestação dos serviços sociais" (2021, p. 12 a 14). As autoras apontam, ainda, que (2021, p. 12 a 14):

> A abertura de uma frente marcada por valores contemporâneos do direito administrativo, como consensualidade, boa fé e segurança jurídica não pode afastar a manutenção de um protocolo padrão de controle, pois o tempo de transição entre a aplicação do modelo padrão de controle e a versão pós gerencial de controle é imprevisível nesse momento.
> De fato, é necessário manter velhas armas no campo e verifica r se, de fato os serviços sociais estão sendo realizados, bem como a qualidade do serviço e a prestação de contas não pode deixar de ser efetiva, cobrada e analisada pelos mecanismos de controle interno e externo, além de uma análise criteriosa dos requisitos para recebimento de incentivos e repasses públicos.

Com relação ao protocolo de *compliance*, a sua elaboração não necessariamente precisa resultar da regulação estatal pelos agentes públicos, mas um esforço de corregulação ou até mesmo de autorregulação seria favorável para a implementação dos mecanismos de conformidade, tendo em vista que contaria com a participação dos *stakeholders* (agentes participantes e interessados no setor).

Conforme aponta Luchesi (2021, p. 67), as práticas de *compliance* podem ter no Terceiro Setor um impacto de "marketing positivo advindo da consolidação destas práticas, colhendo frutos não apenas na otimização estrutural e operacional, mas também na parte financeira". Dessa forma, o estabelecimento de programas de *compliance* pelas instituições favorece a confiabilidade da sociedade nas instituições do setor. O autor continua, ao afirmar que a "constatação da presença de mecanismos de prevenção à corrupção, práticas éticas e morais, transparência, prestação de contas e envolvimento dos stakeholders podem acarretar em maior fluxo de contribuições e doações advindas da Sociedade Civil" (Luchesi, 2021, p. 67).

Ao passar para a análise do ordenamento inglês, é possível observar que na Inglaterra há estudos, relatórios e manuais desenvolvidos sobre o tema, evidenciando uma preocupação com o *compliance* no Terceiro Setor, notavelmente pelos seguintes instrumentos de seu arcabouço regulatório: *Regulatory and Risk Framework*; o *Governance Code*, o Manual de *Compliance* das entidades de caridade, o *Monitoring and Compliance Guidance*, bem como o documento *Protecting charities from harm: compliance toolkit*.

Especificamente com relação ao Manual de Compliance das entidades de caridade inglesas, neste documento é possível verificar as regras de *compliance* das entidades de caridade, elaboradas pela *Charity Commission*.

O Manual inclui uma série de exemplos para ilustrar as informações fornecidas. É importante observar que esses exemplos não são exaustivos e que as instituições de caridade podem buscar aconselhamento profissional se não tiverem certeza sobre suas obrigações.

O Manual possui cinco seções. A seção 1 (denominada *overwiew*) trata de uma visão geral sobre o manual. Na seção 2 (denominada *about this guidance*), o manual traz o contexto para a leitura do documento, explicando o que ele trata, a quem se aplica e o significado de alguns termos-chave. Na seção 3 (denominada *getting it right by complying with your legal obligations and best practice*), são apresentadas as obrigações legais e requisitos de práticas recomendadas para as instituições de caridade e seus administradores, bem como são fornecidas algumas dicas práticas para ajudar a promover o *compliance* e alguns exemplos de *non-compliance* para ajudar a evitá-los. A seção 4 (denominada *how is non-compliance identified?*) explica as várias vias através das quais é identificado e evitado o *non-compliance*, por exemplo, o monitoramento pela Comissão e as dúvidas e denúncias levantadas pela sociedade. A seção 5 (denominada *what are the possible outcomes of non-compliance?*) define os resultados possíveis que podem derivar do não cumprimento da lei ou das melhores práticas por uma instituição de caridade. Os resultados possíveis incluem mais informações ou monitoramento sendo realizado, orientação sendo emitida, a abertura de uma investigação ou encaminhamento para outra autoridade ou regulador.

O anexo 1 o manual traz um *"checklist"* para as instituições de caridade e seus administradores, com uma série de perguntas que podem auxiliar no cumprimento das obrigações legais e as melhores práticas. Uma lista adaptada foi incluída no apêndice da presente obra (Apêndice B).

Na seção 2, é possível verificar que o manual é direcionado para qualquer pessoa que tenha interesse no *compliance* das instituições de caridade, mas primordialmente aos *"Charity trustes"* (traduzido livremente como administradores das instituições de caridade). Eles são legalmente responsáveis pelo controle e gestão da administração de uma instituição de caridade e também podem ser chamados de curadores, curadores administrativos, membros de comitês, governadores ou diretores ou podem ser referidos por algum outro título.

Algumas pessoas são desqualificadas por lei para atuar como administradores de instituições de caridade. Essas desqualificações são estabelecidas na Lei de Caridade e incluem as pessoas que: (i) foram condenadas por um crime envolvendo improbidade; (ii) estão em situação de falência; (iii) foram anteriormente destituídas como administradores pela Comissão de Caridade ou pelos Tribunais de Caridade; (iv) estão sujeitas a desqualificação de acordo com o estatuto da instituição.

A Comissão de Caridade publica anualmente o resultado do monitoramento das instituições. Assim, quando uma instituição não cumpre seus requisitos de contabilidade ou não disponibiliza os relatórios aos quais está obrigada, isso constará no registro das instituições de caridade.

Ademais, a Comissão pode optar por publicar boas práticas, tais como quando os resultados de um caso de *compliance* geram aprendizados úteis para o setor ou destacando tendências em um relatório temático.

O Manual diferencia as obrigações legais e regulatórias das boas práticas. Assim, ao articular "deve" *(must)* aborda um requisito legal ou regulatório específico e ao articular "deveria" *(should)* trata de uma boa prática a ser seguida, mas que não há obrigação legal.

Na seção 2, também encontramos os termos-chave *(key terms)* do manual, quais sejam: (i) *breach of trust* (quebra de confiança, em uma tradução livre): qualquer abuso de poder ou falha (seja ou não deliberada, desonesta ou negligente) em cumprir os deveres gerais de um administrador (essas obrigações podem ser encontradas no estatuto da instituição de caridade, na legislação, nos regulamentos e ordens do Tribunal ou da Comissão); (ii) *direction* (direção, em uma tradução livre): é um documento legal emitido pela Comissão de Caridade que exige que ações específicas sejam tomadas para garantir a administração adequada de uma instituição de caridade; (iii) *order* (ordem, em uma tradução livre): é um documento legal que pode autorizar administradores a realizar um ato que, de outra forma, não teriam poder para fazer, ou a fazer algo que seja do interesse da instituição de caridade e também podem ser usados para proteger instituições de caridade e suas propriedades; e (iv) *regulated activity* (atividade regulada em uma tradução livre): há certas atividades direcionadas a pessoas em situação de risco (crianças, adolescentes, idosos, pessoas com deficiência, pessoas em situação de vulnerabilidade social etc.) que são definidas pelo *Department of Health* (Departamento de Saúde ou Ministério da Saúde do Governo Britânico)[108] que possuem regulação especial.

---

[108] No glossário do manual são identificados alguns exemplos de *regulated activity*, a partir do Anexo 2 da Ordem de Proteção de Grupos Vulneráveis, conforme alterações da Lei de Proteção à Liberdade de 2012, quais sejam: ensinar, treinar, instruir, cuidar ou

A seção 3 do manual estabelece uma ampla gama de obrigações legais que os administradores de instituições de caridade devem cumprir e sugere onde identificar as melhores práticas que devem ser seguidas. Apresenta também exemplos de incumprimentos reais e potenciais identificados pela Comissão de Caridade. É possível verificar que não se espera que os administradores sejam especialistas jurídicos, no entanto os administradores precisam tomar medidas razoáveis para descobrir os requisitos legais que podem impactá-los, seja acessando as orientações disponíveis ou buscando aconselhamento independente.

Os administradores devem garantir que a instituição de caridade esteja em conformidade com seu estatuto, com os requisitos da lei de caridade e com qualquer outra legislação que se aplique à instituição de caridade. Além disso, a instituição de caridade não deve se envolver em nenhuma atividade criminosa ou ilegal.

O manual relaciona as informações que o estatuto da instituição de caridade deve conter: (i) que a instituição de caridade deve fazer para alcançar seus propósitos e definição de seu objeto social; (ii) como a instituição irá realizar seus objetivos (o que deve fazer); (iii) quem está envolvido na supervisão estratégica da instituição de caridade (administradores individuais ou um grupo de administradores); (iv) o que deve acontecer se forem necessárias alterações do estatuto (disposições de emendas ao estatuto); (v) o que deve acontecer se a instituição de caridade quiser se desfazer (cláusula de dissolução); (vi) disposições administrativas, tais como: arranjos de governança para a caridade; arranjos internos para reuniões, votação e finanças; filiação à instituição de caridade; a nomeação, aposentadoria ou remoção de administradores e; determinação se o administrador será remunerado pela instituição de caridade.

Se uma instituição de caridade não cumprir o seu estatuto, corre o risco de estar caracterizada a *breach of trust*. Os administradores podem ser pessoalmente responsáveis por uma quebra de confiança

---

supervisionar crianças, com frequência (por exemplo, professores, treinadores de futebol); fornecer aconselhamento ou orientação sobre o bem-estar das crianças, frequentemente (por exemplo, conselheiros de carreiras); Dirigir um veículo para crianças (por exemplo, motorista de microônibus) e; fornecimento de cuidados de saúde por um profissional de saúde ou cuidados pessoais, incluindo lavar ou vestir.

e obrigados a reparar qualquer perda resultante para a instituição de caridade. Além disso, uma violação grave ou repetida pode levar à abertura de uma investigação sobre a instituição de caridade e à tomada de medidas corretivas ou de proteção pela Comissão de Caridade.

O manual traz exemplos de quebra de confiança: uma instituição de caridade agir sem um quórum de administradores, por exemplo, tendo dois administradores quando seu estatuto estabelece um requisito para um mínimo de cinco curadores de caridade; os administradores promoverem seus próprios interesses, em vez dos beneficiários da instituição de caridade, organizando um benefício privado direto para si mesmos; uma instituição de caridade que faz um pagamento a um administrador de caridade quando isso não é permitido no estatuto; os administradores endossarem um partido político ou um candidato de partido em nome da instituição de caridade, ou usando a instituição de caridade, ou seu nome, para fins políticos; os administradores gastarem ativos de caridade em propósitos de promoção diferentes daqueles estabelecidos no estatuto; falha em garantir que a instituição de caridade permaneça solvente e; uso inapropriado de fundos de caridade ao investir e realizar empréstimos.

Acerca do cumprimento das *Charities Acts*, todas as instituições devem obedecer aos requisitos gerais para o registro na Comissão de Caridade, quais sejam: solicitar o registro como instituição de caridade; cumprir uma ordem, direção ou orientação emitida pela Comissão; manter registros financeiros e contábeis adequados; garantir que administradores não possuam requisitos que os desqualifiquem; buscar o consentimento da Comissão para fazer alterações em um estatuto; buscar o consentimento da Comissão para autorizar uma atividade em que a instituição de caridade não tenha autorização expressa em seu estatuto ou que de outra forma não seria legalmente possível para a instituição de caridade realizar.

Ademais, a instituição deverá notificar a Comissão se deixar de existir; notificar a Comissão de quaisquer mudanças em seus fundos, por exemplo, fusão com outra instituição de caridade; preparar contas anuais e um relatório anual dos administradores; nomear um auditor independente para realizar uma revisão das contas de caridade e do relatório anual dos curadores; preencher um formulário de retorno de monitoramento anual e enviar as contas da instituição de caridade, o relatório anual dos curadores e os examinadores independentes ou o relatório de auditoria para a Comissão anualmente; exibir o número de sua instituição de caridade registrada em publicações oficiais.

Muitos desses requisitos e deveres não são aplicáveis a instituições de pequeno porte ou direcionadas a atividades específicas (são as entidades isentas, já abordadas em momento anterior).

Os administradores da instituição de caridade devem garantir que são o diálogo e a transparência com relação à Comissão, caso contrário, podem ser sujeitos a sanções severas (multas e até prisões), conforme dispõe os capítulos 9 e 10 da *Charity Act 2011*.

O Capítulo 4 da Lei de Caridade de 2011 estabelece o dever dos administradores de instituições de caridade registradas de manter as informações sobre o registro de instituições de caridade atualizadas e precisas. Assim, as instituições de caridade devem notificar a Comissão de qualquer alteração em sua instituição de caridade, como os detalhes de contato da instituição de caridade, nomes dos administradores ou outras informações de caridade. Cabe notar que há diversos serviços online disponibilizados pela Comissão para visualizar e alterar a maioria dos detalhes sobre a instituição de caridade.

Cabe observar que a entidade deve obedecer não só as leis de caridade, mas também outras normas aplicáveis ao setor, por exemplo: (i) as *Charitable Companies* são obrigadas a apresentar declarações anuais e outros formulários e atender aos requisitos da lei das sociedades na gestão da empresa; (ii) as *Charitable Industrial and Provident Societies* (IPSs) devem atender aos requisitos da legislação de previdência social; (iii) os *Charitable trusts* devem atender aos requisitos da legislação sobre *trust*; (iv) as *Charitable Housing Associations* também são reguladas pelo *Department for Communities* e têm uma série de obrigações legais associadas ao fornecimento de habitação; (v) as instituições de caridade que empregam funcionários estão sujeitas à legislação trabalhista; (vi) as instituições de caridade que trabalham com crianças ou adultos vulneráveis devem atender aos requisitos de acordo com a legislação de salvaguarda; (vii) as instituições de caridade que possuem edifícios ou veículos podem exigir certas apólices de seguro, sujeitas à lei securitária; (viii) as instituições de caridade que realizam atividades como a prestação de serviços jurídicos, financeiros ou outros serviços profissionais podem estar sujeitas aos regulamentos correspondentes; (iv) as instituições de caridade que prestam serviços médicos ou de cuidados podem estar sujeitas a outros regulamentos, por exemplo, através da Autoridade de Regulamentação e Melhoria da Qualidade (*Regulation and Quality Improvement Authority* – RQIA); (x) as instituições de caridade que realizam arrecadação de fundos devem aderir ao Código de Prática de Arrecadação de Fundos (*Code of Fundraising Practice*);[109] (xi) as instituições de caridade que processam dados pessoais devem cumprir a legislação atual de proteção de dados; (xii) as instituições de caridade que trabalham em outras jurisdições podem estar sujeitas a diferentes sistemas legais e regulatórios.

Dessa forma, é possível notar que a Comissão de Caridade regula o cumprimento e descumprimento das *Charities Acts*, no entanto, se forem identificados descumprimentos de outras normas, o problema deve ser averiguado pelo ente regulador responsável.

Acerca das boas práticas (ou melhor prática – *best practice* –, tal como dispõe o manual), são as práticas que são amplamente aceitas como sendo prudentes e eficientes. A melhor prática é geralmente voltada para áreas onde erros comuns foram identificados e é promovida para ajudar a evitar que a instituição de caridade, seus ativos ou seus beneficiários sejam colocados em risco por inadvertidamente não cumprirem a lei ou o estatuto. Assim, se uma instituição de caridade não seguir a melhor prática, sem um bom motivo, isso pode implicar em má conduta ou má gestão.

Se não tiver certeza sobre o que constitui a melhor prática, é possível consultar a gama de documentos de orientação publicados pela Comissão. Há uma lista na qual está disponível no site a seção *Fundamentos de caridade* (*Charity Essentials*), bem como direcionamento para outros instrumentos, como o *Governance Code*.

Exemplos de requisitos importantes de melhores práticas incluem: (i) ter um mínimo de três administradores (não é um requisito legal, mas é recomendado para ajudar a evitar uma situação

---

[109] Disponível no site oficial do governo inglês: https://www.charitycommissionni.org.uk/charity-essentials/fundraising/. Acesso em: 25 ago. 2021.

de impasse na tomada de decisões que pode levar a conflitos e problemas de governança); (ii) procedimentos adequados: uma instituição de caridade bem administrada deve ter procedimentos específicos para garantir que todos os administradores, funcionários e qualquer pessoa que trabalhe em nome da instituição de caridade os cumpram. Estes cobrirão uma ampla gama de áreas e questões, por exemplo, saúde e segurança, conflitos de interesse, controles financeiros internos, relatórios financeiros, despesas e pagamentos do administrador e arrecadação de fundos; (iii) revisão da governança: as estruturas de governança de uma instituição de caridade, incluindo seu estatuto, devem ser revisadas regularmente para garantir que sejam adequadas e atualizadas; (iv) notificação de incidentes graves: sempre que ocorrerem incidentes graves durante o ano, estes devem ser comunicados à Comissão.

Acerca da segurança cibernética, o manual aborda a importância da segurança das informações pessoais ou confidenciais sobre seus beneficiários, doadores, voluntários e funcionários. Assim, quando uma instituição de caridade opera online, por exemplo, com um site que reúne dados ou transferindo informações por e-mail, as informações que eles possuem podem correr o risco de um ataque cibernético. O governo inglês produziu orientações para ajudar organizações, incluindo instituições de caridade, a considerar se estão gerenciando seus riscos cibernéticos e a se protegerem contra ataques cibernéticos comuns, tais como o *Cyber-security Small charity guide*.[110]

Outra boa prática apontada pelo *Monitoring and Compliance Guidance* (p. 15) é o desenvolvimento de uma política de reserva financeira das entidades de caridade para a sua sustentabilidade econômica. Isso envolveria o gerenciamento da receita da instituição de caridade, dos custos operacionais e mapeamentos dos planos futuros e riscos potenciais. O desenvolvimento de uma política de reservas ajudará a identificar o nível de reservas de que a instituição de caridade precisa. Também permitirá que os administradores de instituições de caridade expliquem aos financiadores, doadores, beneficiários e ao público por que mantém um determinado nível de reservas e ajudará a garantir uma instituição de caridade melhor administrada.

---

[110] Disponível no site oficial do governo inglês: https://www.ncsc.gov.uk/collection/charity. Acesso em: 28 ago. 2021.

No que tange à contabilidade e os relatórios expedidos pelas *charities*, o *Monitoring and Compliance Guidance* (p. 1516) esclarece que é um requisito legal para instituições de caridade registradas apresentarem relatórios anuais à Comissão de Caridade, tendo em vista que é essencial para manter o registro atualizado, promover a transparência e a responsabilidade do setor de caridade e para permitir o monitoramento eficaz. No relatório anual, a instituição de caridade deverá (i) preencher e enviar um retorno de monitoramento anual online; (ii) enviar as contas anuais da instituição de caridade; (iii) enviar o relatório anual dos curadores da instituição de caridade; (iv) apresentar um examinador independente ou relatório de auditoria.

As ferramentas acima apontadas, bem como os arranjos institucionais, são experiências interessantes para serem implementadas no Brasil, tais como a consolidação de um Manual de *Compliance* do Terceiro Setor ou um órgão especializado na avaliação da qualidade da regulação do setor.

A partir das análises apresentadas, é possível inferir que: (i) a tomada de decisão regulatória deverá ocorrer de forma sistematizada, através de um processo administrativo estruturado (especialmente quando for um esforço de regulação estatal); (ii) a regulação do Terceiro Setor brasileiro deverá ser um esforço conjunto entre os entes reguladores estatais (ministérios, secretarias, tribunais de contas, procuradorias, Ministério Público e Defensoria Pública) e os autorreguladores (organizações do Terceiro Setor e seus agentes), em um exercício de corregulação; (iii) a divulgação de informações deverá ocorrer de forma estruturada em um esforço de corregulação, com a estruturação das informações e divulgação de relatórios periódicos para o acompanhamento da sociedade; e (iv) os mecanismos de *compliance* devem ser fomentados pelos entes públicos e privados para a atuação das entidades do Terceiro Setor, com o intuito de evitar irregularidades e aumentar a confiabilidade do público.

CONCLUSÕES

A regulação do Terceiro Setor é essencial para a confiabilidade do público em suas atividades, proteção e sustentabilidade das entidades, transparência das informações e probidade no exercício das atividades de interesse público.

Regular o Terceiro Setor não significa a diminuição da autonomia das entidades, mas a adequação e estruturação do exercício das competências regulatórias do setor, o que pode auxiliar o melhor desenvolvimento das atividades exercidas.

Assim, o estudo da regulação do Terceiro Setor abrange a análise das funções de regulamentação, fiscalização, fomento, judicante e sancionadora, das atividades exercidas pelas entidades do setor.

Regulação, para os fins do trabalho, é a ação ou omissão, estatal ou não, direcionada a influenciar condutas dos agentes regulados, para induzir o atingimento de resultado almejado, abrangendo o exercício das funções supracitadas.

A subdivisão do conceito amplo de arcabouço regulatório (conceito que abarca todas as funções regulatórias da Administração Pública) foi segmentado em suas espécies, quais sejam, os objetivos, arranjos institucionais, ferramentas e vocalizadores de demandas, a partir da influência da obra de Diogo Coutinho (2012). O intuito da divisão é detectar os parâmetros aplicados a cada espécie e facilitar a análise dos institutos.

A regulação estatal, a autorregulação e a corregulação são vertentes da atividade regulatória. Tanto a autorregulação quanto a corregulação surgem para superar as limitações da regulação estatal centralizada.

No Brasil, é conveniente que sejam criados arranjos em que a autorregulação deve prevalecer e a regulação estatal ser operada de modo subsidiário ou supletivo, o que não acontece na realidade brasileira, na qual a regulação estatal centralizada prevalece.

Os arranjos autorregulatórios podem facilitar a autonomia das instituições do setor, a não submissão aos interesses políticos, bem como poderia aumentar a confiabilidade do público, na medida em que poderia haver mais permeabilidade e transparência da divulgação de informações, evitando-se as relações de cooptação com o Poder Público e favorecendo as relações de colaboração.

A regulação do Terceiro Setor pode ocorrer de duas diferentes formas, isoladamente ou concomitantemente, a depender da atuação estatal.

Em primeiro lugar, seria a regulação da atividade administrativa de fomento, ou seja, a ação indireta estatal, com base no consensualismo, com o intuito de promover e proteger atividades de interesse público. Assim, a regulação teria enfoque nas parcerias do Estado com as entidades do Terceiro Setor, bem como através de benefícios fiscais e redução ou isenção de tributos.

A segunda espécie de regulação do Terceiro Setor seria da relação das entidades entre si, nas suas atividades cotidianas, relações de trabalho, probidade, confiabilidade da sociedade e adequação aos fins sociais e não necessariamente envolvendo atividade administrativa de fomento.

A obra tem como foco o segundo tipo, qual seja, a regulação das atividades das entidades do Terceiro Setor ligadas à boa gestão, transparência, probidade e direcionada a maior confiabilidade do público, ou seja, a fé pública das entidades.

A partir da análise do Terceiro Setor brasileiro foi possível detectar problemas regulatórios, ou seja, desafios que fazem com que o exercício das funções regulatórias não se desenvolva de modo adequado.

Destarte, com o enfoque no segundo tipo de regulação e após o diagnóstico dos problemas regulatórios existentes, foram selecionados três que foram enfrentados no trabalho, quais sejam: (i) falta de sistematização e estruturação da regulação do setor, com o intuito de averiguar a regulação estatal existente e a implementação da autorregulação (ou corregulação) adequadamente no setor; (ii) falta de confiabilidade da sociedade na atuação das entidades, bem como a falta de incentivo e coordenação para a implementação e sistematização do *compliance* nas entidades do Terceiro Setor e; (iii) inexistência de análise acerca da qualidade da regulação oferecida através do arcabouço regulatório existente.

O estudo da regulação do Terceiro Setor inglês permitiu analisar possíveis soluções, através da análise do arcabouço regulatório do ordenamento pátrio e do inglês, para os problemas regulatórios brasileiros.

Com o enfoque nos problemas regulatórios selecionados, o arcabouço regulatório inglês trouxe as seguintes boas práticas passíveis de implementação no ordenamento brasileiro:

O *Charity Commission Strategy 2018-2023*, um documento apresentado pela entidade reguladora inglesa com o objetivo de detectar os problemas do Terceiro Setor inglês e auxiliar a regulação do Setor, fornecendo informações ao público e às instituições e propondo uma agenda para os próximos anos. Tal documento poderia ser elaborado em um esforço de corregulação entre as entidades e a Administração Pública, com o intuito de fornecer uma agenda de regulação para os próximos anos, o que auxiliaria no desenvolvimento dos problemas regulatórios destacados.

O *Regulatory and Risk Framework*, um documento focado nas diretrizes acerca da análise de riscos das instituições de caridade, permitindo verificar: como identificar e avaliar o risco, como agir no caso de algum risco for detectado e como rever e adaptar a abordagem. Tal documento poderia ser elaborado através da autorregulação ou corregulação entre as entidades e Poder Estatal, com o intuito de detectar os riscos do setor no Brasil (tais como os já encontrados no documento: fraude e abuso financeiro; irregularidades nas instituições e diminuição da confiança pública nas instituições). Um problema do documento quando comparado ao ordenamento pátrio é que na Inglaterra não há diferenciação entre a utilização inadequada de recursos públicos e de recursos privados, havendo uma perceptível diferença de abordagem, tendo em vista que no Brasil os atos normativos são, via de regra, direcionados à adequada utilização dos recursos públicos.

O *charity register* é um mecanismo interessante de implementação no ordenamento pátrio, tendo em vista que facilitaria a compilação dos dados existentes sobre as entidades do Terceiro Setor (número de entidades, atividades que desenvolve e recursos que movimenta). No entanto, não há, na Inglaterra, uma separação acerca do investimento público e o privado, o que seria adequado que houvesse no Brasil. No ordenamento pátrio há esforços de registros, a exemplo do Mapa das OSC pelo IPEA e a pesquisa FASFIL, no entanto há problemas na consolidação dos dados apresentados.

O *Monitoring and Compliance Guidance*, bem como o documento *Protecting charities from harm: compliance toolkit*, são ferramentas que auxiliam a implementação de mecanismos de *compliance*, além de fornecerem informações acerca da correta aplicação dos institutos pelas organizações do Terceiro Setor. Por serem expedidas pelo ente regulador das instituições de caridade, são encontradas e seguidas com mais facilidade. No Brasil, há esforços para a consolidação do *compliance* no setor, mas por não ser divulgado por uma coordenação central, muitas entidades podem desconhecer ou não aplicar tais manuais de boas práticas.

O *National Audit Office (NAO)* é um arranjo institucional semelhante ao Tribunal de Contas no ordenamento pátrio. No entanto, na Inglaterra, o NAO traz ferramentas que auxiliam especificamente na regulação do Terceiro Setor, tal como o *The regulatory effectiveness of the Charity Commission* (NAO, 2013) e o *Charity Commission: Progress report* (NAO, 2017). A pesquisa acerca da efetividade da regulação no Terceiro Setor deveria ser realizada pelos tribunais de contas, no entanto essa não é a realidade, tendo em vista a dificuldade até mesmo na consolidação de dados de repasses públicos pelos órgãos de controle, apesar de serem encontradas boas iniciativas por alguns órgãos estaduais.

É possível constatar que o estudo da experiência inglesa no Terceiro Setor, apesar das diferenças com o ordenamento brasileiro, trouxe sugestões de boas práticas passíveis de serem aplicadas no Brasil.

No entanto, no ordenamento pátrio, vislumbra-se dificuldade na implementação dos seguintes instrumentos:

A implementação da *Charity Commission* no Brasil demandaria um esforço estatal de criação de uma agência reguladora, o que implicaria em investimento (que vem diminuindo nos últimos anos) e estrutura organizacional (que demandaria estudos para sua correta sistematização). Assim, em contrapartida, alguns entes autorreguladores (como a GIFE e a FASFIL) favorecem o desenvolvimento das funções regulatórias do setor. Nesse sentido, seria interessante um exercício de corregulação entre as entidades reguladoras e o Poder Estatal para favorecer ainda mais a regulação do setor.

Cabe observar que a existência de um único órgão administrativo para regular todo o Terceiro Setor brasileiro não seria uma solução para os problemas regulatórios brasileiros. No entanto, com a existência de órgãos articulados, em diversos níveis federativos e com enfoque em diversas áreas de atuação, uma coordenação central poderia auxiliar no desenvolvimento de políticas públicas adequadas, oferecer orientações às entidades, seus administradores e aos órgãos espalhados no território, além de favorecer o diálogo entre a sociedade, Poder Público e entidades integrantes do Terceiro Setor.

Todavia, na hipótese de um ambiente político e econômico ideal, a criação de uma agência reguladora independente capaz de regular o Terceiro Setor poderia proporcionar a implementação de mecanismos de *compliance*, transparência, divulgação de boas práticas e orientações aos agentes públicos e privados do setor, com aplicação dos instrumentos previstos na Lei das Agências Reguladoras (plano estratégico, plano de gestão, agenda regulatória e descentralização para a interação operacional).

Os *Charities Acts* são atos normativos expedidos pelo Poder Legislativo inglês que disciplinam a temática e divulgação de orientações para os agentes atuantes do setor. No Brasil, possuímos diversos diplomas normativos focados nas parcerias do Estado com as organizações do Terceiro Setor (Lei nº 13.019/2014, Lei das OS, Lei das OSCIP). A função regulatória de regulamentação, no caso brasileiro, deve ter como enfoque a atuação setorial, para disciplinar, através de atos normativos infralegais, a atuação das diferentes atividades exercidas pelas múltiplas entidades. A dificuldade para implementação de novos marcos regulatórios através de um processo legislativo também acentua os obstáculos de implementação de novos atos legais para disciplinar o Terceiro Setor no Brasil.

Na Inglaterra há um tribunal especializado (*Charity Tribunal*) para lidar com a atuação das *charities*, sendo órgão autônomo e podendo rever decisões e sanções da *Charity Commission*. No entanto, no Brasil, há dificuldade para implementação de um tribunal especializado com enfoque na atividade das entidades do Terceiro Setor. Além do desafio estrutural, tendo em vista que demandaria previsão legal e orçamentária para sua criação, têm-se as dificuldades constitucionais, tendo em vista que na Inglaterra apenas alguns assuntos poderiam ser levados ao *Charity Tribunal* (e não toda lesão ou ameaça de direito – princípio constitucional da inafastabilidade de jurisdição), bem como necessitaria de uma análise prévia pela *Charity Comission*.

No Terceiro Setor, a implementação de uma análise de impacto regulatório das decisões das entidades é um mecanismo apropriado para o crescimento da qualidade da regulação no setor.

Pode-se dizer que há relação entre o desenho jurídico institucional do processo normativo e a qualidade da regulação. Alguns elementos desse processo normativo parecem estar mais ligados a uma produção normativa de maior qualidade: procedimentos mais democráticos, consultas públicas, audiências com importantes atores do setor, medidas de avaliação e análise do impacto regulatório, por exemplo, são elementos do processo que podem implementar uma melhor qualidade.

A obra aponta que o *compliance* no Terceiro Setor deve ser incentivado, com a capacitação e a divulgação de informações acerca da sua utilização, bem como, a exemplo do direito estrangeiro, a disponibilização de um manual de *compliance* para as entidades do setor. Com relação a este, a sua elaboração não necessariamente precisa resultar da regulação estatal pelos agentes públicos, mas um esforço de corregulação ou até mesmo de autorregulação seria favorável para a implementação dos mecanismos de conformidade, tendo em vista que contaria com a participação dos *stakeholders*.

Nesse cenário, é possível inferir que: (i) a tomada de decisão regulatória deverá ocorrer de forma sistematizada, através de um processo administrativo estruturado (especialmente quando for um esforço de regulação estatal); (ii) a regulação do Terceiro Setor brasileiro deverá ser um esforço conjunto entre os entes reguladores estatais (ministérios, secretarias, tribunais de contas, Ministério Público e Defensoria Pública) e os autorreguladores (organizações do Terceiro Setor e seus agentes); (iii) a divulgação de informações deverá ocorrer de forma estruturada em um esforço de corregulação, com a estruturação das informações e divulgação de relatórios periódicos para o acompanhamento da sociedade; e (iv) os mecanismos de *compliance* devem ser fomentados pelos entes públicos e privados para a atuação das entidades do Terceiro Setor, com o intuito de evitar irregularidades e aumentar a confiabilidade do público.

APÊNDICES

APÊNDICE A – *CHECKLIST* PARA A TOMADA DE DECISÃO REGULATÓRIA[1]

Definição do problema e dos objetivos

QUESTÃO	SIM	NÃO	Notas/Progresso
O problema já foi definido?			
Os objetivos já foram definidos?			
Já foi realizado estudo com previsão do que aconteceria se não houvesse intervenção?			

Seleção das opções e levantamento de dados

QUESTÃO	SIM	NÃO	Notas/Progresso
Houve diagnóstico dos possíveis afetados com a decisão (entidades do Terceiro Setor, sociedade civil, gestores (...))?			
Houve consulta dos possíveis interessados, a fim de validar as conclusões alcançadas anteriormente (definição do problema e objetivos)?			
Quais serão os custos diretos da medida?			
Houve diagnóstico das opções a serem consideradas para a solução do problema?			
Os dados necessários para a mensuração dos benefícios e custos de todas as opções identificadas já foram mapeados?			

---

[1] Trata-se de um quadro adaptado do trabalho de Patrícia Valente denominado *"Avaliação de Impacto Regulatório: uma ferramenta à disposição do Estado"* (2010, p. 55 e p. 191). A lista poderá servir como guia para que os gestores públicos e privados possam tomar decisões adequadas no setor regulado, no caso, o Terceiro Setor.

Análise e consulta da minuta dos documentos de Análise de Impacto Regulatório e da decisão a ser adotada

QUESTÃO	SIM	NÃO	Notas/Progresso
As opções mapeadas já foram analisadas e comparadas?			
Houve elaboração da minuta do relatório da Análise de Impacto Regulatório e da decisão regulatória a ser adotada?			
Será realizada consulta pública das minutas da decisão regulatória e do relatório da Análise de Impacto Regulatório para validação do resultado com os interessados?			
Caso a resposta da questão anterior seja positiva, foram realizados ajustes no relatório de AIR e da decisão regulatória a partir da consulta pública?			

Implementação e monitoramento da decisão

QUESTÃO	SIM	NÃO	Notas/Progresso
Há monitoramento da decisão regulatória implementada?			
Foram levantadas informações e realizados relatórios após a implementação da medida?			

APÊNDICE B – *CHECKLIST* PARA VERIFICAÇÃO DA CONFORMIDADE DAS ENTIDADES DO TERCEIRO SETOR[2]

Trata-se de uma lista que não pretende exaurir as hipóteses de verificação do *Compliance* das entidades de caridade, mas pode servir como guia para análise e efetividade do cumprimento das regras de eventuais planos de *compliance* implementados pelas entidades.

QUESTÃO	SIM	NÃO	Notas/Progresso
Conhecemos as regras que regem a nossa entidade e as revisamos regularmente?			
Temos uma lista de legislação que afeta nossa entidade e a atualizamos regularmente?			
Revisamos regularmente as atividades da nossa entidade e suas áreas de atuação para identificar o cumprimento das normas e a observância das boas práticas?			
Revisamos regularmente as políticas e procedimentos de nossa entidade para garantir que estejam atualizados e adequados ao propósito almejado?			
Colocamos o programa de *compliance* sob revisão e enfoque das reuniões com os administradores da entidade?			
Procuramos aconselhamento de um profissional ou instituição que possa auxiliar quando necessário?			
Mantemos registros adequados das reuniões dos administradores da entidade?			
Mantemos registros adequados da contabilidade da entidade?			
Mantemos registro adequado da consecução das atividades desenvolvidas?			

---

[2] A lista é uma adaptação do Manual de *Compliance* das entidades de caridade (disponível em: https://www.charitycommissionni.org.uk/concerns-and-decisions/monitoring-and-compliance-guidance/. Acesso em: 20 set. 2021) e pode servir de base para verificar a conformidade das entidades de caridade brasileiras.

REFERÊNCIAS

ALVES, Cássia Vanessa Olak. *Organizações da sociedade civil de interesse público e termos de parceria*: um estudo sobre o processo de avaliação de resultados dos projetos sociais desenvolvidos com recursos governamentais no Brasil. Dissertação de Mestrado (Mestrado em Economia) – Faculdade de Economia, Administração e Contabilidade, Universidade de São Paulo, São Paulo, 2005.

ALVES, Mário Aquino; KOGA, Natália Massaco. Brazilian nonprofit organizations and the new legal framework: an institutional perspective. *Revista de Administrativo Contemporâneo*, Curitiba, v.10, p. 213-234, Edição Especial 2006.

ALVES, Mário Aquino. Terceiro setor: as origens do conceito. *In:* ENCONTRO DA ASSOCIAÇÃO NACIONAL DE PÓS-GRADUAÇÃO E PESQUISA EM ADMINISTRAÇÃO, (EnANPAD), n. 26., 2002. Rio de Janeiro: ANPAD, 2002.

ANTONACCI, Leonardo. A singular constituição inglesa: estudos em homenagem aos 800 anos da magna carta. *Revista de Ciências do Estado*, Belo Horizonte, v. 1, n. 2, 2016. Disponível em: https://periodicos.ufmg.br/index.php/revice/article/view/5001. Acesso em: 19 maio 2021.

ARAGÃO, Alexandre Santos de. *Curso de Direito Administrativo*. Rio de Janeiro: Forense, 2012.

ARAGÃO, Alexandre Santos de. Análise de Impacto Regulatório. *Revista de Direito Público da Economia*, Belo Horizonte, ano 08, n. 32, p. 9-15, out./dez. 2010.

ARRETCHE, Marta. Democracia e redução da desigualdade econômica no Brasil. A inclusão dos outsiders. *Revista Brasileira de Ciências Sociais*, v. 33, n. 96, 2018.

BARBOSA, Maria Nazaré Lins. A experiência dos termos de parcerias entre o poder público e as organizações da sociedade civil de interesse público (OSCIPS). *In:* SUNDFELD, Carlos Ari (Org.). *Parcerias Público-Privadas*. 2. ed. São Paulo: Malheiros, 2011. v. 1. p. 522-562.

BARNES, Javier. *Towards a Third Generation of Administrative Procedures*. Conference on Comparative Administrative Law. April 29-30, 2016. Disponível em: https://law.yale.edu/sites/default/files/area/conference/compadmin/compadmin16_barnes_towards.pdf. Acesso em: 01 set. 2021.

BERCOVICI, Gilberto. Planejamento e políticas públicas: por uma nova compreensão do papel do Estado. *In:* BUCCI, Maria Paula Dallari (Org.). *Políticas públicas: reflexões sobre o conceito jurídico*. São Paulo: Saraiva, 2006.

BILLIS, David. *A Theory of the Voluntary Sector*. London: Centre for Voluntary Organization, 1989.

BILLIS, David. *Organising Public and voluntary agencies*. London: Routledge, 1993.

BONAVIDES, Paulo. *Ciência Política*. São Paulo: Malheiros, 2000.

BONIS, Daniel de. Para além da norma: reflexões sobre as instituições de regulação das organizações da sociedade civil de interesse público. In: Marco regulatório das organizações da sociedade civil: cenário atual e estratégias. *Análise*, CPJA, Direito GV, jun. 2013.

BRASIL. Presidência da República. *Plano diretor da reforma do aparelho do Estado*. Brasília, DF: Câmara da Reforma do Estado. Brasília, 1995. Disponível em: http://www.bresserpereira.org.br/Documents/MARE/PlanoDiretor/planodiretor.pdf. Acesso em: 05 out. 2019.

BRASIL. *Lei nº 13.848, de 25 de junho de 2019*. Dispõe sobre a gestão, a organização, o processo decisório e o controle social das agências reguladoras, altera a Lei nº 9.427, de 26 de dezembro de 1996, a Lei nº 9.472, de 16 de julho de 1997, a Lei nº 9.478, de 6 de agosto de 1997, a Lei nº 9.782, de 26 de janeiro de 1999, a Lei nº 9.961, de 28 de janeiro de 2000, a Lei nº 9.984, de 17 de julho de 2000, a Lei nº 9.986, de 18 de julho de 2000, a Lei nº 10.233, de 5 de junho de 2001, a Medida Provisória nº 2.228-1, de 6 de setembro de 2001, a Lei nº 11.182, de 27 de setembro de 2005, e a Lei nº 10.180, de 6 de fevereiro de 2001. Brasília, DF, 2019. Disponível em: http://www.planalto.gov.br/ccivil_03/_ato2019-2022/2019/lei/l13848.htm. Acesso em: 15 dez. 2021.

BRASIL. *Lei nº 13.019, de 31 de julho de 2014*. Estabelece o regime jurídico das parcerias entre a administração pública e as organizações da sociedade civil, em regime de mútua cooperação, para a consecução de finalidades de interesse público e recíproco, mediante a execução de atividades ou de projetos previamente estabelecidos em planos de trabalho inseridos em termos de colaboração, em termos de fomento ou em acordos de cooperação; define diretrizes para a política de fomento, de colaboração e de cooperação com organizações da sociedade civil; e altera as Leis nos 8.429, de 2 de junho de 1992, e 9.790, de 23 de março de 1999. Redação dada pela Lei nº 13.204, de 2015. Brasília, DF, 2014. Disponível em: http://www.planalto.gov.br/ccivil_03/_ato2011-2014/2014/lei/l13019.htm. Acesso em: 20 nov. 2018.

BRASIL. *Lei nº 12.846, de 01º de agosto de 2013*. Dispõe sobre a responsabilização administrativa e civil de pessoas jurídicas pela prática de atos contra a administração pública, nacional ou estrangeira, e dá outras providências. Brasília, DF, 2013. Disponível em: http://www.planalto.gov.br/ccivil_03/_ato2011-2014/2013/lei/l12846.htm. Acesso em: 15 abr. 2020.

BRASIL. *Lei nº 9.790, de 23 de março de 1999*. Dispõe sobre a qualificação de pessoas jurídicas de direito privado, sem fins lucrativos, como Organizações da Sociedade Civil de Interesse Público, institui e disciplina o Termo de Parceria, e dá outras providências. Brasília, 1999. Disponível em: http://www.planalto.gov.br/ccivil_03/leis/l9790.htm. Acesso em: 20 nov. 2018.

BRASIL. *Lei nº 9. 637, de 15 de maio de 1998*. Dispõe sobre a qualificação de entidades como organizações sociais, a criação do Programa Nacional de Publicização, a extinção dos órgãos e entidades que menciona e a absorção de suas atividades por organizações sociais, e dá outras providências. Disponível em: http://www.planalto.gov.br/ccivil_03/leis/l9637.htm. Acesso em: 20 nov. 2018.

BRASIL. Congresso Nacional. Comissão Parlamentar de Inquérito "das ONGs". *Relatório final da "CPI das ONGs"*. 2010. Brasília. Disponível em: https://www2.senado.leg.br/bdsf/bitstream/handle/id/194594/CPIongs.pdf?sequence=6. Acesso em: 19 set. 2019.

BREEN, Oonagh B.; DUNN, Alison; SIDEL, Mark (Orgs.). *Regulatory Waves*: Comparative Perspectives on State Regulation and Self-Regulation Policies in the Nonprofit Sector. Cambridge: December, 2016. Versão Kindle.

BRENTON, Maria. *The Voluntary Sector in British Social Services*. London: Longman, 1985.

BRODIE, Ellie et al. *Scoping Suty*: Quality Assurance in the Voluntary Community Sector. London: NCVO and Office for Public Management, 2012.

BUCCI, Maria Paula Dallari; COUTINHO, Diogo Rosenthal. Arranjos jurídico-institucionais da política de inovação tecnológica: uma análise baseada na abordagem de direito e políticas públicas. *In*: COUTINHO, Diogo R.; FOSS, Maria Carolina; MOUALLEM, Pedro Salomon B (Orgs.). *Inovação no Brasil*: avanços e desafios jurídicos e institucionais. São Paulo: Blucher, 2017.

BUCCI, Maria Paula Dallari. Quadro de referência de uma política pública. Primeiras linhas de uma visão jurídico-institucional. *In*: SMANIO, Gianpaolo Poggio; BERTOLIN, Patrícia Tuma, BRASIL, Patrícia Cristina, (Orgs.). *O Direito na Fronteira das Políticas Públicas*. São Paulo: Páginas e Letras Editora e Gráfica, 2015. p. 7-11 (republicado em Colunistas de Direito do Estado. 2015).

BUCCI, Maria Paula Dallari. *Fundamentos para uma Teoria Jurídica das Políticas Públicas*. 1. ed. São Paulo: Saraiva, 2013.

BUCCI, Maria Paula Dallari (2006a). O conceito de política pública em direito. *In*: BUCCI, Maria Paula Dallari (Org.). *Políticas Públicas*: Reflexões sobre o Conceito Jurídico. São Paulo: Saraiva, 2006.

BUCCI, Maria Paula Dallari (2006b). *Direito administrativo e políticas públicas*. São Paulo: Saraiva, 2006.

CABINET OFFICE. Private *Action, Public Benefit*: A Review of Charities and the Wider Not-for-Profit Sector. Strategic Unit Report, September. 2002. Disponível em: http://www.cabinetoffice.gov.uk/. Acesso em: 16 abr. 2020.

CARVALHO, José Murilo. *Cidadania no Brasil*. O longo caminho. Rio de Janeiro: Civilização Brasileira, 2001.

CAZUMBÁ, Nailton. *Compliance no Terceiro Setor*. Disponível em: http://captamos.org.br/news/14599/compliance-no-terceiro-setor. Acesso em: 25 set. 2019.

CESÁRIO, Natália de Aquino. *O Regime Jurídico das Parcerias na Lei nº 13.019/2014*. Dissertação (Mestrado em Direito) – Faculdade de Direito da Universidade de São Paulo, São Paulo, 2018.

CESÁRIO, Natália de Aquino. *O Regime Jurídico das Parcerias na Lei nº 13.019/2014*. Belo Horizonte: Editora Fórum, 2021.

CHARITY COMMISSION STRATEGY 2018-2023. Disponível em: https://www.gov.uk/government/publications/charity-commission-strategy-2018-2023/. Acesso em :10 out. 2018.

CHARITIES STATEMENT OF RECOMMENDED PRACTICE (SORP). Disponível em: https://assets.publishing.service.gov.uk/government/uploads/system/uploads/attachment_data/file/870619/charities-sorp-frs102-2019a.pdf. Acesso em: 20 jan. 2020.

CLAYTON, Mona. Entendendo os desafios de Compliance no Brasil: um olhar estrangeiro sobre a evolução do *Compliance* anticorrupção em um país emergente. *In*: DEBBIO, Alessandra Del; MAEDA, Bruno Carneiro; AYRES, Carlos Henrique da Silva (Coord.). *Temas de Anticorrupção e Compliance*. Rio de Janeiro: Elsevier, 2013. p. 149-201.

COELHO, Simone de Castro Tavares. *Terceiro Setor*: Um estudo comparado entre Brasil e Estados Unidos. 2. ed. São Paulo: Editora Senac São Paulo, 2002.

COSTA, Reinaldo Pacheco da. *Economia Social da Inglaterra e Economia Solidária do Brasil*. Artigo apresentado no XIV Seminario Internacional Procoas – Comité Académico Procesos Cooperativos y Asociativos – Asociación De Universidades Del Grupo Montevideo: La universidad pública y la transición hacia otra economía. Debates y desafíos en el centenario de la Reforma Universitaria. Montevidéo, 2018.

COUTINHO, Diogo Rosenthal. O direito nas políticas públicas. *In*: MARQUES, Eduardo; FARIA, Carlos Aurélio Pimenta de (Orgs.). *Política pública como campo multidisciplinar*. São Paulo: Unesp; Rio de Janeiro: Fiocruz, 2013.

COUTINHO, Diogo Rosenthal. O direito no desenvolvimento econômico. *Revista de Direito Público – RBDP*, Belo Horizonte, ano. 10, n. 38, jul./set. 2012.

DICEY, Albert Venn. *Introduction to the Study of the Law of the Constitution*. 5th ed. London: Macmillan, 1897.

DI PIETRO, Maria Sylvia Zanella. *Parceria na administração pública*. 11. ed. São Paulo: Forense, 2017.

DI PIETRO, Maria Sylvia Zanella. *Direito Administrativo*. 25. ed. São Paulo: Atlas, 2012.

DONNINI, Thiago Lopes Ferraz. Compliance e o Terceiro Setor: a conformidade das parcerias sociais. *In*: NOHARA, Irene Patrícia; PEREIRA, Flávio Leão Bastos (Orgs.). *Governança, compliance e cidadania*. São Paulo: Revista dos Tribunais, 2018. p. 301-310.

DOUGLAS, James. *Why Charity*: the case for a Third Sector. London: Sage, 1983.

DUNN, Alison. Eddies and tides: statutory regulation, co-regulation and self-regulation in charity law in Britain. *In*: BREEN, Oonagh B.; DUNN, Alison; SIDEL, Mark (Orgs.). *Regulatory Waves*: Comparative Perspectives on State Regulation and Self-Regulation Policies in the Nonprofit Sector. Cambridge: December, 2016. Versão Kindle.

ESTRATÉGIA NACIONAL DE COMBATE À CORRUPÇÃO E À LAVAGEM DE DINHEIRO (ENCCLA). *Produto final da Ação 12* – Acompanhar a implementação do novo Marco Regulatório das Organizações da Sociedade Civil (MROSC) e seus efeitos sobre desvios de finalidade. 2022.

EVERS Adalbert; LAVILLE Jean-Louis (edit). *The Third Sector in Europe*. Globalization and Welfare series. 2004.

FGV Projetos. *Pesquisa sobre Organizações da Sociedade Civil e suas parcerias com o Governo Federal*. FGV Projetos, 2014. Disponível em: http://www.secretariadegoverno.gov.br/iniciativas/mrosc/estudos-e-pesquisas/sumario-executivo-fgv.pdf. Acesso em: 20 abr. 2017.

FIGUEIREDO LOPES, Lais; ARAÚJO Jr. E.; SOUZA, Aline; SANT'ANA, Diogo. *As parcerias entre o Estado e as Organizações da Sociedade Civil no Brasil*: a formação de uma agenda de mudança institucional e regulatória. Novena Conferencia Regional de ISTR Santiago de Chile, 2013. Disponível em: http://www.secretariadegoverno.gov.br/iniciativas/mrosc/estudos-e-pesquisas/sg-novena-conferencia. Acesso em: 20 abr. 2017.

FUNDAÇÃO SÃO PAULO; NÚCLEO DE ESTUDOS AVANÇADOS DO TERCEIRO SETOR DA PONTIFÍCIA UNIVERSIDADE CATÓLICA DE SÃO PAULO. *Modernização do sistema de convênio da Administração Pública com a sociedade civil*. Série Pensando o Direito nº 41. 2012.

GIAZOMUZZI, José Guilherme. *Estado e contrato*: supremacia do interesse publico 'versus' igualdade: um estudo comparado sobre a exorbitância no contrato administrativo. São Paulo: Malheiros, 2011.

HARRIS, Margaret. Where did we come from? The emergence and early development of voluntary sector studies in the UK. *Voluntary Sector Review*, Volume 7, Number 1, p. 5-25, March 2016.

HIRATA, Augusto Jorge; GRAZZIOLI, Raquel; DONNINI, Thiago. *Fundos patrimoniais e organizações da sociedade civil*. São Paulo: GIFE, FGV Direito SP, 2019.

HOLLOWAY, Richard. *NGOs*: Loosing the Moral High Ground-Corruption and Misrepresentation. Paper apresentado na 8ª Conferência Internacional Anticorrupção. 2010.

IBGC. Instituto Brasileiro de Governança Corporativa. *Guia das Melhores Práticas para Organizações do Terceiro Setor*: Associações e Fundações / Instituto Brasileiro de Governança Corporativa. São Paulo: IBGC, 2016.

IDIS – INSTITUTO PARA O DESENVOLVIMENTO DO INVESTIMENTO SOCIAL. *Pesquisa Doação Brasil*. 2020. Disponível em: https://www.idis.org.br/wp-content/uploads/2021/08/Pesquisa_Doacao_Brasil_2020.pdf. Acesso em: 16 dez. 2021.

IDIS – INSTITUTO PARA O DESENVOLVIMENTO DO INVESTIMENTO SOCIAL. *Pesquisa Doação Brasil*. 2015. Disponível em: https://www.idis.org.br/pesquisadoacaobrasil/publicacao/. Acesso em: 10 out. 2018.

INGLATERRA. *Charities Act 1960*. Traz novas disposições e substitui o *"Charities Act 1853"* e o *"Charities Act 1939"* e traz outras disposições com relação às instituições de caridade. 29 jul. 1960. Disponível em: https://www.legislation.gov.uk/ukpga/Eliz2/8-9/58/data.pdf. Acesso em: 13 mar. 2020.

INGLATERRA. *Charities Act 1992*. Altera o *"Charities Act 1960"* e traz outras disposições com relação às instituições de caridade. 16 mar. 1992. Disponível em: https://www.legislation.gov.uk/ukpga/1992/41/data.pdf. Acesso em: 13 mar. 2020.

INGLATERRA. *Charities Act 1993*. Consolida normas anteriores relacionadas às instituições de caridade. 27 maio 1993. Disponível em: https://www.legislation.gov.uk/ukpga/1993/10/enacted/data.pdf. Acesso em: 13 mar. 2020.

INGLATERRA. *Charities Act 2006*. Estabelecimento e as funções da *"Charity Commission"* para a Inglaterra e País de Gales e do *"Charity Tribunal"* e faz outras emendas às leis sobre instituições de caridade. 08 nov. 2006. Disponível em: https://www.legislation.gov.uk/ukpga/2006/50/enacted/data.pdf. Acesso em: 13 mar. 2020.

INGLATERRA. *The Charity Tribunal Rules 2008*. Cria o *"Charity Tribunal"* e dá outras disposições. 27 fev. 2008. Disponível em: https://www.legislation.gov.uk/uksi/2008/221/contents/made. Acesso em: 10 jul. 2020.

INGLATERRA. *Charities Act 2011*. Altera a *"Charities Act 1993"* e traz outras disposições relacionadas às instituições de caridade. 14 dez. 2011. Disponível em: https://www.legislation.gov.uk/ukpga/2011/25/enacted/data.pdf. Acesso em: 15 mar. 2020.

INGLATERRA. *Charities (Protection and Social Investment) Act 2016*. Altera a *"Charities Act 1992"* e a *"Charities Act 2011"* e traz outras disposições relacionadas às instituições de caridade. 16 mar. 2016. Disponível em: https://www.legislation.gov.uk/ukpga/2016/4/enacted/data.pdf. Acesso em: 15 mar. 2020.

INSTITUTO PRO BONO; OLIVEIRA, Gustavo Henrique Justino de (Coord.). Estatuto Jurídico do Terceiro Setor: pertinência, conteúdo e possibilidade de configuração normativa. *In*: BRASIL. Secretaria de Assuntos Legislativos do Ministério da Justiça. *Série Pensando o Direito*, n. 16, 2009a.

INSTITUTO PRO BONO; OLIVEIRA, Gustavo Henrique Justino de (Coord.). *Estado Democrático de Direito e Terceiro Setor*. In: BRASIL. Secretaria de Assuntos Legislativos do Ministério da Justiça. *Série Pensando o Direito*, n. 16, 2009b.

INSTITUTO BRASILEIRO DE GEOGRAFIA E ESTATÍSTICA (IBGE). *As fundações privadas e associações sem fins lucrativos no Brasil*: 2016. Rio de Janeiro: IBGE, Coordenação de Cadastro e Classificações, 2019.

KENDALL, Jeremy; KNAPP, Martin. *Defining the Nonprofit Sector*: The United Kingdom. Johns Hopkins University Institute for Policy Studies, 1993.

LEWIS, David. *Bridging the gap?* The parallel universes of the non-profit and nongovernmental organisation research traditions and the changing context of voluntary action. International Working Paper 1. London: Centre for Voluntary Organisation, 1998.

LISBOA, Carolina Cardoso Guimarães. *Normas constitucionais não escritas*: costumes e convenções da constituição. Dissertação (Doutorado em Direito) – Faculdade de Direito da Universidade de São Paulo, São Paulo, 2012.

LOPES, Laís de Figueirêdo; AMADO, Fábio. A Defensoria Pública e o novo Marco Regulatório das Organizações da Sociedade Civil (Lei nº 13.019/2014): um impulso à democracia e ao direito de participação social. *In*: TEIXEIRA, Josenir; SALINAS, Natasha Schmitt Caccia (Diret.). *Revista de Direito do Terceiro Setor – RDTS*, Belo Horizonte, ano 12, p. 9-27, jul./dez. 2018.

LOPEZ, Felix Garcia (Org.). *Perfil das Organizações da Sociedade Civil no Brasil*. Rio de Janeiro: Ipea, 2018.

LUCHESI, Hector. *Terceiro Setor e Compliance*. Trabalho de Conclusão de Curso apresentado à Faculdade de Direito da Universidade Presbiteriana Mackenzie. São Paulo, 2021. Versão Kindle.

MAFRA, Waldir Aparecido; JUNQUEIRA, Luciano A. Prates. Compliance para as Organizações da Sociedade Civil – OSCs. *Revista Científica Multidisciplinar Núcleo do Conhecimento*, ano 03, ed. 09, v. 10, p. 168-190, set. 2018.

MARQUES NETO, Floriano de Azevedo. Fomento. *In*: KLEIN, A. L.; MARQUES NETO, F. A. *Funções Administrativas do Estado*. São Paulo: Revista dos Tribunais, 2015. p. 405-508.

MARQUES NETO, Floriano de Azevedo. Interesses públicos e privados na atividade estatal de regulação. *In*: MARRARA, Thiago (Org.). *Princípios de direito administrativo*: legalidade, segurança jurídica, impessoalidade, publicidade, motivação, eficiência, moralidade, razoabilidade, interesse público. São Paulo: Atlas, 2012.

MARQUES NETO, Floriano de Azevedo. Regulação estatal e autorregulação na economia contemporânea. *Revista de Direito Público da Economia – RDPE*, Belo Horizonte, Fórum, a. 9, n. 33, p.79-94, jan./mar. 2011.

MARQUES NETO, Floriano de Azevedo. Limites à Abrangência e à Intensidade da Regulação Estatal. *Revista de Direito Público da Economia – RDPE*, Belo Horizonte, n. 1, p. 69-93, jan./mar. 2003.

MARRARA, Thiago. Método Comparativo e Direito Administrativo. *Revista Jurídica UNIGRAN*, Dourados, v. 16, n. 32. jul./dez. 2014.

MARRARA, Thiago. *Quem precisa de programa de integridade?* Revista de Direito da Administração Pública Law Journal of Public Administration. *Revista de Direito da Administração Pública*, Universidade Federal Fluminense/Universidade Federal Rural do Rio de Janeiro, ISSN 24472042, a. 2, v. 2, n. 2, p.07-27, jul./dez. 2017.

MARRARA, Thiago; GONZÁLEZ, Jorge Agudo (Coords.). *Controles da administração e judicialização de políticas públicas*. São Paulo: Almedina, 2016.

MARRARA, Thiago; CESÁRIO, Natália de Aquino. O que sobrou da autonomia dos estados e municípios para legislar sobre parcerias com o terceiro setor? *In*: MOTTA, Fabrício; MÂNICA, Fernando Borges; OLIVEIRA, Rafael Arruda (Org.). *Parcerias com o Terceiro Setor* – As inovações da Lei nº 13.019/2014. 2. ed. Belo Horizonte: Editora Fórum, 2018. p. 85-104. v. 1.

MARRARA, Thiago; CESÁRIO, Natália de Aquino. Chamamento público para parcerias sociais: comentários à Lei nº 13.019/2014. *Boletim de Licitações e Contratos – BLC*, SÃO PAULO, a. 29, v. 8, p. 701-717, 2016.

MARSHALL, T. H. *Cidadania, classe social e status*. Tradução de Meton Porto Gadelha. Rio de Janeiro: Zahar Editores, 1967.

MATTOS, Paulo Todescan Lessa. A formação do estado regulador. *Novos estudos*, CEBRAP, 76, p. 139-156, nov. 2006.

MEDAUAR, Odete. *Direito Administrativo Moderno*. 19. ed. São Paulo: Ed. Revista dos Tribunais, 2015.

MEDAUAR, Odete. Regulação e auto-regulação. *Interesse Público – IP*, Belo Horizonte, a. 4, n. 14, abr./jun. 2002.

MENDONÇA, Patrícia Maria Emerenciano de; FALCÃO, Domenica S. Novo Marco Regulatório para a realização de parcerias entre Estado e Organização da Sociedade Civil (OSC). Inovação ou peso do passado? *Cadernos Gestão Pública e Cidadania*, São Paulo, v. 21, n. 68, p. 42-60, jan./abr. 2016.

MENDONÇA, Patrícia Maria Emerenciano de. *Parcerias entre Estado e OSCs* – desafios na construção de colaborações para implementação da Lei 13.019/2014. Washington: ICNL LEEP Fellowship, 2017. Disponível em: https://www.researchgate.net/publication/323014644_Parcerias_entre_Estado_e_OSCs_-_desafios_na_construcao_de_colaboracoes_para_implementacao_da_Lei_130192014. Acesso em: 29 ago. 2019.

MODESTO, Paulo. A Lei 13.019 e as Transformações das Parcerias Público-Sociais. *Revista Eletrônica de Direito do Estado*, n. 306. a. 2016.

MODESTO, Paulo. Reforma do marco legal do terceiro setor no Brasil. *Revista Diálogo Jurídico*, Salvador, v. 1, n. 5, ago. 2001. Disponível em: http://www.direitopublico.com.br/pdf_9/DIALOGO-JURIDICO-09-DEZEMBRO-2001-PAULO-MODESTO.pdf. Acesso em: 05 out. 2014.

MOREIRA, Egon Bockmann. *Direito das concessões de serviço público*: inteligência da Lei 8.987/1995 (Parte Geral). São Paulo: Malheiros, 2010.

MOREIRA, Egon Bockmann. Qual é o futuro do Direito da Regulação no Brasil? *In*: SUNDFELD, Carlos Ari; ROSILHO, André (Org.). *Direito da regulação e políticas públicas*. São Paulo: Malheiros, 2014. p.107-139.

MOREIRA NETO, Diogo de Figueiredo. *Curso de direito administrativo*: parte introdutória, parte geral e parte especial. 16. ed. rev. e atual. Rio de Janeiro: Forense, 2014.

MOTTA, Fabricio; MÂNICA, Fernando Borges; OLIVEIRA, Rafael Arruda (Coords.). *Parcerias com o terceiro setor*: as inovações da Lei nº 13.019/14. Belo Horizonte: Fórum, 2017.

NATIONAL AUDIT OFFICE. *The regulatory effectiveness of the Charity Commission*. Session 2013-2014. 04 dec. 2013. Disponível em: https://www.nao.org.uk/wp-content/uploads/2013/11/10297-001-Charity-Commission-Book-ES.pdf. Acesso em: 16 out. 2021.

NATIONAL AUDIT OFFICE. *Charity Commission: Progress report.* Session 2017-2017. 29 nov. 2017. Disponível em: https://www.nao.org.uk/wp-content/uploads/2017/11/Charity-Commission-progress-report.pdf. Acesso em: 20 out. 2021.

NÓBREGA, Theresa Christine de Albuquerque; MALTA, Anna Dolores Barros de Sá. O novo acordo de não Persecução Cível e sua aplicabilidade para o 3º Setor. *Revista Brasileira de Pesquisa Jurídica,* Avaré, v. 2, n. 1, p. 55-84, jan./abr. 2021.

NÓBREGA, Theresa Christine de Albuquerque. *Estado e Regulação do Terceiro Setor:* um estudo sobre o modelo brasileiro de OSCIP e o modelo português de IPSS. Dissertação (Doutorado em Direito) – Faculdade de Direito de Recife – UFPE, Recife, 2009.

NOHARA, Irene. *Governança, Compliance e Cidadania.* 2. ed. São Paulo: Revista dos Tribunais, 2019.

ORGANISATION FOR ECONOMIC CO-OPERATION AND DEVELOPMENT (OECD). *Building an Institutional Framework for Regulatory Impact Analysis (RIA):* Guidance for Policy Makers – OECD, 2008.

OLIVEIRA, Gustavo Henrique Justino de; MÂNICA, Fernando Borges. Organizações da Sociedade Civil de Interesse Público: termo de parceria e licitação. *Fórum administrativo – Direito Público,* Belo Horizonte, a. 5, n. 49, p. 5225-5237, mar. 2005.

OLIVEIRA, Gustavo Henrique Justino de; CARVALHO, André Castro. A universidade e a formação do profissional de compliance no Brasil. 2018. Disponível em: https://www.migalhas.com.br/depeso/273625/a-universidade-e-a-formacao-do-profissional-de-compliance-no-brasil. Acesso em: 23 set. 2021.

OLIVEIRA, Gustavo Henrique Justino de (Coord.). *Direito do terceiro setor.* Belo Horizonte: Editora Fórum, 2008.

OLIVEIRA, Gustavo Henrique Justino de. *Contrato de gestão.* São Paulo: Editora Revista dos Tribunais, 2008.

OLIVEIRA, Gustavo Henrique Justino de. Constitucionalidade da Lei Federal n. 9.637/98, das Organizações Sociais. *Revista de Direito do Terceiro Setor,* Belo Horizonte, a. 1, n. 2, p. 177-210, jul./dez. 2007.

OLIVEIRA, Gustavo Henrique Justino de. *Terceiro Setor e o Direito Administrativo.* Enciclopédia Jurídica da PUCSP, tomo II: direito administrativo e constitucional. São Paulo: Pontifícia Universidade Católica de São Paulo, 2017.

OSBORNE, Stephen P. *The New Public Governance?* Emerging Perspectives on the Theory and Practice of Public Governance. London: Routledge, 2010.

PALMA, Juliana Bonacorsi de. *Atividade normativa da administração pública:* estudo do processo administrativo. Tese (Doutorado em Direito do Estado) – Faculdade de Direito, Universidade de São Paulo, São Paulo, 2014.

PEREIRA, Caio Mário da Silva. Direito Comparado e seu estudo. *Revista da Faculdade de Direito da UFMG,* Belo Horizonte, v. 7, p. 35-51, fev. 2014. Disponível em: https://www.direito.ufmg.br/revista/index.php/revista/article/view/889/832. Acesso em: 26 fev. 2020.

PEREIRA, Luiz Carlos Bresser. Gestão do setor público: estratégia e estrutura para um novo Estado. *In:* PEREIRA, Luiz Carlos Bresser Gonçalves; SPINK, Peter Kevin. *REFORMA do Estado e Administração Pública Gerencial.* 7. ed. Rio de Janeiro: FGV, 2008.

PEREIRA, Luiz Carlos Bresser. *Reforma do Estado para a cidadania:* a reforma gerencial brasileira na perspectiva internacional. Brasília: Enap, 1998.

PEREZ, Marcos Augusto. *O Controle Jurisdicional da Discricionariedade Administrativa*: métodos para uma jurisdição ampla das decisões administrativas. Tese para o concurso de livre-docência apresentada à Faculdade de Direito do Largo São Francisco da Universidade de São Paulo como parte das exigências para o concurso de Livre-Docência do Departamento de Direito do Estado, 2018. Disponível em: https://teses.usp.br/teses/disponiveis/livredocencia/2/tde-22042019-144541/publico/O_controle_jurisdicional_da_discricionariedade_administrativa_tese_MAP.pdf . Acesso em: 26 mar. 2021.

POZAS, Jordana de. Ensaio de uma Teoria del Fomento em el Derecho Administrativo. *Revista de Estudios Políticos*, 48, 1949.

ROCHA, Josilene. O que é compliance e por que o Terceiro Setor precisa disso. *Observatório do Terceiro Setor*, 29 ago. 2017. Disponível em: https://observatorio3setor.org.br/carrossel/o-que-e-compliance-e-por-que-o-terceiro-setor-precisa-disso/. Acesso em: 20 jun. 2019.

ROCHA, Silvio Luis Ferreira da. *Terceiro Setor*. São Paulo: Malheiros, 2006.

SALINAS, Natasha Schimitt Caccia; SALLA, Ana Letícia Mafra; SANCHES, Michelle Baldi Ballon. *Incentivos regulatórios à filantropia individual no Brasil*. São Paulo: GIFE; Rio de Janeiro: FGV Direito Rio; São Paulo: FGV Direito SP, 2019.

SALINAS, Natasha Schimitt Caccia. A experiência do direito do terceiro setor na França: um modelo inspirador. *Revista de Direito do Terceiro Setor*, Belo Horizonte, v. 3, n. 5, p. 39-61, jan./jun. 2009.

SALINAS, Natasha Schimitt Caccia. *Avaliação Legislativa no Brasil*: um estudo de caso sobre as normas de transferências voluntárias de recursos públicos para entidades do terceiro setor. Dissertação de Mestrado. Departamento de Direito do Estado. Programa de Pós-Graduação da Faculdade de Direito da Universidade de São Paulo. 256 p. São Paulo, 2008.

SANTOS, Guilherme Palermo dos. Terceiro Setor e os limites da imunidade/isenção tributária. *CPA – Informações Empresariais*, 22 jul. 2019. Disponível em: http://www.netcpa.com.br/Noticias/ver-noticia.asp?Codigo=47400. Acesso em: 01 set. 2021.

SECCHI, Leonardo. *Políticas Públicas*. Conceitos, Esquemas de Análise, Casos Práticos. São Paulo: Cengage Learning. 2012.

SMITH, David Horton. Four Sectors or Five? Retaining the Member-Benefit Sector. *Nonprofit and Voluntary Sector Quarterly*, v. 20, n. 2, p.137-50, summer 1991.

SOUZA, Aline Gonçalves; VIOTTO, Aline; PANNUZIO, Eduardo (Coords.). *Fortalecimento da sociedade civil*: redução de barreiras tributárias às doações. São Paulo: GIFE; São Paulo: FGV Direito SP, 2019.

SOUZA, Aline Gonçalves de; FIGUEIREDO LOPES, Lais;. STUCHI, Caroline; CESÁRIO, Natália de Aquino; WAKS, Bianca. *Social participation as a citizens right in a democracy and foundations of the Legal Framework of Civil Society Organizations in Brazil (Law n.13.019/2014)*. Paper presentation – 13th International Conference of ISTR (International Society for Third Sector Research). July, p. 10-13, 2018.

SOUZA. Aline Gonçalves de. *Empresas Sociais*: uma abordagem societária. São Paulo: Almedina, 2015.

SOUZA, Rodrigo Pagani de. Controle da regulação no Brasil: novas perspectivas com ênfase em resultados. *In*: MARRARA, Thiago; GONZÁLEZ, Jorge Agudo. *Controles da administração e judicialização de políticas públicas*. São Paulo, Almedina, 2016. p. 115-135.

SOUZA, Rodrigo Pagani de. *Controle estatal das transferências de recursos públicos para o terceiro setor*. 511 p. Tese (Doutorado em Direito) – Faculdade de Direito da Universidade de São Paulo, São Paulo, 2009.

SUNDFELD, Carlos Ari; SOUZA, Rodrigo Pagani de. As modernas parcerias do Estado com o Terceiro Setor. *Revista de Direito Administrativo & Constitucional*, Belo Horizonte, a. 11, n. 43, p. 57-89, jan./mar. 2011.

SZAZI, Eduardo. *Terceiro setor*: regulação no Brasil. 4. ed. São Paulo: Peirópolis, 2006.

TAYLOR, Taylor. The welfare mix in the United Kingdom. *In:* EVERS Adalber; LAVILLE Jean-Louis (edit). *The Third Sector in Europe*. Globalization and Welfare series, 2004. p. 122-143.

VALENTE, Patrícia Rodrigues Pessoa. Avaliação de Impacto Regulatório: uma ferramenta à disposição do Estado. Dissertação (Mestrado em Direito) – Faculdade de Direito da Universidade de São Paulo, São Paulo, 2010.

VALENTE, Patrícia Rodrigues Pessoa. *A qualidade da regulação estatal no Brasil*: uma análise a partir de indicadores de qualidade. Tese (Doutorado em Direito) – Faculdade de Direito da Universidade de São Paulo, São Paulo, 2015.

Esta obra foi composta em fonte Palatino Linotype, corpo 10,5
e impressa em papel Pólen Bold 70g (miolo) e Supremo 250g (capa)
pela Gráfica Star7.